地方財政の状況

令和５年３月

総　務　省　編

「地方財政の状況」についてのお問い合わせは、総務省自治財政局財務調査課あて御連絡下さい。

電話番号　(03) 5253-5111 (代表)

内線　5649

総務省ホームページ　https://www.soumu.go.jp/

令和3年度普通会計決算の概況

○歳入・・・128兆2,911億円（前年度比 1兆7,562億円減、1.4%減）

（通常収支分　127兆1,431億円（前年度比 1兆452億円減、 0.8%減）
　東日本大震災分 1兆1,480億円（　同　　7,109億円減、38.2%減））

○歳出・・・123兆3,677億円（前年度比 2兆911億円減、1.7%減）

（通常収支分　122兆4,000億円（前年度比 1兆5,385億円減、 1.2%減）
　東日本大震災分　9,677億円（　同　　5,526億円減、36.4%減））

区　分	令和3年度	令和2年度	増減額	増減率
歳入総額	128兆2,911億円	130兆472億円	▲1兆7,562億円	▲1.4%
通常収支分	127兆1,431億円	128兆1,883億円	▲1兆452億円	▲0.8%
東日本大震災分	1兆1,480億円	1兆8,589億円	▲7,109億円	▲38.2%
歳出総額	123兆3,677億円	125兆4,588億円	▲2兆911億円	▲1.7%
通常収支分	122兆4,000億円	123兆9,385億円	▲1兆5,385億円	▲1.2%
東日本大震災分	9,677億円	1兆5,203億円	▲5,526億円	▲36.4%

〈歳入の推移〉

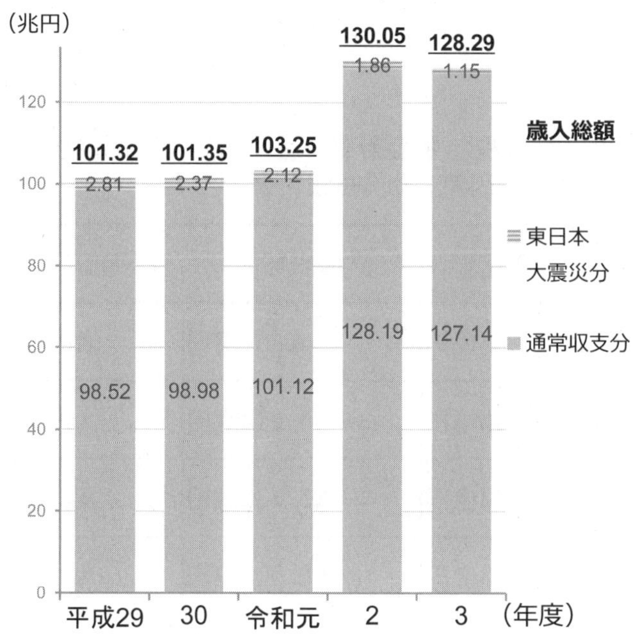

〈歳出の推移〉

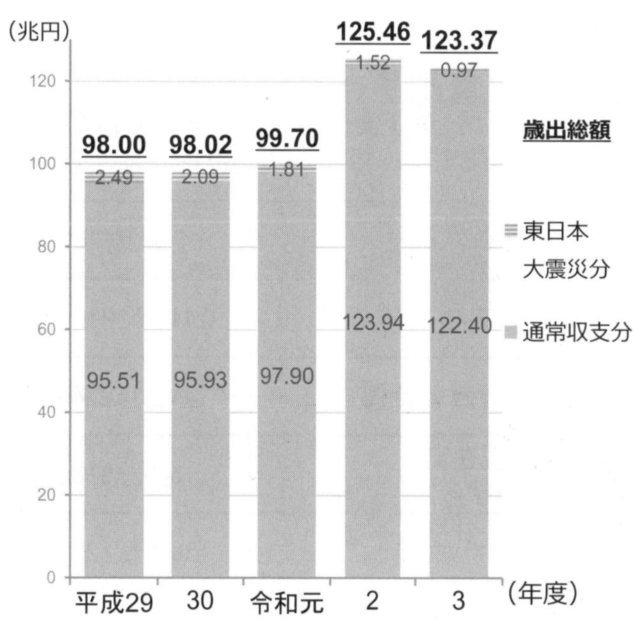

（注）1　本資料においては、東日本大震災に係る復旧・復興事業及び全国防災事業の決算額を「東日本大震災分」と、全体の決算額から東日本大震災分を差し引いた値を「通常収支分」と表記している。
　　2　本資料の図表中の数値については、表示単位未満四捨五入の関係で、合計が一致しない場合がある。

○決算収支

実質収支は、前年度を5,214億円上回る3兆2,488億円の黒字となった。

単年度収支は、前年度を463億円下回る5,218億円の黒字、実質単年度収支は、前年度を1兆9,519億円上回る2兆2,004億円の黒字となった。

実質収支が赤字の団体は、一部事務組合において1団体となった（令和2年度は市町村において1団体が赤字）。

区　分	決　算　額		増減額
	令和3年度	令和2年度	
実質収支	3兆2,488億円	2兆7,274億円	5,214億円
単年度収支	5,218億円	5,680億円	▲463億円
実質単年度収支	2兆2,004億円	2,485億円	1兆9,519億円

○主な財政指標

経常収支比率は、前年度より5.7ポイント低下し、88.1%となった。

実質公債費比率は、前年度より0.2ポイント低下し、7.6%となった。

区　分	令和3年度	令和2年度	対前年度増減
経常収支比率	88.1%(90.2%)	93.8%	▲5.7(▲3.6)
実質公債費比率	7.6%	7.8%	▲0.2

（注）1　比率は加重平均である。

2　経常収支比率は特別区、一部事務組合及び広域連合を除き、実質公債費比率は特別区を含み一部事務組合及び広域連合を除く。

3　実質公債費比率が18%以上の地方公共団体は、原則として、地方債の発行に総務大臣等の許可が必要である。

4　経常収支比率の()内は、臨時財政対策債償還基金費の措置額を経常一般財源から控除した場合の経常収支比率である。

○普通会計が負担すべき借入金残高

地方債現在高に公営企業債現在高（普通会計負担分）及び交付税特別会計借入金残高（地方負担分）を加えた借入金残高は、190兆9,546億円（前年度末比1兆4,082億円減、0.7%減）となった。

区　分	令和3年度	令和2年度	増減額	増減率
地方債現在高	144兆5,810億円	144兆6,062億円	▲252億円	▲0.0%
うち臨時財政対策債	54兆1,074億円	53兆6,156億円	4,918億円	0.9%
公営企業債現在高（普通会計負担分）	16兆2,613億円	16兆7,943億円	▲5,330億円	▲3.2%
交付税特別会計借入金残高（地方負担分）	30兆1,123億円	30兆9,623億円	▲8,500億円	▲2.7%
合　計	190兆9,546億円	192兆3,628億円	▲1兆4,082億円	▲0.7%

（注）　公営企業債現在高（普通会計負担分）は、決算統計をベースとした推計値である。

令和５年版 地方財政の状況（地方財政白書）の概要

地方財政法第 30 条の２第１項の規定に基づき、内閣が毎年度国会に報告。
昭和 28 年から報告を行っており、今回で 71 回目。

（注） 以下、特に断りのない限り、令和５年２月末の状況を基に記述している。

１ 地方財政の果たす役割

（１） 国と地方の歳出純計額を最終支出の主体に着目して国と地方とに分けると、国が 44.3%、地方が 55.7%となっている。
（２） 中央政府及び地方政府が国内総生産（支出側）に占める割合は、地方政府が 11.7%、中央政府が 4.8%となっており、地方政府の占める割合は中央政府の約 2.4 倍となっている。

〈国・地方を通じた財政支出の状況〉

区　分	令和３年度	構成比
国と地方の歳出純計額	219 兆 8,768 億円	100.0%
国の歳出	97 兆 3,084 億円	44.3%
地方の歳出	122 兆 5,684 億円	55.7%

（注） 国　　：一般会計と特定の特別会計との純計（国から地方に対する支出を控除）
　　　地方　：普通会計（地方から国に対する支出を控除）

〈国内総生産（支出側）と地方財政〉

区　分	令和３年度	構成比	
		（国内総生産（支出側）＝100）	（公的部門＝100）
国内総生産（支出側）	550 兆 5,304 億円	100.0%	−
民間部門	408 兆 5,631 億円	74.2%	−
公的部門	148 兆 6,851 億円	27.0%	100.0%
中央政府	26 兆 4,070 億円	4.8%	17.8%
地方政府	64 兆 4,544 億円	11.7%	43.3%
社会保障基金	50 兆 6,300 億円	9.2%	34.1%
公的企業	7 兆 1,936 億円	1.3%	4.8%
財貨・サービスの純輸出	▲6 兆 7,178 億円	▲1.2%	−

（注）１ 「国民経済計算年次推計」（内閣府）を基に作成している。
２ 国内総生産（支出側）のうちの公的部門には、扶助費及び公債費等の付加価値の増加を伴わない経費は含まれないことなどから、それらが含まれている国と地方の歳出決算額より小さくなる。
３ 社会保障基金には、労働保険等の国の特別会計に属するもの、国民健康保険事業会計（事業勘定）等の地方の公営事業会計に属するもの等が含まれている。
４ 公的企業には、国の特別会計のうち自動車安全特別会計（自動車検査登録勘定、空港整備勘定）に属するもの、地方の多くの公営事業会計に属するもの等が含まれている。

2　決算規模

(1)　歳入総額は、前年度と比べて1兆7,562億円減（1.4%減）の128兆2,911億円となった。
　このうち、通常収支分は1兆452億円減（0.8%減）の127兆1,431億円、東日本大震災分は7,109億円減（38.2%減）の1兆1,480億円となった。

(2)　歳出総額は、前年度と比べて2兆911億円減（1.7%減）の123兆3,677億円となった。
　このうち、通常収支分は1兆5,385億円減（1.2%減）の122兆4,000億円、東日本大震災分は5,526億円減（36.4%減）の9,677億円となった。

＜決算規模の状況＞

区　　分		令和3年度	令和2年度	増減額	増減率
歳入総額		128兆2,911億円	130兆472億円	▲1兆7,562億円	▲1.4%
	通常収支分	127兆1,431億円	128兆1,883億円	▲1兆452億円	▲0.8%
	東日本大震災分	1兆1,480億円	1兆8,589億円	▲7,109億円	▲38.2%
歳出総額		123兆3,677億円	125兆4,588億円	▲2兆911億円	▲1.7%
	通常収支分	122兆4,000億円	123兆9,385億円	▲1兆5,385億円	▲1.2%
	東日本大震災分	9,677億円	1兆5,203億円	▲5,526億円	▲36.4%

3　決算収支

(1)　実質収支は、前年度より5,214億円増加し、3兆2,488億円の黒字となった。

(2)　単年度収支は、前年度より463億円減少し、5,218億円の黒字となった。

(3)　実質単年度収支は、前年度より1兆9,519億円増加し、2兆2,004億円の黒字となった。

(4)　実質収支が赤字の団体は、一部事務組合において1団体
　（令和2年度は市町村において1団体が赤字）

＜決算収支の状況＞

区　　分	決算額		増減額
	令和3年度	令和2年度	
形式収支	49,234億円	45,884億円	3,350億円
実質収支	32,488億円	27,274億円	5,214億円
単年度収支	5,218億円	5,680億円	▲463億円
実質単年度収支	22,004億円	2,485億円	19,519億円

形式収支：歳入歳出差引額
実質収支：歳入歳出差引額から翌年度に繰り越すべき財源を控除した額
単年度収支：当該年度の実質収支から前年度の実質収支を差し引いた額
実質単年度収支：単年度収支に、実質的な黒字要素（財政調整基金への積立額及び地方債の繰上償還額）を加え、赤字要素（財政調整基金の取崩し額）を差し引いた額

4 歳入

（単位：億円、%）

区分	令和3年度		令和2年度		比較	
	決算額	構成比	決算額	構成比	増減額	増減率
地方税 ①	424, 089	33. 1	408, 256	31. 4	15, 833	3. 9
うち個人住民税	133, 597	10. 4	133, 487	10. 3	111	0. 1
うち法人関係二税	72, 109	5. 6	64, 429	5. 0	7, 680	11. 9
地方譲与税 ②	24, 468	1. 9	22, 323	1. 7	2, 144	9. 6
地方特例交付金等 ③	4, 547	0. 4	2, 256	0. 2	2, 291	101. 5
地方交付税 ④	195, 049	15. 2	169, 890	13. 1	25, 159	14. 8
うち特別交付税	10, 746	0. 8	9, 957	0. 8	789	7. 9
うち震災復興特別交付税	964	0. 1	4, 007	0. 3	▲ 3, 043	▲ 75. 9
（一般財源）①+②+③+④	648, 153	50. 5	602, 725	46. 3	45, 428	7. 5
国庫支出金	320, 716	25. 0	374, 557	28. 8	▲ 53, 841	▲ 14. 4
うち普通建設事業費支出金	22, 918	1. 8	22, 024	1. 7	894	4. 1
うち災害復旧事業費支出金	4, 029	0. 3	5, 555	0. 4	▲ 1, 525	▲ 27. 5
うち新型コロナウイルス感染症対応地方創生臨時交付金	69, 358	5. 4	32, 575	2. 5	36, 782	112. 9
うち新型コロナウイルス感染症緊急包括支援交付金	29, 029	2. 3	30, 211	2. 3	▲ 1, 182	▲ 3. 9
うち子育て世帯等臨時特別支援事業費補助金（子育て世帯への臨時特別給付）	18, 495	1. 4	－	－	18, 495	皆増
うちその他新型コロナウイルス感染症対策関係国庫支出金	37, 863	3. 0	18, 227	1. 4	19, 636	107. 7
うち特別定額給付金給付事業費補助金等	－	－	127, 560	9. 8	▲ 127, 560	皆減
地方債	117, 454	9. 2	122, 607	9. 4	▲ 5, 153	▲ 4. 2
うち臨時財政対策債	44, 213	3. 4	31, 116	2. 4	13, 097	42. 1
その他	196, 588	15. 2	200, 583	15. 4	▲ 3, 995	▲ 2. 0
うち繰入金	28, 385	2. 2	38, 530	3. 0	▲ 10, 145	▲ 26. 3
うち繰越金	42, 659	3. 3	33, 031	2. 5	9, 629	29. 2
うち貸付金元利収入	70, 979	5. 5	78, 744	6. 1	▲ 7, 765	▲ 9. 9
歳入合計	1, 282, 911	100. 0	1, 300, 472	100. 0	▲ 17, 562	▲ 1. 4

（注）1　個人住民税は、配当割及び株式等譲渡所得割を含む。
2　法人関係二税は、住民税（法人分）と事業税（法人分）の合計である。
3　国庫支出金には、交通安全対策特別交付金及び国有提供施設等所在市町村助成交付金を含む。

（参考）通常収支分と東日本大震災分

〈歳入の状況・通常収支分〉

（単位：億円、%）

区分	令和3年度		令和2年度		比較	
	決算額	構成比	決算額	構成比	増減額	増減率
一般財源	646, 485	50. 8	598, 005	46. 7	48, 480	8. 1
国庫支出金	317, 286	25. 0	370, 266	28. 9	▲ 52, 980	▲ 14. 3
うち普通建設事業費支出金	22, 420	1. 8	21, 324	1. 7	1, 096	5. 1
うち災害復旧事業費支出金	3, 318	0. 3	4, 137	0. 3	▲ 820	▲ 19. 8
地方債	117, 170	9. 2	122, 273	9. 5	▲ 5, 103	▲ 4. 2
その他	190, 490	15. 0	191, 340	14. 9	▲ 850	▲ 0. 4
うち繰入金	26, 457	2. 1	33, 601	2. 6	▲ 7, 144	▲ 21. 3
うち繰越金	39, 657	3. 1	30, 286	2. 4	9, 372	30. 9
うち貸付金元利収入	70, 043	5. 5	77, 288	6. 0	▲ 7, 245	▲ 9. 4
歳入合計	1, 271, 431	100. 0	1, 281, 883	100. 0	▲ 10, 452	▲ 0. 8

〈歳入の状況・東日本大震災分〉

（単位：億円、%）

区分	令和3年度		令和2年度		比較	
	決算額	構成比	決算額	構成比	増減額	増減率
一般財源	1, 668	14. 5	4, 720	25. 4	▲ 3, 053	▲ 64. 7
うち震災復興特別交付税	964	8. 4	4, 007	21. 6	▲ 3, 043	▲ 75. 9
国庫支出金	3, 429	29. 9	4, 291	23. 1	▲ 861	▲ 20. 1
うち普通建設事業費支出金	498	4. 3	700	3. 8	▲ 202	▲ 28. 9
うち災害復旧事業費支出金	712	6. 2	1, 417	7. 6	▲ 706	▲ 49. 8
うち東日本大震災復興交付金	－	－	33	0. 2	▲ 33	皆減
地方債	284	2. 5	334	1. 8	▲ 50	▲ 15. 1
その他	6, 098	53. 1	9, 243	49. 7	▲ 3, 145	▲ 34. 0
うち繰入金	1, 929	16. 8	4, 929	26. 5	▲ 3, 001	▲ 60. 9
うち繰越金	3, 002	26. 1	2, 745	14. 8	257	9. 3
うち貸付金元利収入	935	8. 1	1, 456	7. 8	▲ 521	▲ 35. 8
歳入合計	11, 480	100. 0	18, 589	100. 0	▲ 7, 109	▲ 38. 2

歳入は、地方交付税、地方税が増加したものの、国庫支出金、繰入金の減少等により、前年度と比べて1兆7,562億円減（1.4%減）の128兆2,911億円となった。

通常収支分及び東日本大震災分の主な増減内訳はそれぞれ以下のとおりである。

＜通常収支分＞

通常収支分は、国庫支出金、貸付金元利収入の減少等により、前年度と比べて1兆452億円減（0.8%減）の127兆1,431億円となった。

(1) 一般財源

地方交付税、地方税の増加等により、前年度と比べて4兆8,480億円増（8.1%増）の64兆6,485億円となった。

(2) 国庫支出金

特別定額給付金給付事業費補助金の減少等により、前年度と比べて5兆2,980億円減（14.3%減）の31兆7,286億円となった。

(3) 地方債

臨時財政対策債が増加したものの、減収補填債の減少等により、前年度と比べて5,103億円減（4.2%減）の11兆7,170億円となった。

(4) その他

制度融資の減等による貸付金元利収入の減少等により、前年度と比べて850億円減（0.4%減）の19兆490億円となった。

＜東日本大震災分＞

東日本大震災分は、一般財源、繰入金の減少等により、前年度と比べて7,109億円減（38.2%減）の1兆1,480億円となった。

(1) 一般財源

震災復興特別交付税の減少等により、前年度と比べて3,053億円減（64.7%減）の1,668億円となった。

(2) 国庫支出金

災害復旧事業費支出金の減少等により、前年度と比べて861億円減（20.1%減）の3,429億円となった。

(3) 地方債

復興事業に係る地方債の減少等により、前年度と比べて50億円減（15.1%減）の284億円となった。

(4) その他

東日本大震災復興関連基金からの繰入金の減少等により、前年度と比べて3,145億円減（34.0%減）の6,098億円となった。

〈 歳入決算額内訳の推移 〉

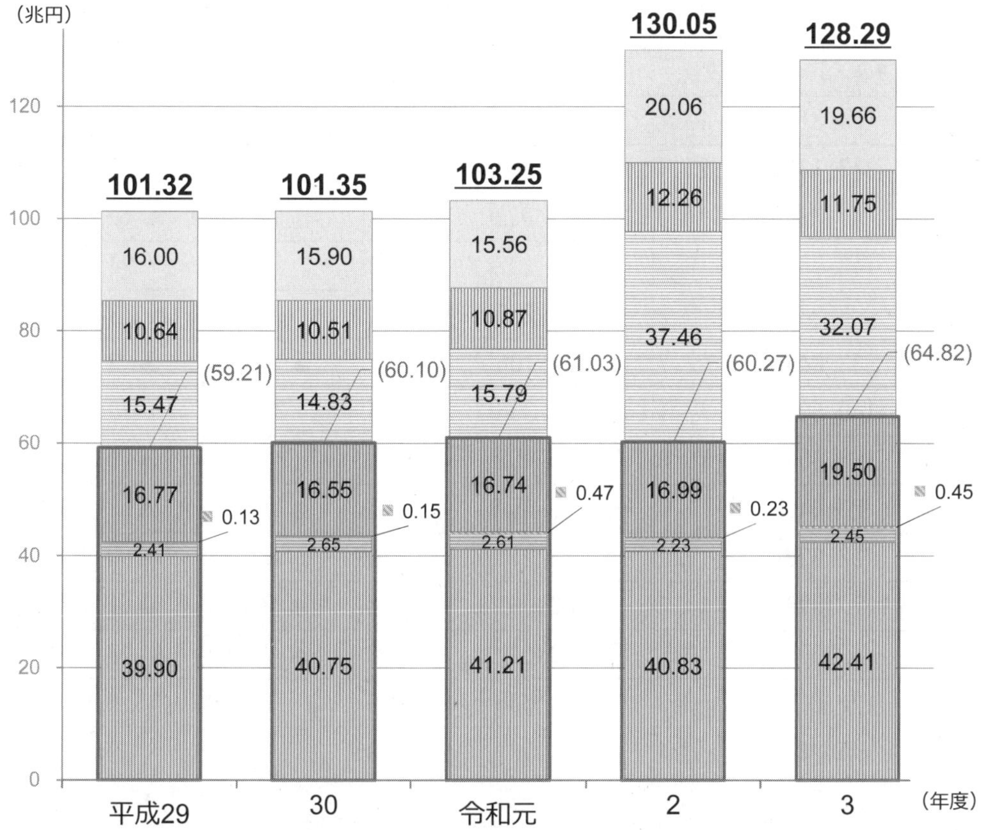

（注）　（　）内の数値は一般財源の額である。

〈 地 方 税 の 推 移 〉

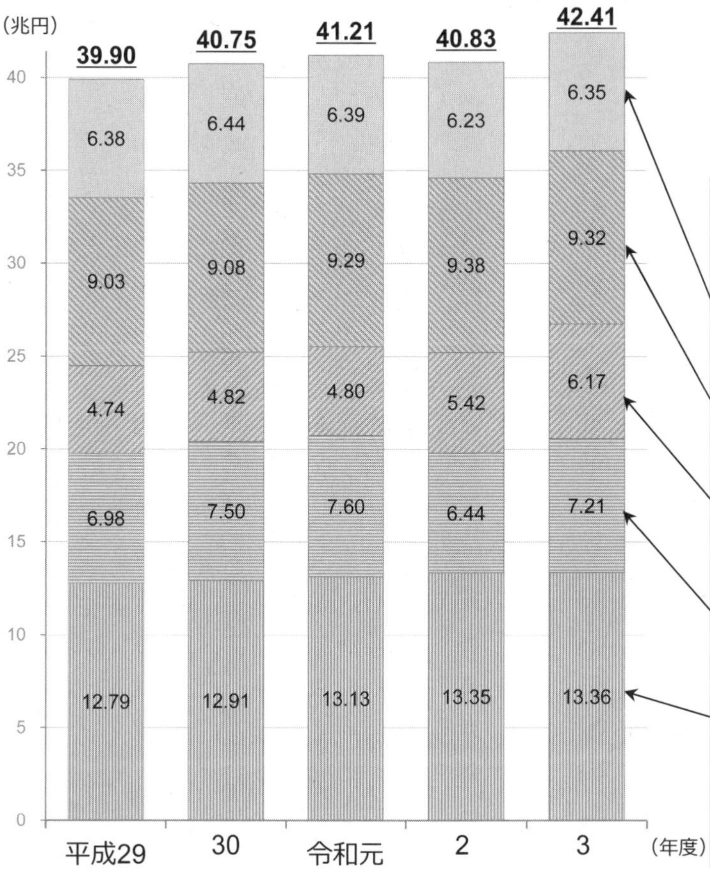

（単位：億円、％）

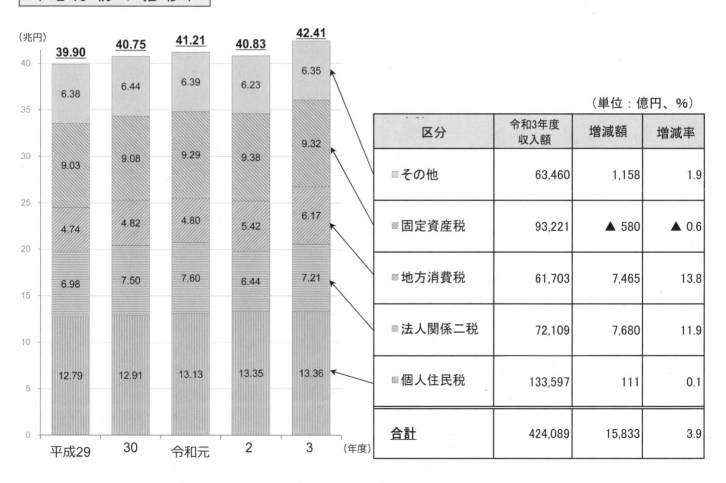

区分	令和3年度収入額	増減額	増減率
その他	63,460	1,158	1.9
固定資産税	93,221	▲ 580	▲ 0.6
地方消費税	61,703	7,465	13.8
法人関係二税	72,109	7,680	11.9
個人住民税	133,597	111	0.1
合計	424,089	15,833	3.9

5　目的別歳出

（単位：億円、％）

区　　分	令和3年度		令和2年度		比較	
	決算額	構成比	決算額	構成比	増減額	増減率
総務費	124,318	10.1	225,346	18.0	▲ 101,028	▲ 44.8
民生費	313,130	25.4	286,942	22.9	26,188	9.1
うち災害救助費	488	0.0	1,032	0.1	▲ 544	▲ 52.7
衛生費	113,751	9.2	91,202	7.3	22,549	24.7
労働費	2,832	0.2	3,264	0.3	▲ 432	▲ 13.2
農林水産業費	33,045	2.7	34,106	2.7	▲ 1,061	▲ 3.1
商工費	149,802	12.1	115,336	9.2	34,467	29.9
土木費	126,858	10.3	126,902	10.1	▲ 44	▲ 0.0
消防費	20,040	1.6	21,250	1.7	▲ 1,210	▲ 5.7
警察費	32,923	2.7	33,211	2.6	▲ 288	▲ 0.9
教育費	177,896	14.4	180,961	14.4	▲ 3,065	▲ 1.7
災害復旧費	7,063	0.6	10,047	0.8	▲ 2,983	▲ 29.7
公債費	126,650	10.3	120,636	9.6	6,013	5.0
うち臨時財政対策債元利償還額	42,186	3.4	37,727	3.0	4,459	11.8
その他	5,370	0.4	5,387	0.4	▲ 17	▲ 0.3
歳出合計	1,233,677	100.0	1,254,588	100.0	▲ 20,911	▲ 1.7

〈歳出決算額の目的別内訳の推移〉

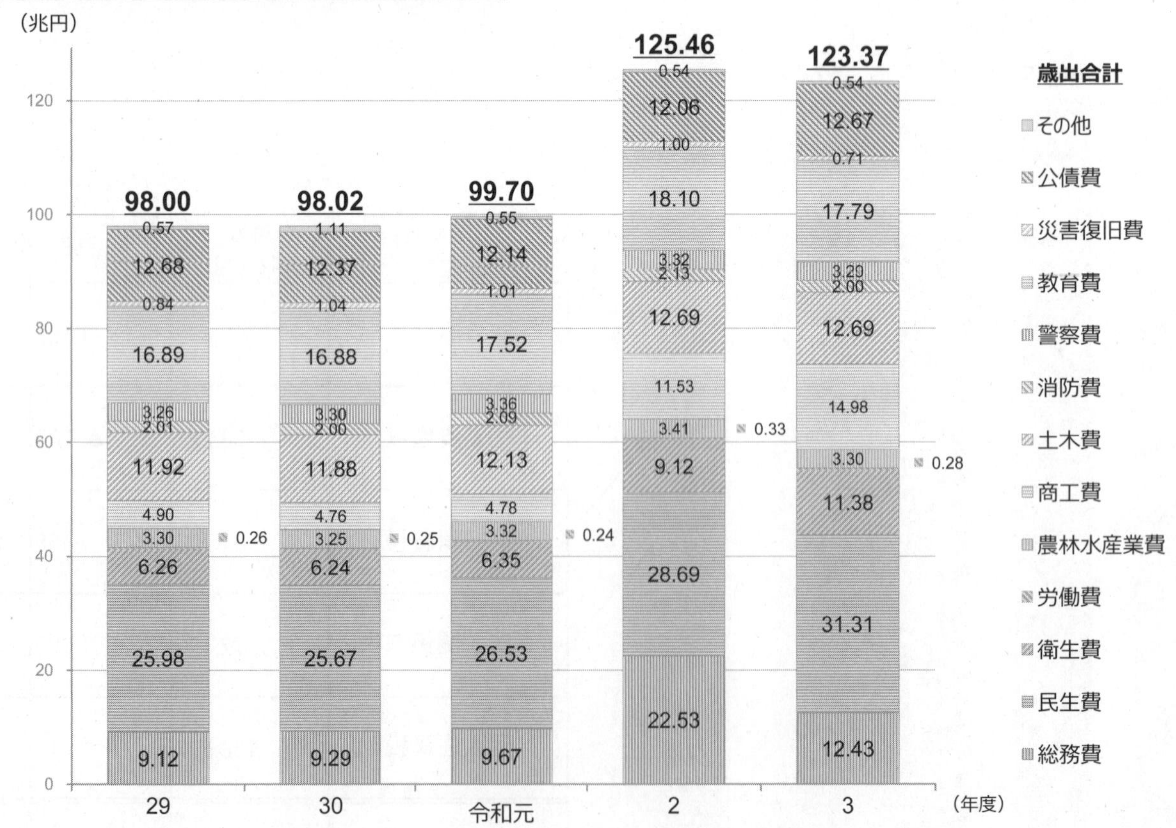

（参考）通常収支分と東日本大震災分

〈目的別歳出の状況・通常収支分〉

（単位：億円、％）

区分	令和3年度		令和2年度		比較	
	決算額	構成比	決算額	構成比	増減額	増減率
総務費	122,853	10.0	223,542	18.0	▲ 100,689	▲ 45.0
民生費	312,727	25.5	286,338	23.1	26,389	9.2
衛生費	113,138	9.2	90,509	7.3	22,628	25.0
労働費	2,822	0.2	3,241	0.3	▲ 420	▲ 12.9
農林水産業費	31,977	2.6	32,594	2.6	▲ 617	▲ 1.9
商工費	148,578	12.1	113,290	9.1	35,287	31.1
土木費	123,988	10.1	121,549	9.8	2,438	2.0
消防費	19,945	1.6	21,063	1.7	▲ 1,118	▲ 5.3
警察費	32,901	2.7	33,173	2.7	▲ 272	▲ 0.8
教育費	177,643	14.5	180,576	14.6	▲ 2,933	▲ 1.6
災害復旧費	6,137	0.5	7,992	0.6	▲ 1,855	▲ 23.2
公債費	125,923	10.3	120,131	9.7	5,792	4.8
うち臨時財政対策債元利償還額	42,186	3.4	37,727	3.0	4,459	11.8
その他	5,370	0.7	5,387	0.5	▲ 17	▲ 0.3
歳出合計	1,224,000	100.0	1,239,385	100.0	▲ 15,385	▲ 1.2

〈目的別歳出の状況・東日本大震災分〉

（単位：億円、％）

区分	令和3年度		令和2年度		比較	
	決算額	構成比	決算額	構成比	増減額	増減率
総務費	1,465	15.1	1,804	11.9	▲ 339	▲ 18.8
民生費	403	4.2	604	4.0	▲ 201	▲ 33.3
うち災害救助費	300	3.1	489	3.2	▲ 189	▲ 38.6
衛生費	613	6.3	693	4.6	▲ 79	▲ 11.5
労働費	10	0.1	23	0.1	▲ 12	▲ 55.2
農林水産業費	1,067	11.0	1,512	9.9	▲ 444	▲ 29.4
商工費	1,225	12.7	2,046	13.5	▲ 821	▲ 40.1
土木費	2,870	29.7	5,352	35.2	▲ 2,482	▲ 46.4
消防費	95	1.0	187	1.2	▲ 92	▲ 49.2
警察費	22	0.2	38	0.3	▲ 16	▲ 41.5
教育費	253	2.6	385	2.5	▲ 132	▲ 34.3
災害復旧費	926	9.6	2,054	13.5	▲ 1,128	▲ 54.9
公債費	727	7.5	506	3.3	221	43.7
その他	0	0.0	0	0.0	0	11.1
歳出合計	9,677	100.0	15,203	100.0	▲ 5,526	▲ 36.4

【目的別】

目的別歳出は、商工費、民生費が増加したものの、総務費の減少等により、前年度と比べて2兆911億円減（1.7%減）の123兆3,677億円となった。
通常収支分及び東日本大震災分の主な増減内訳はそれぞれ以下のとおりである。

＜通常収支分＞
通常収支分は、総務費の減少等により、前年度と比べて1兆5,385億円減（1.2%減）の122兆4,000億円となった。

(1) 総務費は、特別定額給付金事業の終了等により、前年度と比べて10兆689億円減（45.0%減）の12兆2,853億円となった。

(2) 商工費は、営業時間短縮要請等に応じた事業者に対する協力金の給付等の新型コロナウイルス感染症対策に係る事業の増加等により、前年度と比べて3兆5,287億円増（31.1%増）の14兆8,578億円となった。

(3) 民生費は、子育て世帯等臨時特別支援事業等の新型コロナウイルス感染症対策に係る事業の増加等により、前年度と比べて2兆6,389億円増（9.2%増）の31兆2,727億円となった。

(4) 衛生費は、新型コロナウイルス感染症ワクチン接種事業、病床確保支援事業等の新型コロナウイルス感染症対策に係る事業の増加等により、前年度と比べて2兆2,628億円増（25.0%増）の11兆3,138億円となった。

(5) 公債費は、臨時財政対策債元利償還額の増加等により、前年度と比べて5,792億円増（4.8%増）の12兆5,923億円となった。

＜東日本大震災分＞
東日本大震災分は、土木費、災害復旧費の減少等により、前年度と比べて5,526億円減（36.4%減）の9,677億円となった。

(1) 土木費は、道路橋りょう費の減少等により、前年度と比べて2,482億円減（46.4%減）の2,870億円となった。

(2) 災害復旧費は、公共土木施設の復旧事業の減少等により、前年度と比べて1,128億円減（54.9%減）の926億円となった。

(3) 商工費は、制度融資の減少等により、前年度と比べて821億円減（40.1%減）の1,225億円となった。

(4) 農林水産業費は、水産業費の減少等により、前年度と比べて444億円減（29.4%減）の1,067億円となった。

6　性質別歳出

（単位：億円、％）

区　分	令和3年度		令和2年度		比較	
	決算額	構成比	決算額	構成比	増減額	増減率
義務的経費	541,989	43.9	504,847	40.2	37,142	7.4
うち人件費	230,073	18.6	230,283	18.4	▲ 210	▲ 0.1
うち職員給	159,525	12.9	159,812	12.7	▲ 287	▲ 0.2
うち扶助費	185,555	15.0	154,222	12.3	31,333	20.3
うち公債費	126,361	10.2	120,342	9.6	6,019	5.0
うち臨時財政対策債元利償還額	42,186	3.4	37,727	3.0	4,459	11.8
投資的経費	160,091	13.0	168,709	13.4	▲ 8,618	▲ 5.1
うち普通建設事業費	153,028	12.4	158,663	12.6	▲ 5,635	▲ 3.6
うち補助事業費	80,754	6.5	82,416	6.6	▲ 1,662	▲ 2.0
うち単独事業費	64,492	5.2	67,074	5.3	▲ 2,582	▲ 3.8
うち国直轄事業負担金	7,782	0.6	9,173	0.7	▲ 1,391	▲ 15.2
うち災害復旧事業費	7,062	0.6	10,045	0.8	▲ 2,983	▲ 29.7
うち補助事業費	5,345	0.4	7,551	0.6	▲ 2,206	▲ 29.2
うち単独事業費	1,507	0.1	2,107	0.2	▲ 601	▲ 28.5
その他の経費	531,598	43.2	581,033	46.3	▲ 49,435	▲ 8.5
うち物件費	123,765	10.0	106,774	8.5	16,992	15.9
うち補助費等	207,566	16.8	287,853	22.9	▲ 80,287	▲ 27.9
うち積立金	54,517	4.4	30,127	2.4	24,390	81.0
うち貸付金	71,115	5.8	81,723	6.5	▲ 10,609	▲ 13.0
歳出合計	1,233,677	100.0	1,254,588	100.0	▲ 20,911	▲ 1.7

〈歳出決算額の性質別内訳の推移〉

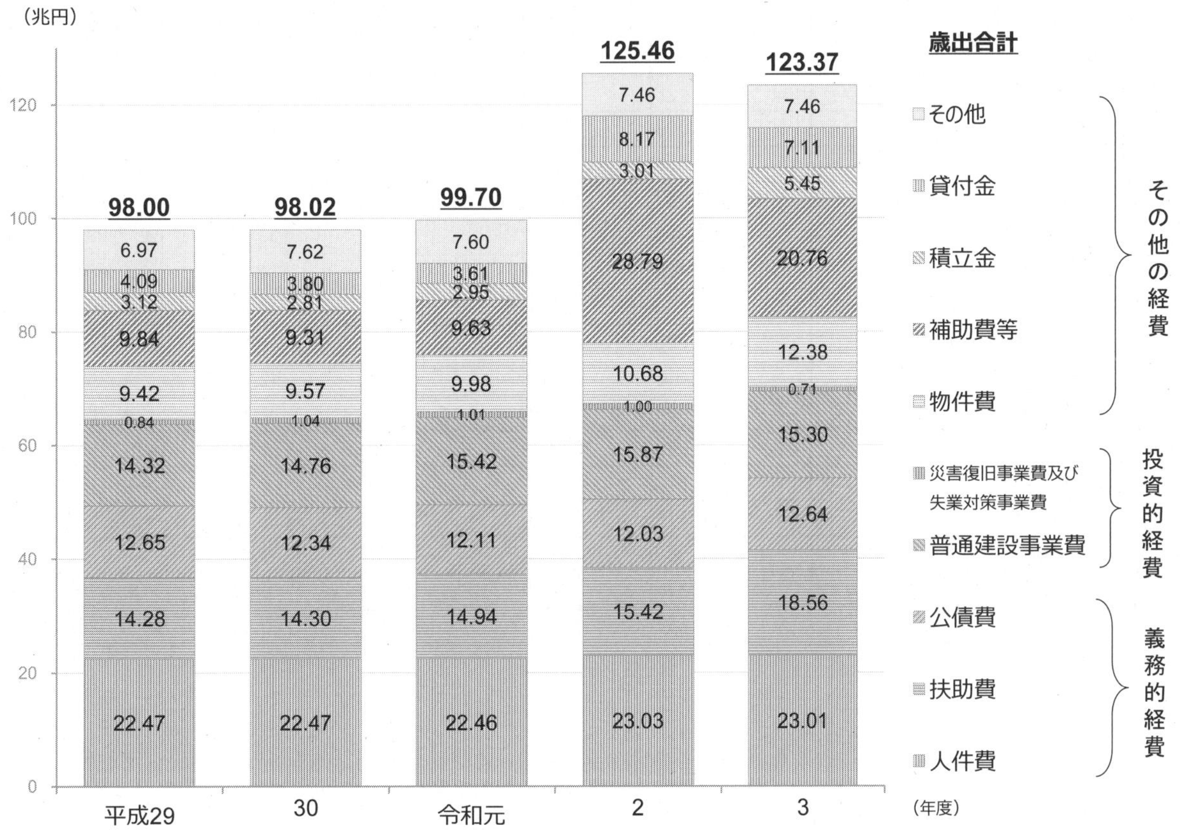

（参考）通常収支分と東日本大震災分

〈性質別歳出の状況・通常収支分〉

（単位：億円、％）

区分	令和3年度		令和2年度		比較	
	決算額	構成比	決算額	構成比	増減額	増減率
義務的経費	541,075	44.2	504,084	40.7	36,991	7.3
うち人件費	229,910	18.8	230,059	18.6	▲ 149	▲ 0.1
うち職員給	159,410	13.0	159,649	12.9	▲ 239	▲ 0.1
うち扶助費	185,527	15.2	154,189	12.4	31,338	20.3
うち公債費	125,638	10.3	119,836	9.7	5,802	4.8
うち臨時財政対策債元利償還額	42,186	3.4	37,727	3.0	4,459	11.8
投資的経費	155,257	12.7	159,554	12.9	▲ 4,297	▲ 2.7
うち普通建設事業費	149,121	12.2	151,562	12.2	▲ 2,441	▲ 1.6
うち補助事業費	77,267	6.3	76,544	6.2	724	0.9
うち単独事業費	64,084	5.2	66,360	5.4	▲ 2,276	▲ 3.4
うち国直轄事業負担金	7,770	0.6	8,658	0.7	▲ 889	▲ 10.3
うち災害復旧事業費	6,136	0.5	7,991	0.6	▲ 1,855	▲ 23.2
うち補助事業費	4,490	0.4	5,732	0.5	▲ 1,243	▲ 21.7
うち単独事業費	1,442	0.1	1,879	0.2	▲ 436	▲ 23.2
その他の経費	527,668	43.0	575,748	46.4	▲ 48,080	▲ 8.4
うち物件費	123,154	10.1	105,846	8.5	17,308	16.4
うち補助費等	206,451	16.9	286,179	23.1	▲ 79,728	▲ 27.9
うち積立金	53,259	4.4	28,996	2.3	24,263	83.7
うち貸付金	70,239	5.7	80,272	6.5	▲ 10,033	▲ 12.5
歳出合計	1,224,000	100.0	1,239,385	100.0	▲ 15,385	▲ 1.2

〈性質別歳出の状況・東日本大震災分〉

（単位：億円、％）

区分	令和3年度		令和2年度		比較	
	決算額	構成比	決算額	構成比	増減額	増減率
義務的経費	914	9.4	763	5.0	151	19.8
うち人件費	163	1.7	224	1.5	▲ 61	▲ 27.3
うち職員給	114	1.2	162	1.1	▲ 48	▲ 29.6
うち扶助費	28	0.3	33	0.2	▲ 6	▲ 16.7
うち公債費	723	7.5	506	3.3	218	43.0
投資的経費	4,834	49.9	9,155	60.2	▲ 4,321	▲ 47.2
うち普通建設事業費	3,907	40.4	7,101	46.7	▲ 3,194	▲ 45.0
うち補助事業費	3,487	36.0	5,873	38.6	▲ 2,385	▲ 40.6
うち単独事業費	408	4.2	714	4.7	▲ 306	▲ 42.9
うち国直轄事業負担金	12	0.1	515	3.4	▲ 502	▲ 97.6
うち災害復旧事業費	926	9.6	2,054	13.5	▲ 1,128	▲ 54.9
うち補助事業費	855	8.8	1,818	12.0	▲ 963	▲ 53.0
うち単独事業費	64	0.7	229	1.5	▲ 164	▲ 71.9
その他の経費	3,929	40.6	5,285	34.8	▲ 1,356	▲ 25.7
うち物件費	611	6.3	927	6.1	▲ 316	▲ 34.1
うち補助費等	1,115	11.5	1,674	11.0	▲ 558	▲ 33.4
うち積立金	1,258	13.0	1,131	7.4	127	11.2
うち貸付金	875	9.0	1,451	9.5	▲ 576	▲ 39.7
歳出合計	9,677	100.0	15,203	100.0	▲ 5,526	▲ 36.4

【性質別】

性質別歳出は、扶助費、積立金が増加したものの、補助費等、貸付金の減少等により、前年度と比べて2兆911億円減（1.7%減）の123兆3,677億円となった。
通常収支分及び東日本大震災分の主な増減内訳はそれぞれ以下のとおりである。

＜通常収支分＞
通常収支分は、補助費等、貸付金の減少等により、前年度と比べて1兆5,385億円減（1.2%減）の122兆4,000億円となった。

（1）義務的経費
- 扶助費は、子育て世帯等臨時特別支援事業等の新型コロナウイルス感染症対策に係る事業の増加等により、前年度と比べて3兆1,338億円増（20.3%増）の18兆5,527億円となった。

（2）投資的経費
- 普通建設事業費は、単独事業費の減少等により、前年度と比べて2,441億円減（1.6%減）の14兆9,121億円となった。

（3）その他の経費
- 補助費等は、特別定額給付金事業の終了等により、前年度と比べて7兆9,728億円減（27.9%減）の20兆6,451億円となった。
- 積立金は、基金への積立金の増加により、前年度と比べて2兆4,263億円増（83.7%増）の5兆3,259億円となった。
- 物件費は、新型コロナウイルス感染症対策に係る事業の委託費の増加等により、前年度と比べて1兆7,308億円増（16.4%増）の12兆3,154億円となった。
- 貸付金は、制度融資の減少等により、前年度と比べて1兆33億円減（12.5%減）の7兆239億円となった。

＜東日本大震災分＞
東日本大震災分は、普通建設事業費、災害復旧事業費の減少等により、前年度と比べて5,526億円減（36.4%減）の9,677億円となった。

（1）義務的経費
- 公債費は、地方債の元利償還金の増加等により、前年度と比べて218億円増（43.0%増）の723億円となった。

（2）投資的経費
- 普通建設事業費は、補助事業費の減少等により、前年度と比べて3,194億円減（45.0%減）の3,907億円となった。
- 災害復旧事業費は、補助事業費の減少等により、前年度と比べて1,128億円減（54.9%減）の926億円となった。

（3）その他の経費
- 貸付金は、制度融資の減少等により、前年度と比べて576億円減（39.7%減）の875億円となった。
- 補助費等は、東日本大震災復興交付金返還金の減少等により、前年度と比べて558億円減（33.4%減）の1,115億円となった。

7　財政構造の弾力性

(1) 経常収支比率
- 臨時財政対策債償還基金費の創設を含む普通交付税の再算定による地方交付税の増や地方税等の増に伴う経常一般財源の増等により、前年度より5.7ポイント低下し、88.1％となった。
  (注) 令和3年度に措置された普通交付税における臨時財政対策債償還基金費は、令和4年度以降の公債費負担対策に係るものであることを考慮し、当該措置額を経常一般財源から控除した場合の経常収支比率は、90.2％となり、前年度より3.6ポイント低下したものとなる。

(2) 実質公債費比率
- 前年度より0.2ポイント低下し、7.6％となった。
- 実質公債費比率が18％以上の団体は、前年度より2団体減少し、2団体となった。

＜財政指標の状況＞

区	分	経常収支比率	実質公債費比率
全　体	令和3年度	88.1％(90.2％)	7.6％
	令和2年度	93.8％	7.8％
	対前年度増減	▲5.7(▲3.6)	▲0.2％

(注)1　経常収支比率及び実質公債費比率は加重平均である。
2　経常収支比率は特別区、一部事務組合及び広域連合を除き、実質公債費比率は特別区を含み一部事務組合及び広域連合を除く（以下の図表において同じ。）。
3　実質公債費比率が18％以上の地方公共団体は、原則として、地方債の発行に総務大臣等の許可が必要である。
4　経常収支比率の()内は、臨時財政対策債償還基金費の措置額を経常一般財源から控除した場合の経常収支比率である。

＜経常収支比率の推移＞

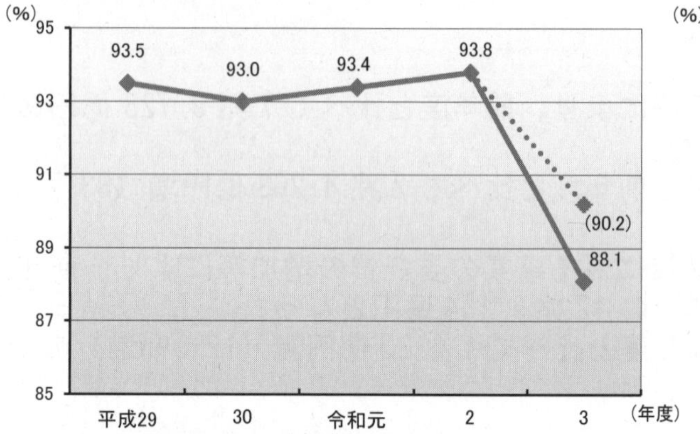

(注)　()内は臨時財政対策債償還基金費の措置額を経常一般財源から控除した場合の経常収支比率である。

＜実質公債費比率の推移＞

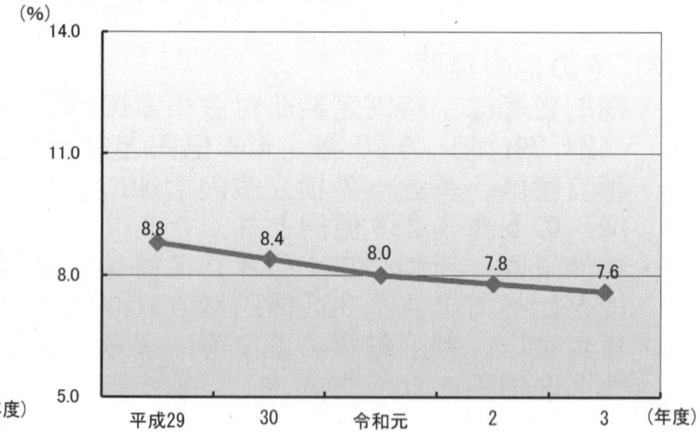

＜経常収支比率の段階別団体数の状況＞

区	分	80%未満	80%以上 90%未満	90%以上 100%未満	100%以上	合計
令和3年度	都道府県	1 (2.1%)	39 (83.0%)	7 (14.9%)	－	47 (100.0%)
	市町村	286 (16.6%)	1,068 (62.2%)	361 (21.0%)	3 (0.2%)	1,718 (100.0%)
令和2年度	都道府県	－	3 (6.4%)	42 (89.4%)	2 (4.3%)	47 (100.0%)
	市町村	106 (6.2%)	682 (39.7%)	899 (52.3%)	31 (1.8%)	1,718 (100.0%)

＜実質公債費比率の段階別団体数の状況＞

区	分	18%未満	18%以上 25%未満	25%以上 35%未満	35%以上	合計
令和3年度	都道府県	46 (97.9%)	1 (2.1%)	－	－	47 (100.0%)
	市町村	1,740 (99.9%)	－	－	1 (0.1%)	1,741 (100.0%)
令和2年度	都道府県	46 (97.9%)	1 (2.1%)	－	－	47 (100.0%)
	市町村	1,738 (99.8%)	2 (0.1%)	－	1 (0.1%)	1,741 (100.0%)

8　地方債現在高、債務負担行為額及び積立金現在高の推移

(1)　地方債現在高は前年度と比べて252億円減（0.0%減）の144兆5,810億円、債務負担行為額は7,550億円増（4.3%増）の18兆1,645億円、積立金現在高は3兆2,078億円増（14.2%増）の25兆8,083億円となった。

(2)　積立金の内訳については、財政調整基金が1兆6,793億円増（23.1%増）、減債基金が7,363億円増（34.3%増）、その他特定目的基金が7,922億円増（6.0%増）となった。

(3)　地方債現在高に債務負担行為額を加え、積立金現在高を引いた額は、前年度と比べて2兆4,780億円減（1.8%減）の136兆9,372億円となった。

区　　分		令和3年度	令和2年度	増減額	増減率
地方債現在高　A		144兆5,810億円	144兆6,062億円	▲252億円	▲0.0%
地方債現在高（臨時財政対策債除き）		90兆4,736億円	90兆9,906億円	▲5,170億円	▲0.6%
債務負担行為額　B		18兆1,645億円	17兆4,095億円	7,550億円	4.3%
積立金現在高　C		25兆8,083億円	22兆6,005億円	3兆2,078億円	14.2%
内訳	財政調整基金	8兆9,630億円	7兆2,837億円	1兆6,793億円	23.1%
	減債基金	2兆8,843億円	2兆1,480億円	7,363億円	34.3%
	その他特定目的基金	13兆9,610億円	13兆1,688億円	7,922億円	6.0%
A＋B－C		136兆9,372億円	139兆4,152億円	▲2兆4,780億円	▲1.8%

〈（参考）積立金の増減額〉

区　　分		積立額	取崩し額	積立金増減額
積立金総額		5兆7,705億円	2兆5,627億円	3兆2,078億円
内訳	財政調整基金	2兆2,988億円	6,195億円	1兆6,793億円
	減債基金	9,146億円	1,783億円	7,363億円
	その他特定目的基金	2兆5,572億円	1兆7,650億円	7,922億円

（注）　積立金増減額とは、積立額（歳出決算額＋歳計剰余金処分による積立）から取崩し額を差し引いたものである。

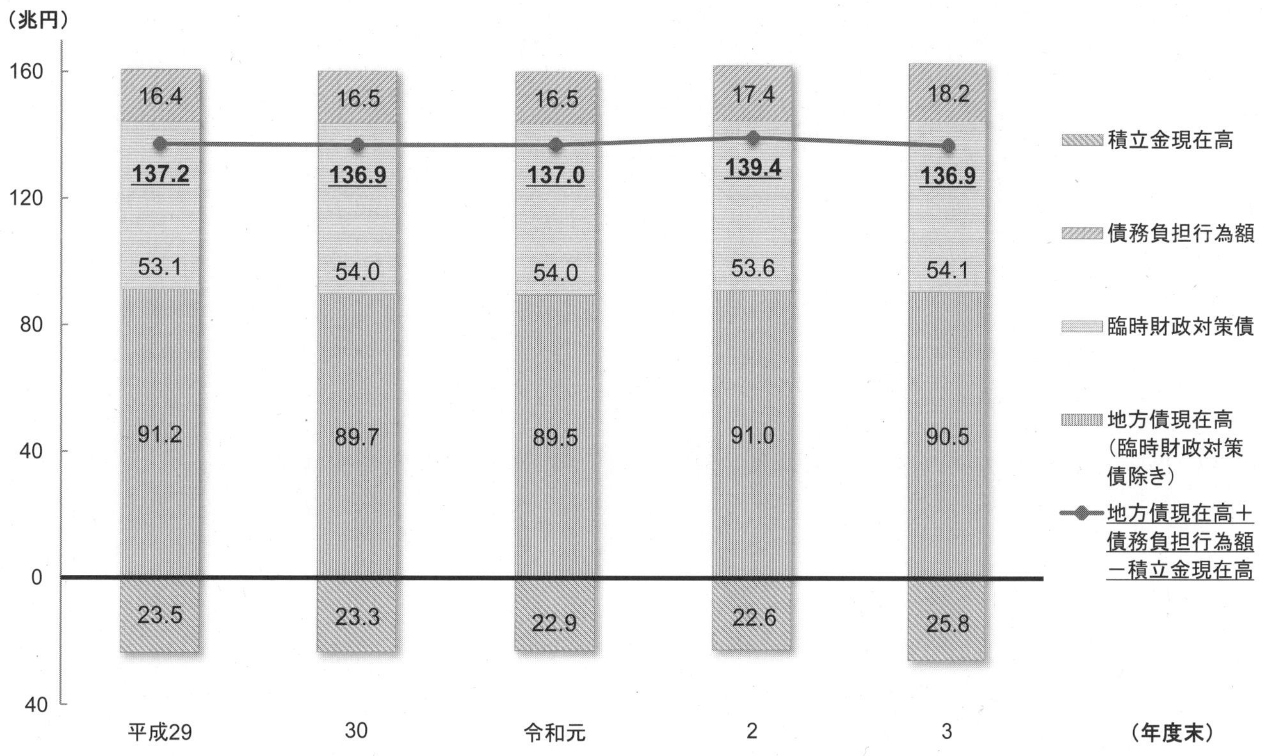

普通会計が負担すべき借入金残高（推計）

区　分		令和3年度	令和2年度	増減額	増減率
地方債現在高		144兆5,810億円	144兆6,062億円	▲252億円	▲0.0%
	うち臨時財政対策債	54兆1,074億円	53兆6,156億円	4,918億円	0.9%
公営企業債現在高（普通会計負担分）		16兆2,613億円	16兆7,943億円	▲5,330億円	▲3.2%
交付税特別会計借入金残高（地方負担分）		30兆1,123億円	30兆9,623億円	▲8,500億円	▲2.7%
合　計		190兆9,546億円	192兆3,628億円	▲1兆4,082億円	▲0.7%

<普通会計が負担すべき借入金残高の推移>

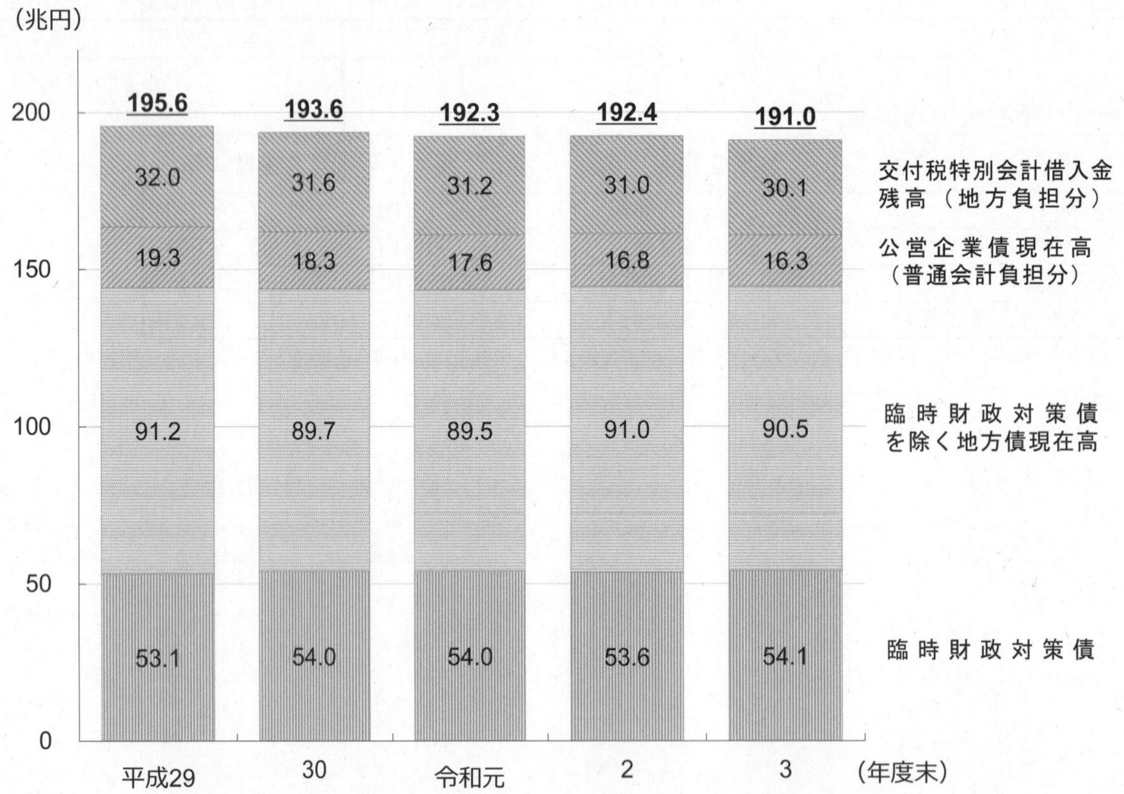

（注）　公営企業債現在高（普通会計負担分）は、決算統計をベースとした推計値である。

9 公営企業等の状況

(1) 総事業数は、令和3年度末現在8,108事業で、前年度と比べて0.7%減少している。

(2) 決算規模は、17兆9,766億円で、前年度と比べて0.5%減少している。

(3) 全体の経営状況は、7年連続で黒字となっているが、個々の事業を見ると、依然として1割以上の事業で赤字が生じている。

(注) 法適用企業(公営企業型地方独立行政法人を含む。)及び法非適用企業が行う事業を対象とする。

〈令和3年度公営企業等決算の状況〉

(単位：億円)

区分		全体事業数〈年度末〉(前年度比)	うち法適用(前年度比)	決算規模(前年度比)	収支(前年度比)
全事業		8,108事業 (▲57)	4,683事業 (+21)	179,766 (▲985)	10,192 (+3,230)
うち	水道(簡易水道を含む。)	1,787事業 (▲7)	1,419事業 (+3)	40,215 (▲53)	3,324 (+463)
	交通	85事業 (-)	47事業 (-)	8,694 (▲262)	▲371 (+393)
	病院	681事業 (▲2)	681事業 (▲2)	60,958 (+1,246)	3,296 (+1,930)
	下水道	3,605事業 (▲1)	2,120事業 (+28)	54,993 (▲524)	2,327 (+109)

(注) 1 決算規模は、次のとおり算出している。
法適用企業：総費用(税込み)－減価償却費＋資本的支出
法非適用企業：総費用＋資本的支出＋積立金＋繰上充用金
2 収支は、法適用企業にあっては純損益、法非適用企業にあっては実質収支であり、他会計繰入金等を含む。

〈公営企業等の決算規模〉

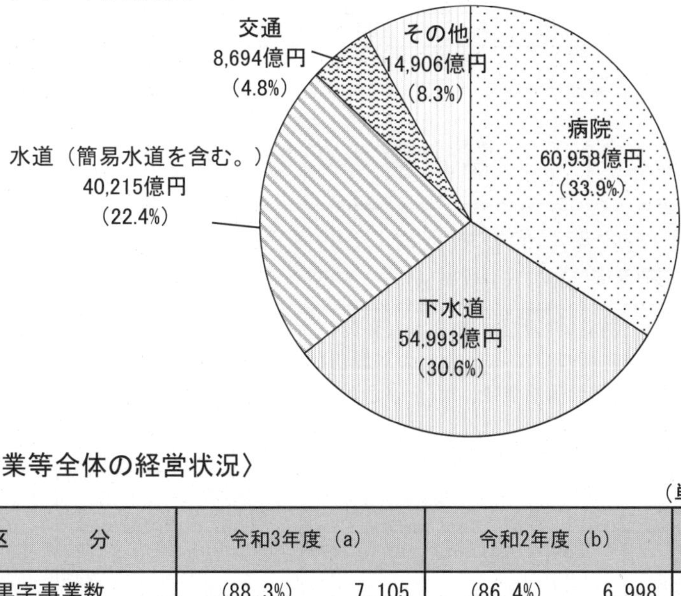

〈公営企業等全体の経営状況〉

(単位：事業、億円)

区分	令和3年度(a)	令和2年度(b)	差引(a-b)
黒字事業数	(88.3%) 7,105	(86.4%) 6,998	107
黒字額	11,602	9,135	2,467
赤字事業数	(11.7%) 944	(13.6%) 1,098	▲ 154
赤字額	1,410	2,173	▲ 764
総事業数	8,049	8,096	▲ 47
収支	10,192	6,962	3,230

(注) 1 事業数は、決算対象事業数(建設中のものを除く。)であり、年度末事業数とは必ずしも一致しない。
2 黒字額、赤字額は、法適用企業にあっては純損益、法非適用企業にあっては実質収支であり、他会計繰入金等を含む。
3 ( )は、総事業数(建設中のものを除く。)に対する割合である。

10　東日本大震災の影響

Ⅰ　特定被災地方公共団体等における決算の状況

ア．特定被災県

特定被災県である9県の歳入総額は11兆9,616億円（対前年比4.5%増）、歳出総額は11兆5,864億円（対前年比5.9%増）となっている。

（注）　特定被災県とは、「東日本大震災に対処するための特別の財政援助及び助成に関する法律」（平成23年法律第40号）第2条第2項に定める特定被災地方公共団体である県（青森県、岩手県、宮城県、福島県、茨城県、栃木県、千葉県、新潟県、長野県）をいう。

＜特定被災県の歳入歳出の状況＞　（単位：億円、%）

区　　分	令和3年度	令和2年度	比　較		(参考)全国比較
			増減額	増減率	増減率
歳　　入	119,616	114,486	5,130	4.5	10.4
歳　　出	115,864	109,399	6,465	5.9	11.1

イ．特定被災市町村等

特定被災市町村等である227市町村の歳入総額は8兆2,357億円（対前年比13.4%減）、歳出総額は7兆8,047億円（対前年比14.1%減）となっている。

（注）　特定被災市町村等とは、「東日本大震災に対処するための特別の財政援助及び助成に関する法律第二条第二項及び第三項の市町村を定める政令」（平成23年政令第127号）の別表第1に定める特定被災地方公共団体である市町村並びに同令の別表第2及び別表第3に定める市町村のうち特定被災地方公共団体以外のものである227市町村をいう。

＜特定被災市町村等の歳入歳出の状況＞　（単位：億円、%）

区　　分	令和3年度	令和2年度	比　較		(参考)全国比較
			増減額	増減率	増減率
歳　　入	82,357	95,142	▲ 12,785	▲ 13.4	▲ 9.7
歳　　出	78,047	90,838	▲ 12,790	▲ 14.1	▲ 10.6

（注）　東日本大震災分に係る歳入及び歳出については、「4　歳入（5ページ）」、「5　目的別歳出（9ページ）」、「6　性質別歳出（12ページ）」をそれぞれ参照のこと。

Ⅱ　特定被災地方団体における公営企業等の経営状況

特定被災地方団体における公営企業等の総収支は1,389億円の黒字（対前年比38.5%増）で、黒字事業は794事業、赤字事業は88事業となっている。

（注）　特定被災地方団体とは、特定被災県である9県及び「東日本大震災に対処するための特別の財政援助及び助成に関する法律第二条第二項及び第三項の市町村を定める政令」の別表第1に定める特定被災地方公共団体である178市町村（当該団体が加入する一部事務組合等を含む。）をいう。

＜特定被災地方団体における公営企業等全体の経営状況＞　（単位：事業、億円）

区　　分	令和3年度 (a)		令和2年度 (b)		差　引 (a-b)
黒字事業数	(90.0%)	794	(87.3%)	779	15
黒字額		1,503		1,257	246
赤字事業数	(10.0%)	88	(12.7%)	113	▲ 25
赤字額		114		254	▲ 140
総事業数		882		892	▲ 10
収　支		1,389		1,003	386

（注）　1　事業数は、決算対象事業数（建設中のものを除く。）であり、年度末事業数とは必ずしも一致しない。
2　黒字額、赤字額は、法適用企業（公営企業型地方独立行政法人を含む。）にあっては純損益、法非適用企業にあっては実質収支であり、他会計繰入金等を含む。
3　（　）は、総事業数（建設中のものを除く。）に対する割合である。

11　令和３年度決算に基づく健全化判断比率等の状況

Ⅰ　健全化判断比率の状況

実質赤字比率

(1)　早期健全化基準以上の団体はなし（令和２年度決算も同じ）
(2)　実質赤字額がある団体はなし（令和２年度決算：１団体）

（注）実質赤字比率：福祉、教育、まちづくり等を行う地方公共団体の一般会計等の赤字の程度を指標化し、財政運営の悪化の度合いを示すものである。

連結実質赤字比率

(1)　早期健全化基準以上の団体はなし（令和２年度決算も同じ）
(2)　連結実質赤字額がある団体はなし（令和２年度決算：１団体）

（注）連結実質赤字比率：全ての会計の赤字や黒字を合算し、地方公共団体全体としての赤字の程度を指標化し、地方公共団体全体としての財政運営の悪化の度合いを示すものである。

実質公債費比率

(1)　財政再生基準以上の団体は１団体（北海道夕張市）（令和２年度決算も同じ）
(2)　都道府県の平均値は10.1%、市区町村は5.5%

（注）実質公債費比率：借入金（地方債）の返済額及びこれに準じる額の大きさを指標化し、資金繰りの程度を示すものである。

将来負担比率

(1)　早期健全化基準以上の団体はなし（令和２年度決算も同じ）
(2)　都道府県の平均値は160.3%、市区町村は15.4%

（注）将来負担比率：地方公共団体の一般会計等の借入金（地方債）や将来支払っていく可能性のある負担等の現時点での残高を指標化し、将来財政を圧迫する可能性の度合いを示すもの（将来負担比率には、財政再生基準はない）である。

※　財政健全化団体はなく、財政再生団体は１団体（北海道夕張市）である。

Ⅱ　資金不足比率の状況

(1)　経営健全化基準以上の公営企業会計は７会計（令和２年度決算：10会計）
(2)　資金不足額がある公営企業会計は44会計（令和２年度決算：50会計）

（注）資金不足比率：公営企業の資金不足額を、公営企業の事業規模である料金収入の規模と比較して指標化し、経営状態の悪化の度合いを示すものである。

最近の地方財政をめぐる諸課題への対応

1 新型コロナウイルス感染症への対応

○ 令和３年度においても、令和２年度と同様、新型コロナウイルス感染症緊急包括支援交付金による医療機関等への支援や新型コロナウイルスワクチン接種体制の整備・接種の実施に関する事業など、ほとんどの事業を全額国費対応とするとともに、新型コロナウイルス感染症対応地方創生臨時交付金について、令和３年度においては、新たに、感染拡大の影響を受ける事業者の支援のための事業者支援分やPCR等検査への支援のための検査促進枠分が措置された。

○ 令和３年度の地方公共団体における普通会計の新型コロナウイルス感染症対策関連経費の純計額は21兆1,009億円となり、前年度と比べると17.7%減となっている。その財源については、国庫支出金が最も大きな割合を占め、次いで貸付金元利収入等のその他の収入となっており、これらで95.2%を占めている。

都道府県の主な事業は、営業時間短縮要請等に応じた事業者に対する協力金の給付事業、制度融資等の貸付事業、病床確保支援事業等であった。市町村の主な事業は、子育て世帯等臨時特別支援事業、ワクチン接種事業、制度融資等の貸付事業等であった。

○ 令和４年度においても、ほとんどの事業を引き続き全額国費対応とし、新型コロナウイルス感染症対応地方創生臨時交付金については、国庫補助事業等の地方負担分、検査促進枠分が引き続き措置された。

○ 令和５年度においては、感染症対応業務に従事する保健師を約450名、保健所及び地方衛生研究所の職員をそれぞれ約150名増員するために必要な地方財政措置を講じることとしている。

2 物価高騰への対応

○ 国際的な原材料価格の上昇に加え、円安の影響などから、日常生活に密接なエネルギー・食料品等の価格が上昇している。こうした中、地方公共団体が、コロナ禍において原油価格や電気・ガス料金を含む物価の高騰の影響を受けた生活者や事業者の負担の軽減を、地域の実情に応じ、きめ細やかに実施できるよう、令和４年度には、新型コロナウイルス感染症対応地方創生臨時交付金に、「コロナ禍における原油価格・物価高騰対応分」、「電力・ガス・食料品等価格高騰重点支援地方交付金」が創設される等の対応がとられた。

○ また、令和４年10月に「物価高克服・経済再生実現のための総合経済対策」が閣議決定され、令和４年度補正予算において、電気料金及び都市ガス料金の値引き原資の支援を行うための「電気・ガス価格激変緩和対策事業」、燃料油の小売価格急騰の抑制を図るための「燃料油価格激変緩和対策事業」等が計上された。

○ 令和５年度の地方財政計画においては、学校、福祉施設、図書館、文化施設など地方公共団体の施設の光熱費の高騰を踏まえ、一般行政経費（単独）を700億円増額して計上している。また、資材価格等の高騰による建設事業費の上昇を踏まえ、緊急防災・減災事業債の津波浸水想定区域からの庁舎移転事業と病院事業債の公立病院等の新設・建替等事業における建築単価の上限を引き上げることとし、いずれも令和４年度事業債から新単価を適用することとしている。

3 デジタル田園都市国家構想等の推進

○ 「全国どこでも誰もが便利で快適に暮らせる社会」を目指す「デジタル田園都市国家構想」の実現に向け、デジタルの力を活用しつつ、地域の個性を生かしながら地方の社会課題解決や魅力向上の取組を加速化・深化することとしており、令和5年度を初年度とする5か年の「デジタル田園都市国家構想総合戦略」が策定された。同構想の実現による地方の社会課題解決や魅力向上の取組の加速化・深化を図る観点から、「デジタル田園都市国家構想交付金」が創設されたほか、地方財政計画において「デジタル田園都市国家構想事業費」（令和 5 年度 1 兆 2,500 億円）を創設することとしている。

○ 地方公共団体が、「自治体デジタル・トランスフォーメーション（DX）推進計画」を踏まえて着実に DX に取り組めるよう、地方公共団体におけるデジタル人材の確保・育成について、令和5年度より新たな地方財政措置を講じるなどの対応を行うこととしている。

地方公共団体の情報システムの標準化・共通化については、基幹業務システムを利用する原則全ての地方公共団体が、令和7年度を目指し、「ガバメントクラウド」上に構築されるシステムへ移行できるよう、その環境を整備することとしている。

マイナンバーカードについては、利便性向上・利活用シーンの拡大を更に推進するとともに、市区町村における申請促進・交付体制の強化に向けた支援を行う等、普及を強力に促進している。

○ 地方が直面する様々な課題を解決し、活力ある地方を創出するため、地域おこし協力隊による地域への人材還流の促進、ローカルスタートアップ支援制度の創設等による地域資源を活かした自立分散型地域経済の構築、過疎対策等の施策を推進することとしている。

これらの施策のほか、令和 5 年度においては、地域におけるリスキリングの推進、地域公共交通への対応についても、必要な地方財政措置を講じることとしている。

4 地域の脱炭素化の推進

○ 「GX 実現に向けた基本方針」において、地域脱炭素の基盤となる重点対策を率先して実施することとされるなど、地方公共団体の役割が拡大したことを踏まえ、公共施設等の脱炭素化の取組を計画的に実施できるよう、令和5年度の地方財政計画において、新たに「脱炭素化推進事業費」を 1,000 億円計上し、脱炭素化推進事業債を創設することとしている。

あわせて、公営企業の脱炭素化の取組についても、「脱炭素化推進事業費」と同様の事業のほか、新たに、公営企業の特有の取組を対象に、公営企業債（脱炭素化推進事業）を充当できることとしている。

○ 地方公共団体の資金調達手段として、SDGs 地方債（ESG 地方債）発行の重要性が高まっている状況を踏まえ、令和5年度から新たに、脱炭素化事業や気候変動への適応事業等に資金使途を限定した債券であるグリーンボンドを共同発行形式で発行することとしている。

5　防災・減災、国土強靱化及び公共施設等の適正管理の推進

○　国民の生命・財産を守るため、地方公共団体が国と連携しつつ、防災・減災、国土強靱化対策に取り組む必要がある。「防災・減災、国土強靱化のための5か年加速化対策」の3年目である令和5年度においては、地方公共団体が、喫緊の課題である防災・減災対策のための施設整備等に取り組んでいけるよう、「緊急防災・減災事業費」について、新たに社会福祉法人又は学校法人が行う指定避難所の生活環境改善のための取組への支援及び消防本部への水中ドローンの配備を対象事業に追加した上で、同年度の地方財政計画に前年度同額の5,000億円を計上している。

○　地方公共団体による公共施設等の適正管理の取組を推進するため、公共施設等の総合管理計画について、令和5年度末までに、個別施設ごとの長寿命化計画の内容を反映しつつ、中長期のインフラ維持管理・更新費の見通しや適正管理に取り組むことによる効果額を盛り込んだ見直しを行うよう要請するとともに、地方公共団体が積極的に適正管理に取り組んでいけるよう、地方財政計画において「公共施設等適正管理推進事業費」を4,800億円計上している。

6　社会保障制度改革

○　全世代対応型の持続可能な社会保障制度を構築する観点から、令和3年11月に全世代型社会保障構築会議が設置され、令和4年12月に報告書が取りまとめられた。

報告書においては、「こども・子育て支援の充実」、「働き方に中立的な社会保障制度等の構築」、「医療・介護制度の改革」、「「地域共生社会」の実現」の各分野における改革の方向性などが示されており、特に「こども・子育て支援の充実」においては、令和5年度の「骨太の方針」において、将来的にこども予算の倍増を目指していく上での当面の道筋を示していくことが必要であることなどが記載され、全世代対応型の持続可能な社会保障制度の構築に向けた取組について、報告書に基づき着実に進めていくものとすることとされている。

○　足元のこども・子育て支援については、令和4年度補正予算において、伴走型相談支援と経済的支援を一体的に実施する「出産・子育て応援交付金」が計上されたほか、令和5年度においては、出産育児一時金の大幅引上げ、産前産後保険料免除の創設に伴う公費による支援が予定されており、地方負担について必要な地方財政措置を講じることとしている。また、児童虐待防止対策の推進については、同年度において、児童福祉司を約530名、児童心理司を約240名それぞれ増員するために必要な地方財政措置を講じることとしている。

7 財政マネジメントの強化

○　地方公会計については、全ての地方公共団体において、決算年度の翌年度末までに財務書類等の作成・更新が行われることが求められるとともに、財務書類等から得られる情報を資産管理や予算編成等に積極的に活用していくことが重要である。また、地方財政の「見える化」については、「財政状況資料集」等の活用による住民等へのより分かりやすい財政情報の開示に取り組むことが求められる。

○　公営企業においては、経営戦略の策定・改定や抜本的な改革等の取組を通じ、経営基盤の強化と財政マネジメントの向上を図るとともに、公営企業会計の適用拡大や経営比較分析表の活用による「見える化」を推進することが求められる。

○　病院事業については、持続可能な地域医療提供体制を確保するため、令和 5 年度末までの「公立病院経営強化プラン」の策定を要請するとともに、機能分化・連携強化等の取組について、地方財政措置を講じている。水道・下水道事業については、都道府県において、令和 4 年度末までに「水道広域化推進プラン」及び「広域化・共同化計画」を策定するよう要請しており、水道・下水道事業の広域化等の推進のための更なる調査検討に要する経費について、令和 5 年度から新たに地方財政措置を講じることとしている。

○　令和 3 年度に地方公共団体金融機構との共同事業として創設した「経営・財務マネジメント強化事業」については、令和 5 年度から新たに地方公共団体の DX、首長・管理者向けトップセミナー及び公営企業の DX・GX についてアドバイザーを派遣することとしている。

8 地方行政をめぐる動向と地方分権改革の推進

○　令和 4 年 1 月に第 33 次地方制度調査会が発足し、社会全体におけるデジタル・トランスフォーメーションの進展及び新型コロナウイルス感染症対応で直面した課題等を踏まえ、国と地方公共団体及び地方公共団体相互間の関係等について、現在、調査審議が行われている。令和 4 年 12 月、議会の位置付け等の明確化、立候補環境の整備及び議会のデジタル化等を提言する答申が取りまとめられ、同答申を踏まえた法案の提出を予定している。

○　令和 2 年 6 月に取りまとめられた第 32 次地方制度調査会答申を踏まえ、2040 年頃にかけて顕在化する人口構造等の変化やリスクに的確に対応し、持続可能な形で行政サービスを提供していくため、地方公共団体間の多様な広域連携を推進することとしている。

○　地方公務員の定年については、令和 5 年 4 月 1 日以降、60 歳から 65 歳まで段階的に引き上げられることに合わせ、役職定年制や定年前再任用短時間勤務制の導入などの措置を講じることとしており、地方公共団体においては、円滑な制度施行に取り組む必要がある。

令和 2 年度に導入された会計年度任用職員制度については、国の非常勤職員の取扱いとの均衡の観点から、会計年度任用職員に対する勤勉手当の支給を可能とするための法案の提出を予定している。

○　「令和 4 年の地方からの提案等に関する対応方針」においては、現場の課題に基づく地方からの提案等にきめ細かく対応し、地方公共団体への事務・権限の移譲、義務付け・枠付けの見直し等を推進することとされている。

【参考】

決算収支及び財政分析指標について（解説）

○　実質収支と実質単年度収支

・　実質収支とは、歳入決算額から歳出決算額を単純に差し引いた額（形式収支）から、翌年度への繰越し財源（継続費の逓次繰越［執行残額］、繰越明許費繰越等に伴い翌年度へ繰り越すべき財源）を差し引いたもの。これには過去からの収支の赤字・黒字要素が含まれている。

・　実質単年度収支とは、実質収支から前年度の実質収支を差し引いた額（単年度収支）から、実質的な黒字要素（財政調整基金への積立額及び地方債の繰上償還額）を加え、赤字要素（財政調整基金の取崩し額）を差し引いたもの。当該年度だけの実質的な収支を把握するための指標。

実質単年度収支＝当該年度実質収支－前年度実質収支＋財政調整基金積立額 ＋地方債繰上償還額－財政調整基金取崩し額

＊　実質収支と実質単年度収支の相違点

・　実質収支には前年度以前からの収支の累積が含まれている。
・　前年度からの影響を遮断し、当該年度のみの実質的な収支状況を示したものが実質単年度収支。
・　実質収支が黒字であっても、実質単年度収支が赤字であれば、前年度までの黒字により当該年度が黒字となっていることを示している。この状態が続けば、やがて実質収支も赤字となる。
・　地方財政の健全性（決算収支の均衡）の判断は、実質収支が黒字か否かを見るだけでは不十分。実質収支が前年度と比べてどう増減したのか（単年度収支）に加え、それに基金の積立てや取崩し・地方債の繰上償還などを考慮した場合はどうか（実質単年度収支）を併せて見る必要がある。

○　経常収支比率

人件費、扶助費、公債費のように毎年度経常的に支出される経費（経常的経費）に充当された一般財源の額が、地方税、普通交付税を中心とする毎年度経常的に収入される一般財源（経常一般財源）、減収補塡債特例分、猶予特例債及び臨時財政対策債の合計額に占める割合。

$$
経常収支比率 = \frac{人件費、扶助費、公債費等に充当した一般財源}{経常一般財源（地方税＋普通交付税等）＋減収補塡債特例分＋猶予特例債＋臨時財政対策債} \times 100
$$

○　実質公債費比率

地方税、普通交付税のように使途が特定されておらず、毎年度経常的に収入される財源のうち、公債費や公営企業債に対する繰出金などの公債費に準ずるものを含めた実質的な公債費相当額（普通交付税が措置されるものを除く）に充当されたものの占める割合の前３年度の平均値。地方債協議制度の下で、18%以上の団体は、原則として、地方債の発行に際し許可が必要となる。加えて、25%以上の団体は財政健全化計画の策定が必要となり、35%以上の団体は、財政再生計画の同意がなければ災害復旧事業債等を除いて起債が制限されることとなる。

$$
実質公債費比率 = \frac{(A+B)-(C+D)}{E-D}
$$

A：地方債の元利償還金（繰上償還等を除く）
B：地方債の元利償還金に準ずるもの（「準元利償還金」）
C：元利償還金又は準元利償還金に充てられる特定財源
D：地方債に係る元利償還に要する経費として普通交付税の額の算定に用いる基準財政需要額に算入された額（「算入公債費の額」）及び準元利償還金に要する経費として普通交付税の額の算定に用いる基準財政需要額に算入された額（「算入準公債費の額」）
E：標準財政規模（「標準的な規模の収入の額」）

＊実質公債費比率の算定において除かれる元利償還金（上記Ａ関連）
①繰上償還を行ったもの
②借換債を財源として償還を行ったもの
③満期一括償還方式の地方債の元金償還金
④利子支払金のうち減債基金の運用利子等を財源とするもの

＊「準元利償還金」（上記Ｂ関連）
①満期一括償還方式の地方債の１年当たりの元金償還金相当額
②公営企業債の元利償還金に対する普通会計からの繰入金
③一部事務組合等が起こした地方債の元利償還金に対する負担金等
④債務負担行為に基づく支出のうち公債費に準ずるもの（PFI 事業に係る委託料、国営事業負担金、利子補給など）
⑤一時借入金の利子

目次

はじめに

第1部 令和3年度の地方財政の状況

目次

目次

目 次

第3部 最近の地方財政をめぐる諸課題への対応

目次

用語の説明

図 表 索 引

第1部　令和３年度の地方財政の状況

1　地方財政の役割

2　地方財政の概況

3　地方財源の状況

4　地方経費の内容

5　地方経費の構造

6　一部事務組合等の状況

7　公営企業等の状況

8　東日本大震災の影響

9　令和３年度決算に基づく健全化判断比率等の状況

10　市町村の規模別財政状況

第２部　令和４年度及び令和５年度の地方財政

1　令和４年度の地方財政

2　令和５年度の地方財政

第３部　最近の地方財政をめぐる諸課題への対応

1　新型コロナウイルス感染症への対応

3　デジタル田園都市国家構想等の推進

6　社会保障制度改革

7　財政マネジメントの強化

8　地方行政をめぐる動向と地方分権改革の推進

はじめに

本報告は、「地方財政法」（昭和23年法律第109号）第30条の2第1項の規定に基づき、内閣が、地方財政の状況を明らかにして国会に報告するものであり、昭和28年以来毎年報告を行っており、今回で71回目になる。

令和3年度の地方財政の概況は次のとおりである。

歳入は、前年度と比べて1兆7,562億円減（1.4%減）の128兆2,911億円となった。このうち、通常収支分は1兆452億円減（0.8%減）の127兆1,431億円、東日本大震災分は7,109億円減（38.2%減）の1兆1,480億円となった。

歳出は、前年度と比べて2兆911億円減（1.7%減）の123兆3,677億円となった。このうち、通常収支分は1兆5,385億円減（1.2%減）の122兆4,000億円、東日本大震災分は5,526億円減（36.4%減）の9,677億円となった。

また、普通会計が負担すべき借入金残高は、前年度と比べて1兆4,082億円減（0.7%減）の190兆9,546億円となった。

本報告は、以下の3部から構成されている。

第1部では、令和3年度の地方財政について、地方財政状況調査等に基づき、決算収支、歳入、歳出等を分析するとともに、令和3年度決算に基づく健全化判断比率等の状況等を明らかにしている。

第2部では、令和4年度及び令和5年度の地方財政の動向について取りまとめている。

第3部では、最近の地方財政をめぐる諸課題への対応について取りまとめている。

- 各項目についての計数は、表示単位未満を四捨五入したものである。したがって、その内訳は合計と一致しない場合がある。
- （*）を付記した用語は、「用語の説明」に定義を記載している。
- 提出された法律案、検討状況等については、特に断りがない限り、令和5年2月末の状況を基に記述している。
- 各項目の詳細な計数等は、関連資料集に集録してある（以下のURL又は二次元バーコード参照）。

総務省ホームページ・白書

https://www.soumu.go.jp/menu_seisaku/hakusyo/index.html

1

第1部

令和３年度の地方財政の状況

1 地方財政の役割

地方公共団体は、その自然的・歴史的条件、産業構造、人口規模等がそれぞれ異なっており、これに応じて様々な行政活動を行っている。

地方財政は、このような地方公共団体の行政活動を支えている個々の地方公共団体の財政の集合であり、国の財政と密接な関係を保ちながら、国民経済及び国民生活上大きな役割を担っている。

(1) 国・地方を通じた財政支出の状況

国・地方を通じた財政支出について、令和３年度の国（一般会計と交付税及び譲与税配付金、公共事業関係等の６特別会計の純計）と地方（普通会計（＊））の財政支出の合計から重複分を除いた歳出純計額は219兆8,768億円で、前年度と比べると、機関費、産業経済費の減少等により、1.2％減となっている。

目的別歳出純計額の構成比の推移は、**第１図**のとおりである。

この歳出純計額を最終支出の主体に着目して国と地方とに分けてみると、国が97兆3,084億円（全体の44.3％）、地方が122兆5,684億円（同55.7％）で、前年度と比べると、国が0.7％減、地方が1.6％減となっている。

第１図　国・地方を通じた目的別歳出純計額の構成比の推移

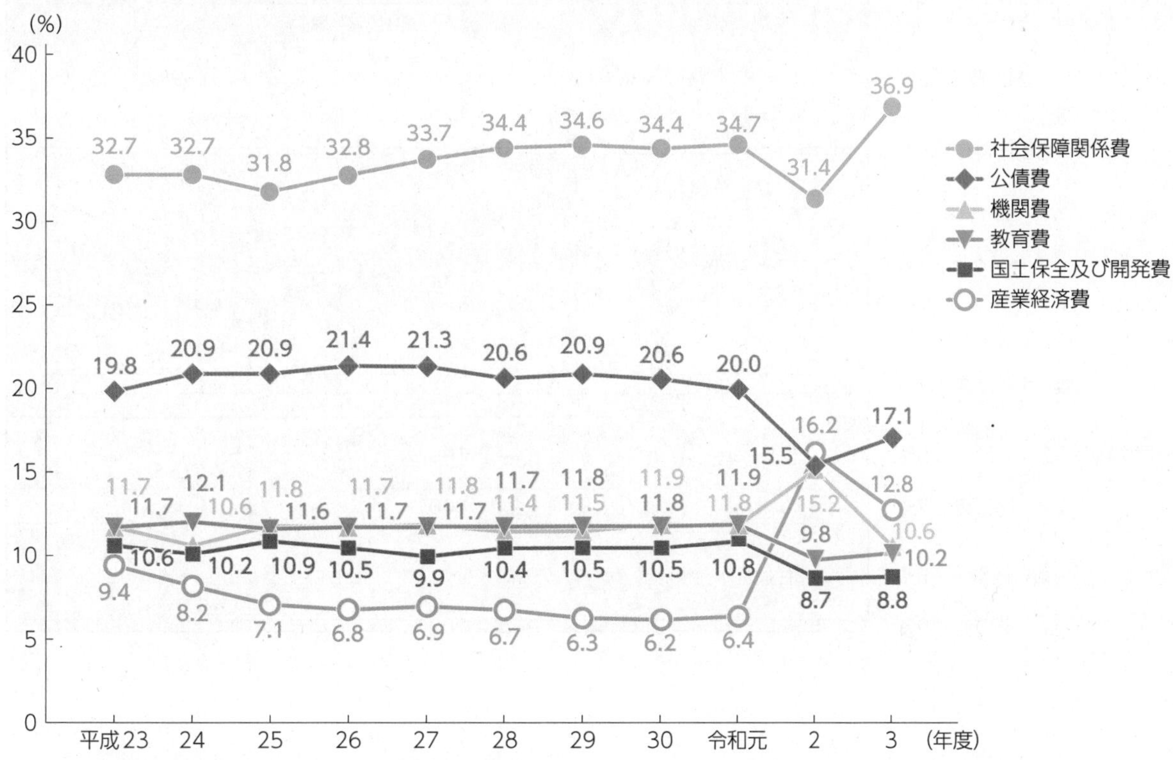

（注）１　機関費は、一般行政費、司法警察消防費等の合計額である。
　　　２　産業経済費は、農林水産業費、商工費の合計額である。

　また、目的別歳出純計額の状況について、国と地方に分けて示したものが**第２図**である。これによると、防衛費、民生費のうち年金関係のように国のみが行う行政に係るものは別として、民生費（年金関係を除く。）、衛生費、学校教育費等、国民生活に直接関連する経費については、最終的に地方公共団体を通じて支出される割合が高いことがわかる。

第２図　国・地方を通じた目的別歳出純計額の状況（令和３年度）

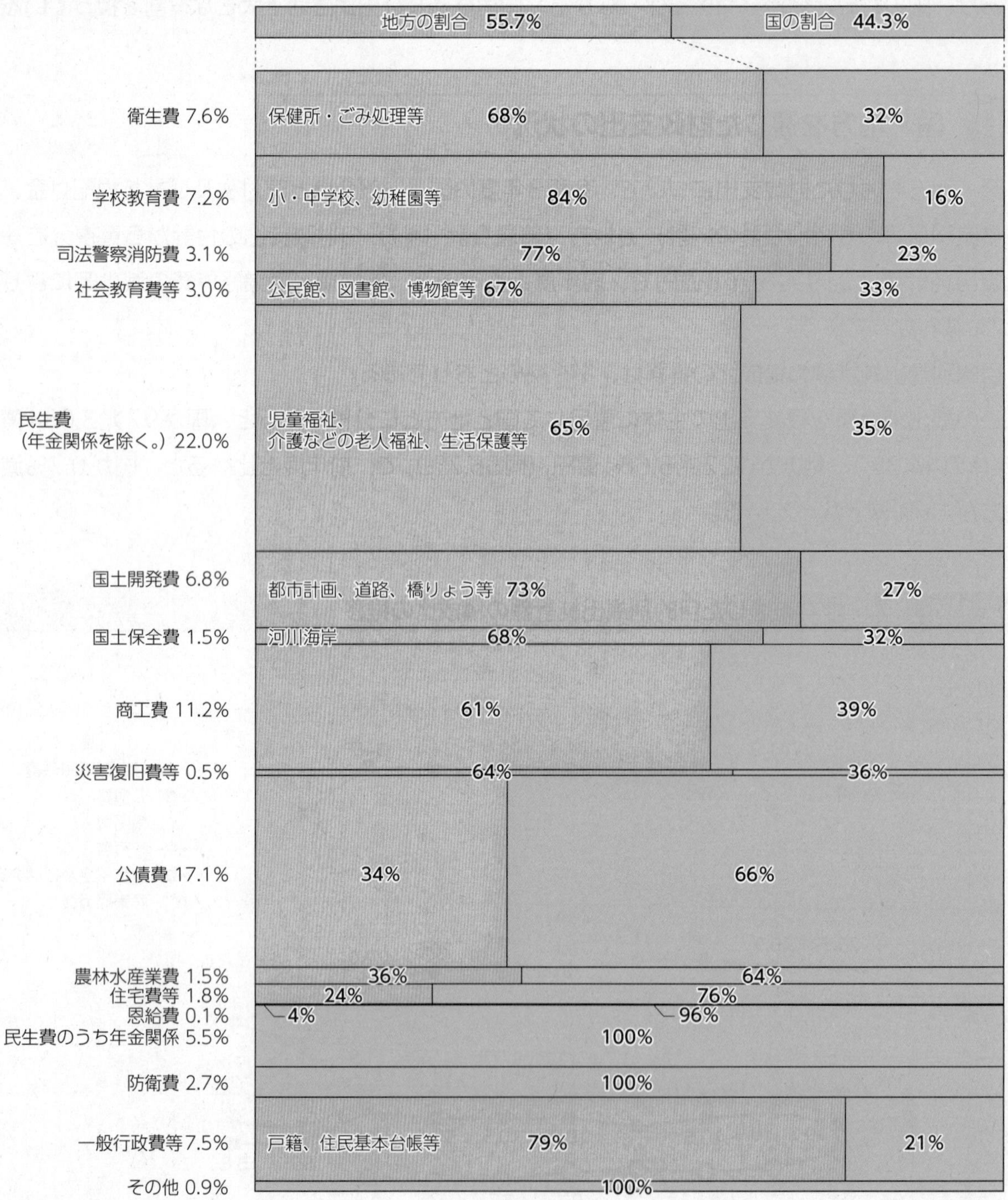

(2) 国民経済と地方財政

国内総生産（支出側、名目。以下同じ。）のうち、中央政府、地方政府、社会保障基金及び公的企業からなる公的部門は、家計部門に次ぐ経済活動の主体として、資金の調達及び財政支出等を通じ、資源配分の適正化、所得分配の公正化、経済の安定化等の重要な機能を果たしている。その中でも、地方政府は、中央政府を上回る最終支出主体であり、国民経済上、大きな役割を担っている。

ア 国内総生産（支出側）と地方財政

令和３年度において、国民経済の中で地方政府が果たしている役割を国内総生産に占める割合でみると、**第３図**のとおりである。地方政府は国内総生産のうちの11.7％を占め、中央政府の約2.4倍となっている。

第３図　国内総生産（支出側、名目）と地方財政（令和３年度）

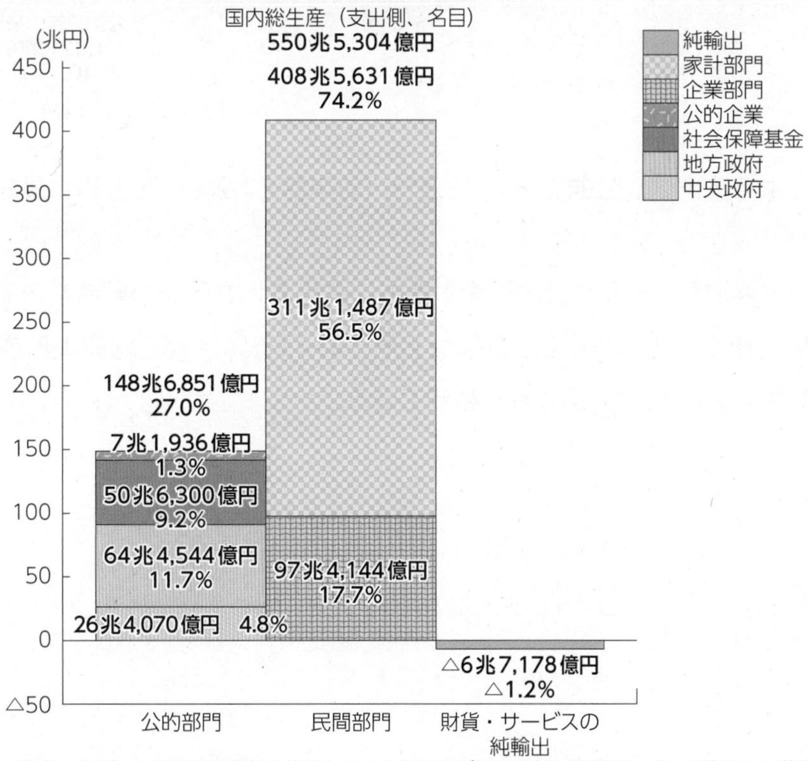

（注）1　内閣府「2021年度（令和3年度）国民経済計算年次推計」による数値及びそれを基に総務省において算出した数値である。なお、「2021年度（令和3年度）国民経済計算年次推計」に基づき、国民経済計算上の中央政府、地方政府、社会保障基金及び公的企業を「公的部門」としている。
2　社会保障基金については、労働保険等の国の特別会計に属するもの、国民健康保険事業会計（事業勘定）等の地方の公営事業会計（＊）に属するもの等が含まれている。
第4図において同じ。

イ 公的支出の状況

令和３年度の公的部門による公的支出＊[1]の内訳をみると、**第４図**のとおり、政府最終消費支出は118兆9,678億円で、前年度と比べると4.5％増、公的総資本形成は29兆7,172億円で、前年度と比べると3.3％減となっている。

＊１　公的支出には、国・地方の歳出に含まれる経費の中で、移転的経費である扶助費、普通建設事業費のうち所有権の取得に要する経費である用地取得費、金融取引に当たる公債費及び積立金等といった付加価値の増加を伴わない経費などは除かれている。したがって、公的支出に占める中央政府及び地方政府の割合と歳出純計額に占める国と地方の割合は一致していない。

第4図　公的支出の状況（令和３年度）

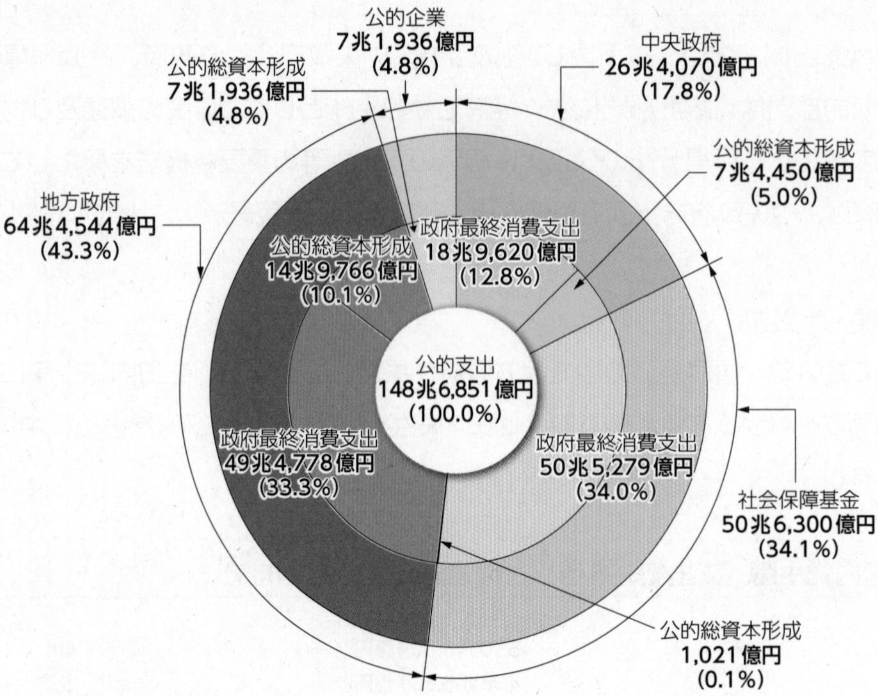

地方政府による支出は、公的支出の43.3%（前年度44.2%）を占め、最も大きな割合となっている。

また、政府最終消費支出及び公的総資本形成に占める地方政府の割合をみると、政府最終消費支出においては前年度と比べると0.8ポイント低下の41.6%、公的総資本形成においては前年度と比べると0.1ポイント低下の50.4%となっている。

2 地方財政の概況

地方公共団体の会計は、一般会計と特別会計に区分して経理されているが、特別会計の中には、一般行政活動に係るものと企業活動に係るものがある。

このため、地方財政では、これらの会計を一定の基準によって、一般行政部門と水道、交通、病院等の企業活動部門に分け、前者を「普通会計」、後者を「公営事業会計」として区分している。

なお、普通会計決算については、平成23年度から、通常収支分（全体の決算額から東日本大震災分を除いたもの）と東日本大震災分（東日本大震災に係る復旧・復興事業及び全国防災事業に係るもの）とを区分して整理している。

(1) 決算規模

令和３年度の地方公共団体（47都道府県、1,718市町村、23特別区（＊）、1,160一部事務組合（＊）及び113広域連合（＊）（以下一部事務組合及び広域連合を「一部事務組合等」という。））の普通会計の純計決算額（＊）は、**第１表**のとおり、歳入128兆2,911億円（前年度130兆472億円）、歳出123兆3,677億円（同125兆4,588億円）となっており、前年度と比べると、特別定額給付金事業の終了等により、歳入、歳出ともに減少している。

第１表　地方公共団体の決算規模（純計）　（単位　億円・％）

区分	令和３年度		令和２年度	
	決算額	増減率	決算額	増減率
歳入	1,282,911	△ 1.4	1,300,472	26.0
通常収支分	1,271,431	△ 0.8	1,281,883	26.8
東日本大震災分	11,480	△38.2	18,589	△12.4
歳出	1,233,677	△ 1.7	1,254,588	25.8
通常収支分	1,224,000	△ 1.2	1,239,385	26.6
東日本大震災分	9,677	△36.4	15,203	△15.8

歳入については、地方交付税（＊）、地方税が増加したものの、国庫支出金（＊）、繰入金の減少等により、前年度と比べると1.4％減となっている。歳出については、扶助費（＊）、積立金が増加したものの、補助費等（＊）、貸付金の減少等により、前年度と比べると1.7％減となっている。

また、決算規模の推移は**第５図**のとおりであり、近年増加傾向にあるが、令和３年度は、前年度と比べると減少している。

決算規模の状況を団体区分別にみると、**第２表**のとおりである。令和３年度は、都道府県の歳入及び歳出は前年度と比べると増加、市町村（特別区及び一部事務組合等を含む。特記がある場合を除き、以下第１部及び第２部において同じ。）の歳入及び歳出は前年度と比べると減少している。

第5図　決算規模の推移（純計）

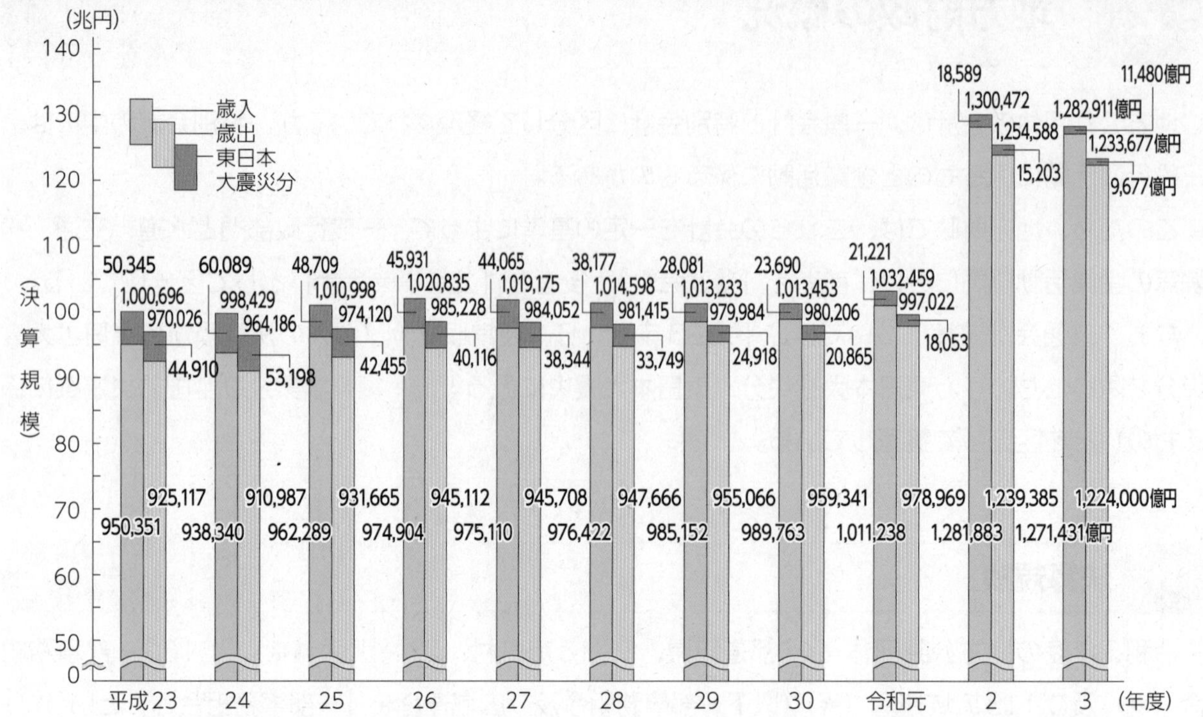

第2表　団体区分別決算規模の状況

（単位　億円・%）

区分	決算額 令和３年度	決算額 令和２年度	決算額 増減額	増減率 ３年度	増減率 ２年度
歳入					
都道府県	683,243	618,941	64,302	10.4	21.6
市町村（純計額）	705,026	780,341	△75,315	△ 9.7	27.1
政令指定都市（*）	169,715	181,185	△11,470	△ 6.3	26.4
特別区	47,136	51,916	△ 4,780	△ 9.2	27.5
中核市（*）	107,997	119,345	△11,348	△ 9.5	34.2
施行時特例市（*）	23,837	30,440	△ 6,603	△21.7	18.9
都市（*）	269,464	303,192	△33,728	△11.1	27.4
町村（*）	80,407	86,994	△ 6,587	△ 7.6	22.4
一部事務組合等	20,585	21,903	△ 1,318	△ 6.0	6.2
合計（純計額）	1,282,911	1,300,472	△17,562	△ 1.4	26.0
歳出					
都道府県	663,242	597,063	66,178	11.1	21.0
市町村（純計額）	675,794	756,335	△80,541	△10.6	27.3
政令指定都市	166,803	178,744	△11,941	△ 6.7	26.3
特別区	44,675	49,914	△ 5,239	△10.5	27.5
中核市	103,936	116,446	△12,510	△10.7	34.4
施行時特例市	22,654	29,450	△ 6,796	△23.1	19.1
都市	256,184	292,243	△36,059	△12.3	27.6
町村	76,086	83,442	△ 7,357	△ 8.8	23.1
一部事務組合等	19,571	20,729	△ 1,158	△ 5.6	5.3
合計（純計額）	1,233,677	1,254,588	△20,911	△ 1.7	25.8

（注）市町村（純計額）は、市町村の決算額の単純合計から、一部事務組合等とこれを組織する市区町村との間の相互重複額を控除したもの。

(2) 決算収支

ア 実質収支

実質収支（＊）（形式収支（＊）から明許繰越等のために翌年度に繰り越すべき財源を控除した額）の状況は、**第３表**のとおりである。

令和３年度の実質収支は３兆2,488億円の黒字であり、昭和31年度以降黒字となっている。

団体区分別にみると、都道府県においては9,190億円の黒字であり、平成12年度以降黒字となっている。また、市町村においては２兆3,298億円の黒字であり、昭和31年度以降黒字となっている。

実質収支が赤字である団体は、一部事務組合で１団体となっている。

なお、近年の実質収支及び赤字団体の赤字額の推移は、**第６図**のとおりである。

第３表　実質収支の状況　（単位　億円）

区分		令和３年度				令和２年度		増減	
		団体数	形式収支	翌年度に繰り越すべき財源	実質収支	団体数	実質収支	団体数	実質収支
全団体	都道府県	47	20,002	10,812	9,190	47	10,285	－	△1,095
	市町村	3,014	29,232	5,934	23,298	3,020	16,989	△6	6,309
	合計	3,061	49,234	16,746	32,488	3,067	27,274	△6	5,214
黒字の団体	都道府県	47	20,002	10,812	9,190	47	10,285	－	△1,095
	市町村	3,013	29,232	5,934	23,298	3,019	16,992	△6	6,306
	合計	3,060	49,234	16,746	32,488	3,066	27,277	△6	5,211
赤字の団体	都道府県	－	－	－	－	－	－	－	－
	市町村	1	△0	－	△0	1	△3	－	3
	合計	1	△0	－	△0	1	△3	－	3

（注）市町村の額は単純合計である。第６図において同じ。

第6図　実質収支及び赤字団体の赤字額の推移

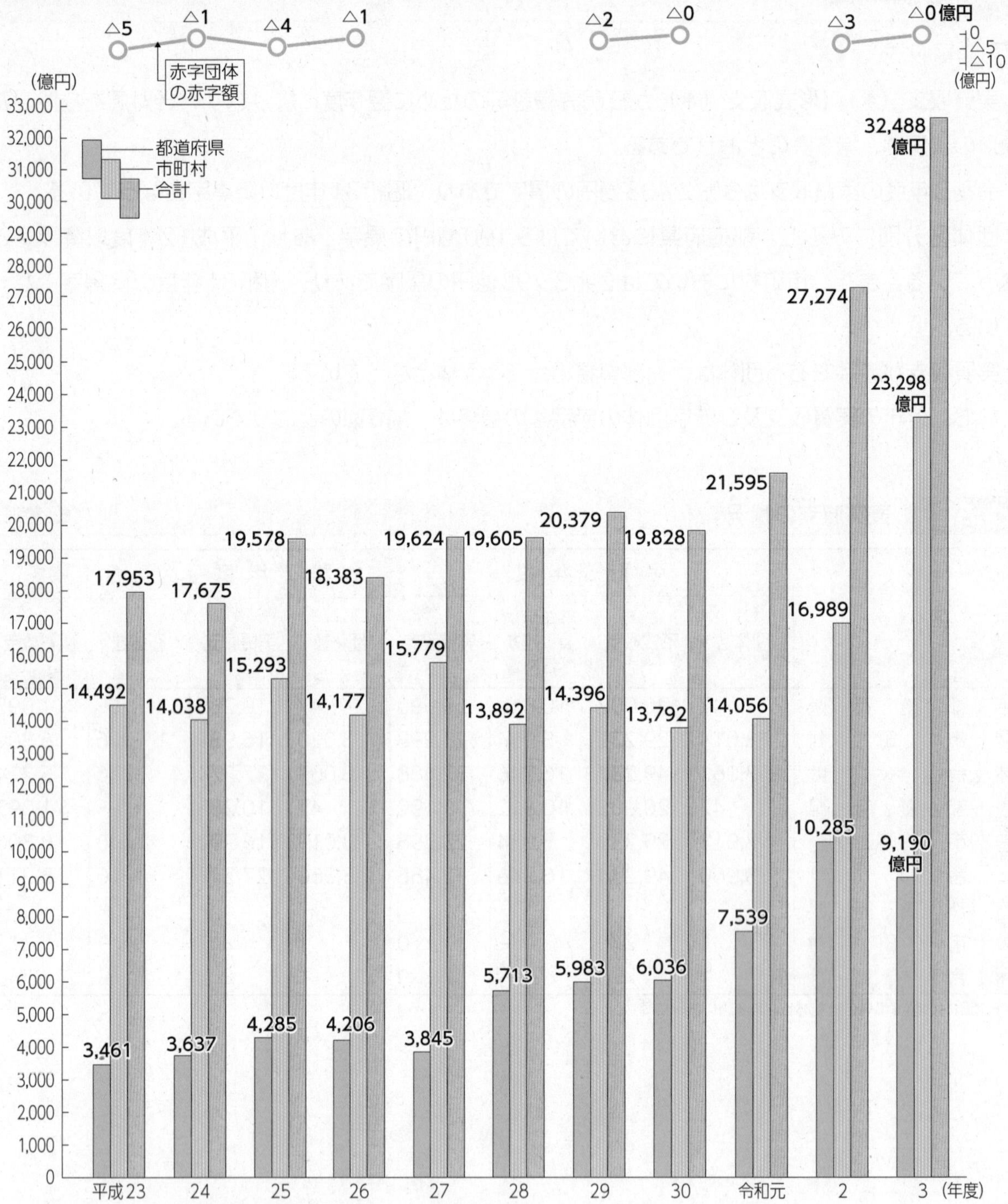

(注) 平成27、28年度、令和元年度は全団体で黒字となっている。

イ　単年度収支及び実質単年度収支

単年度収支（＊）（実質収支から前年度の実質収支を差し引いた額）及び実質単年度収支（＊）（単年度収支に財政調整基金（＊）への積立額及び地方債の繰上償還額を加え、財政調整基金の取崩し額を差し引いた額）の状況は、**第４表**のとおりであり、令和３年度の単年度収支は5,218億円の黒字、実質単年度収支は２兆2,004億円の黒字となっている。

なお、実質収支、単年度収支及び実質単年度収支の赤字団体数の状況は、**第５表**のとおりである。

第4表　単年度収支及び実質単年度収支の状況

（単位　億円）

区分	単年度収支			実質単年度収支		
	令和３年度	令和２年度	増減額	３年度	２年度	増減額
都道府県	△1,095	2,746	△3,841	9,439	324	9,115
市町村	6,313	2,934	3,379	12,565	2,160	10,404
合計	5,218	5,680	△　463	22,004	2,485	19,519

第5表　赤字団体数の状況

（単位　%）

区分	全団体数		赤字の団体数											
			実質収支				単年度収支				実質単年度収支			
	令和3年度	令和2年度	3年度		2年度		3年度		2年度		3年度		2年度	
	(A)	(B)	団体数 (C)	割合 (C)/(A)	団体数 (D)	割合 (D)/(B)	団体数 (E)	割合 (E)/(A)	団体数 (F)	割合 (F)/(B)	団体数 (G)	割合 (G)/(A)	団体数 (H)	割合 (H)/(B)
都道府県	47	47	−	−	−	−	30	63.8	5	10.6	12	25.5	7	14.9
市町村計	3,014	3,020	1	0.0	1	0.0	985	32.7	1,016	33.6	824	27.3	1,157	38.3
政令指定都市	20	20	−	−	1	5.0	3	15.0	8	40.0	1	5.0	9	45.0
中核市	62	60	−	−	−	−	7	11.3	10	16.7	5	8.1	25	41.7
施行時特例市	23	25	−	−	−	−	1	4.3	3	12.0	−	−	12	48.0
都市	687	687	−	−	−	−	103	15.0	189	27.5	76	11.1	266	38.7
中都市	156	156	−	−	−	−	22	14.1	38	24.4	13	8.3	54	34.6
小都市	531	531	−	−	−	−	81	15.3	151	28.4	63	11.9	212	39.9
町村	926	926	−	−	−	−	224	24.2	323	34.9	127	13.7	356	38.4
市町村小計	1,718	1,718	−	−	−	−	338	19.7	533	31.0	209	12.2	668	38.9
特別区	23	23	−	−	−	−	5	21.7	6	26.1	8	34.8	9	39.1
一部事務組合等	1,273	1,279	1	0.1	−	−	642	50.4	477	37.3	607	47.7	480	37.5
合計	3,061	3,067	1	0.0	1	0.0	1,015	33.2	1,021	33.3	836	27.3	1,164	38.0

（注）市町村小計は、政令指定都市、中核市、施行時特例市、都市、町村の合計である。

(3) 歳入

歳入純計決算額は128兆2,911億円で、前年度と比べると1.4%減となっている。このうち、通常収支分は127兆1,431億円で、前年度と比べると0.8%減となっており、東日本大震災分は1兆1,480億円で、前年度と比べると38.2%減となっている。

歳入純計決算額の主な内訳をみると、**第6表**のとおりである。

第6表　歳入純計決算額の状況（その1　純計）

（単位　億円・%）

区分	決算額			構成比		増減率	
	令和3年度	令和2年度	増減額	3年度	2年度	3年度	2年度
地方税	424,089	408,256	15,833	33.1	31.4	3.9	△ 0.9
地方譲与税（＊）	24,468	22,323	2,144	1.9	1.7	9.6	△ 14.6
地方特例交付金等（＊）	4,547	2,256	2,291	0.4	0.2	101.5	△ 51.8
地方交付税	195,049	169,890	25,159	15.2	13.1	14.8	1.5
小計（一般財源（＊））	648,153	602,725	45,428	50.5	46.3	7.5	△ 1.2
（一般財源＋臨時財政対策債（＊））	692,366	633,841	58,525	54.0	48.7	9.2	△ 1.4
国庫支出金	320,716	374,557	△ 53,841	25.0	28.8	△ 14.4	136.5
地方債	117,454	122,607	△ 5,153	9.2	9.4	△ 4.2	12.8
うち臨時財政対策債	44,213	31,116	13,097	3.4	2.4	42.1	△ 3.7
その他	196,588	200,583	△ 3,995	15.2	15.4	△ 2.0	29.3
合計	1,282,911	1,300,472	△ 17,562	100.0	100.0	△ 1.4	26.0

（注）国庫支出金には、交通安全対策特別交付金及び国有提供施設等所在市町村助成交付金を含む。その2、その3、第7図、第8図において同じ。

第6表　歳入純計決算額の状況（その2　通常収支分）

（単位　億円・%）

区分	決算額			構成比		増減率	
	令和3年度	令和2年度	増減額	3年度	2年度	3年度	2年度
一般財源	646,485	598,005	48,480	50.8	46.7	8.1	△ 1.1
国庫支出金	317,286	370,266	△ 52,980	25.0	28.9	△ 14.3	143.8
地方債	117,170	122,273	△ 5,103	9.2	9.5	△ 4.2	12.7
その他	190,490	191,340	△ 850	15.0	14.9	△ 0.4	30.9
合計	1,271,431	1,281,883	△ 10,452	100.0	100.0	△ 0.8	26.8

第6表　歳入純計決算額の状況（その3　東日本大震災分）

（単位　億円・%）

区分	決算額			構成比		増減率	
	令和3年度	令和2年度	増減額	3年度	2年度	3年度	2年度
一般財源	1,668	4,720	△ 3,053	14.5	25.4	△ 64.7	△ 15.2
国庫支出金	3,429	4,291	△ 861	29.9	23.1	△ 20.1	△ 33.9
地方債	284	334	△ 50	2.5	1.8	△ 15.1	45.0
その他	6,098	9,243	△ 3,145	53.1	49.7	△ 34.0	3.5
合計	11,480	18,589	△ 7,109	100.0	100.0	△ 38.2	△ 12.4

地方税は、法人関係二税（法人住民税及び法人事業税）の増加等により、前年度と比べると3.9%増となっている。

地方譲与税は、特別法人事業譲与税の増加等により、前年度と比べると9.6%増となっている。

地方特例交付金等は、新型コロナウイルス感染症対策地方税減収補填特別交付金の創設等により、前年度と比べると101.5%増となっている。

地方交付税は、国税収入の補正等に伴う増加等により、前年度と比べると14.8%増となっている。

その結果、一般財源は、前年度と比べると7.5％増となっている。なお、一般財源に臨時財政対策債を加えた額は9.2％増となっている。

国庫支出金は、特別定額給付金給付事業費補助金の減少等により、前年度と比べると14.4％減となっている。

地方債は、臨時財政対策債が増加したものの、減収補塡債（＊）の減少等により、前年度と比べると4.2％減となっている。

その他は、基金からの繰入金の減少等により、前年度と比べると2.0％減となっている。

歳入純計決算額の構成比の推移は、**第７図**のとおりである。

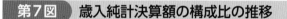

第７図　歳入純計決算額の構成比の推移

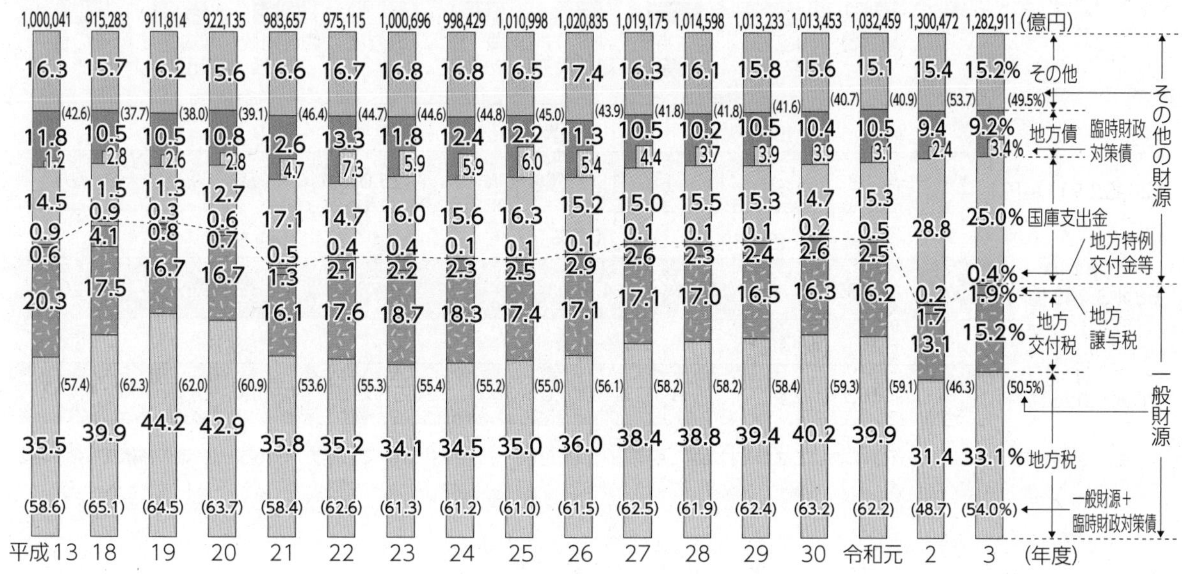

地方税の構成比は、税源移譲等によって平成19年度までは上昇し、その後、景気の悪化や地方法人特別税の創設等に伴って低下していた。平成24年度以降は再び上昇の傾向となり、令和２年度は低下したが、令和３年度においては、法人関係二税の増加等により、前年度と比べると上昇している。

地方交付税の構成比は、平成13年度以降、財源不足額に関して交付税及び譲与税配付金特別会計（以下「交付税特別会計」という。）における借入金による方式に代えて、臨時財政対策債を発行し、基準財政需要額（＊）の一部を振り替えることとしたことや、三位一体の改革に伴う地方交付税の改革等により、平成21年度までは低下した。その後、地方財政対策における地方交付税総額の増加等により上昇したが、平成24年度以降は、地方税収の増加等により低下の傾向にあった。令和３年度においては、国税収入の補正等に伴う地方交付税の増加等により前年度と比べると上昇している。

国庫支出金の構成比は、平成16年度以降、三位一体の改革による国庫補助負担金の一般財源化、普通建設事業費支出金の減少等によって低下していたが、平成20年度以降、国の経済対策の実施、東日本大震災への対応の影響等により上昇の傾向にあった。近年は15％前後で推移していたが、令和2年度及び令和3年度においては、新型コロナウイルス感染症対策に係る国庫支出金の増加等により、大きく上昇している。

地方債の構成比は、臨時財政対策債の増加等により、平成22年度まで上昇の傾向にあったが、近年は臨時財政対策債の減少等により低下の傾向にある。

一般財源の構成比は、平成18年度まで上昇した後、平成21年度には大きく低下した。平成26年度以降は再び上昇の傾向となり、令和2年度は低下したが、令和3年度においては、地方交付税、地方税の増加等により、前年度と比べると上昇している。なお、一般財源に臨時財政対策債を加えた額の構成比も、前年度と比べると上昇している。

歳入決算額の構成比を団体区分別にみると、**第8図**のとおりである。

第8図　歳入決算額の構成比（令和3年度）

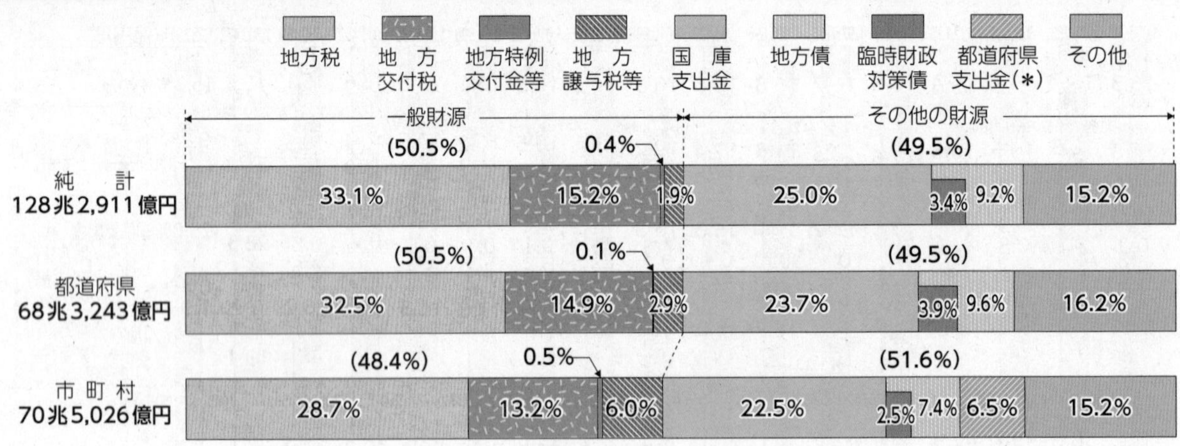

（注）地方譲与税等には、都道府県においては市町村たばこ税都道府県交付金を、市町村においては地方消費税交付金等の各種交付金を含む。

(4) 歳出

歳出の分類方法としては、行政目的に着目した「目的別分類」と経費の経済的な性質に着目した「性質別分類」が用いられるが、これらの分類による歳出の概要は、次のとおりである。

ア 目的別歳出

（ア）目的別歳出

地方公共団体の経費は、その行政目的によって、総務費、民生費、衛生費、労働費、農林水産業費、商工費、土木費、消防費、警察費、教育費、公債費（＊）等に大別することができる。歳出純計決算額は123兆3,677億円で、前年度と比べると1.7％減となっている。このうち、通常収支分は122兆4,000億円で、前年度と比べると1.2％減となっており、東日本大震災分は9,677億円で、前年度と比べると36.4％減となっている。

歳出純計決算額の主な目的別の内訳をみると、**第7表**のとおりである。

総務費は、特別定額給付金事業の終了等により、前年度と比べると44.8％減となっている。

商工費は、営業時間短縮要請等に応じた事業者に対する協力金の給付等の新型コロナウイルス感染症対策に係る事業費の増加等により、前年度と比べると29.9％増となっている。

民生費は、子育て世帯等臨時特別支援事業等の新型コロナウイルス感染症対策に係る事業費の増加等により、前年度と比べると9.1％増となっている。

衛生費は、新型コロナウイルスワクチン接種事業、病床確保支援事業等の新型コロナウイルス感染症対策に係る事業費の増加等により、前年度と比べると24.7％増となっている。

公債費は、臨時財政対策債元利償還金の増加等により、前年度と比べると5.0％増となっている。

第7表　目的別歳出（＊）純計決算額の状況（その１　純計）　（単位　億円・％）

区分	決算額			構成比		増減率	
	令和3年度	令和2年度	増減額	3年度	2年度	3年度	2年度
総務費	124,318	225,346	△101,028	10.1	18.0	△44.8	133.0
民生費	313,130	286,942	26,188	25.4	22.9	9.1	8.1
衛生費	113,751	91,202	22,549	9.2	7.3	24.7	43.5
労働費	2,832	3,264	△ 432	0.2	0.3	△13.2	33.6
農林水産業費	33,045	34,106	△ 1,061	2.7	2.7	△ 3.1	2.8
商工費	149,802	115,336	34,467	12.1	9.2	29.9	141.2
土木費	126,858	126,902	△ 44	10.3	10.1	△ 0.0	4.6
消防費	20,040	21,250	△ 1,210	1.6	1.7	△ 5.7	1.6
警察費	32,923	33,211	△ 288	2.7	2.6	△ 0.9	△1.0
教育費	177,896	180,961	△ 3,065	14.4	14.4	△ 1.7	3.3
公債費	126,650	120,636	6,013	10.3	9.6	5.0	△0.6
その他	12,433	15,433	△ 3,000	1.0	1.2	△19.4	△1.0
合計	1,233,677	1,254,588	△ 20,911	100.0	100.0	△ 1.7	25.8

第7表　目的別歳出純計決算額の状況（その２　通常収支分）　（単位　億円・％）

区分	決算額			構成比		増減率	
	令和3年度	令和2年度	増減額	3年度	2年度	3年度	2年度
総務費	122,853	223,542	△100,689	10.0	18.0	△45.0	138.1
民生費	312,727	286,338	26,389	25.5	23.1	9.2	8.4
衛生費	113,138	90,509	22,628	9.2	7.3	25.0	44.4
労働費	2,822	3,241	△ 420	0.2	0.3	△12.9	33.9
農林水産業費	31,977	32,594	△ 617	2.6	2.6	△ 1.9	3.3
商工費	148,578	113,290	35,287	12.1	9.1	31.1	149.4
土木費	123,988	121,549	2,438	10.1	9.8	2.0	5.0
消防費	19,945	21,063	△ 1,118	1.6	1.7	△ 5.3	1.3
警察費	32,901	33,173	△ 272	2.7	2.7	△ 0.8	△1.0
教育費	177,643	180,576	△ 2,933	14.5	14.6	△ 1.6	3.3
公債費	125,923	120,131	5,792	10.3	9.7	4.8	△0.7
その他	11,507	13,379	△ 1,872	1.2	1.1	△14.0	2.0
合計	1,224,000	1,239,385	△ 15,385	100.0	100.0	△ 1.2	26.6

第７表　目的別歳出純計決算額の状況（その３　東日本大震災分）　（単位　億円・％）

区分	決算額			構成比		増減率	
	令和3年度	令和2年度	増減額	3年度	2年度	3年度	2年度
総務費	1,465	1,804	△ 339	15.1	11.9	△18.8	△36.3
民生費	403	604	△ 201	4.2	4.0	△33.3	△51.5
衛生費	613	693	△ 79	6.3	4.6	△11.5	△18.0
労働費	10	23	△ 12	0.1	0.1	△55.2	0.6
農林水産業費	1,067	1,512	△ 444	11.0	9.9	△29.4	△ 8.0
商工費	1,225	2,046	△ 821	12.7	13.5	△40.1	△14.3
土木費	2,870	5,352	△2,482	29.7	35.2	△46.4	△ 2.8
消防費	95	187	△ 92	1.0	1.2	△49.2	50.8
警察費	22	38	△ 16	0.2	0.3	△41.5	△17.0
教育費	253	385	△ 132	2.6	2.5	△34.3	△13.3
公債費	727	506	221	7.5	3.3	43.7	3.8
その他	927	2,054	△1,128	9.6	13.5	△54.9	△16.7
合計	9,677	15,203	△5,526	100.0	100.0	△36.4	△15.8

目的別歳出純計決算額の構成比の推移は、**第８表**のとおりである。民生費の構成比は、社会保障関係費の増加を背景に平成19年度以降、全区分の中で最も大きな割合を占めている。

第８表　目的別歳出純計決算額の構成比の推移　（単位　％）

区分	平成23年度	24	25	26	27	28	29	30	令和元年度	2	3
総務費	9.6	10.3	10.3	10.0	9.8	9.1	9.3	9.5	9.7	18.0	10.1
民生費	23.9	24.0	24.1	24.8	25.7	26.8	26.5	26.2	26.6	22.9	25.4
衛生費	7.0	6.2	6.1	6.2	6.4	6.4	6.4	6.4	6.4	7.3	9.2
労働費	1.0	0.8	0.6	0.4	0.4	0.3	0.3	0.3	0.2	0.3	0.2
農林水産業費	3.3	3.3	3.6	3.4	3.3	3.2	3.4	3.3	3.3	2.7	2.7
商工費	6.8	6.4	6.1	5.6	5.6	5.3	5.0	4.9	4.8	9.2	12.1
土木費	11.6	11.7	12.4	12.2	11.9	12.2	12.2	12.1	12.2	10.1	10.3
消防費	1.9	2.0	2.0	2.2	2.1	2.0	2.0	2.0	2.1	1.7	1.6
警察費	3.3	3.3	3.2	3.2	3.3	3.3	3.3	3.4	3.4	2.6	2.7
教育費	16.7	16.7	16.5	16.9	17.1	17.1	17.2	17.2	17.6	14.4	14.4
公債費	13.4	13.5	13.5	13.6	13.1	12.8	12.9	12.6	12.2	9.6	10.3
その他	1.5	1.8	1.6	1.5	1.3	1.5	1.5	2.1	1.5	1.2	1.0
合計	100.0	100.0	100.0	100.0	100.0	100.0	100.0	100.0	100.0	100.0	100.0
	億円	億円	億円	億円	億円	億円	億円	億円	億円	億円	億円
歳出合計	970,026	964,186	974,120	985,228	984,052	981,415	979,984	980,206	997,022	1,254,588	1,233,677

目的別歳出決算額の構成比を団体区分別にみると、**第９図**のとおりである。

都道府県においては、営業時間短縮要請等に応じた事業者に対する協力金の給付等の新型コロナウイルス感染症対策に係る事業費の増加等により、商工費が最も大きな割合を占め、以下、教育費、民生費、公債費の順となっている。

また、市町村においては、児童福祉、生活保護に関する事務（町村については、福祉事務所を設置している町村に限る。）等の社会福祉事務の比重が高いこと等により、民生費が最も大きな割合を占め、以下、総務費、教育費の順となっている。

第9図　目的別歳出決算額の構成比（令和３年度）

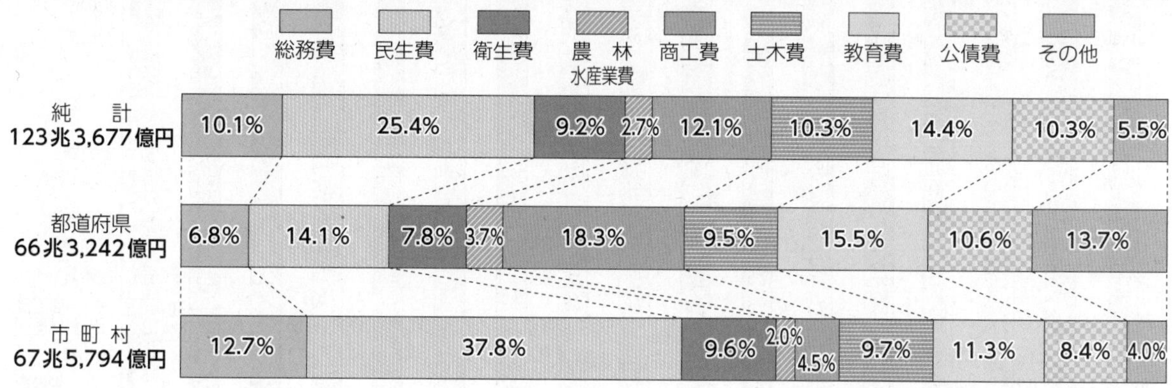

（イ）一般財源の充当状況

一般財源の目的別歳出に対する充当状況は、**第9表**のとおりである。

目的別歳出純計決算額（**第7表**その１参照）と比べると、公債費、総務費、教育費等は一般財源充当額の構成比が大きく、商工費、土木費、衛生費等は一般財源充当額の構成比が小さくなっている。

一般財源充当額の目的別構成比の推移は、**第10図**のとおりである。近年、民生費充当分が上昇の傾向にあり、土木費充当分及び公債費充当分は低下の傾向にある。

第9表　一般財源の目的別歳出充当状況　　（単位　億円・%）

区分	令和３年度		令和２年度	
	決算額	構成比	決算額	構成比
総務費	84,922	13.1	62,352	10.3
民生費	152,769	23.6	144,770	24.0
衛生費	43,794	6.8	39,561	6.6
労働費	1,384	0.2	1,802	0.3
農林水産業費	11,228	1.7	11,218	1.9
商工費	19,728	3.0	24,346	4.0
土木費	41,888	6.5	40,398	6.7
消防費	14,479	2.2	14,306	2.4
警察費	25,183	3.9	24,550	4.1
教育費	107,856	16.6	105,423	17.5
公債費	102,077	15.7	94,871	15.7
その他	4,794	0.8	5,079	0.9
翌年度への繰越額	38,052	5.9	34,047	5.6
一般財源計	648,153	100.0	602,725	100.0

（注）「翌年度への繰越額」には、翌年度へ繰り越された事業費に充当すべき財源を含む。第10図において同じ。

第10図　一般財源充当額の目的別構成比の推移

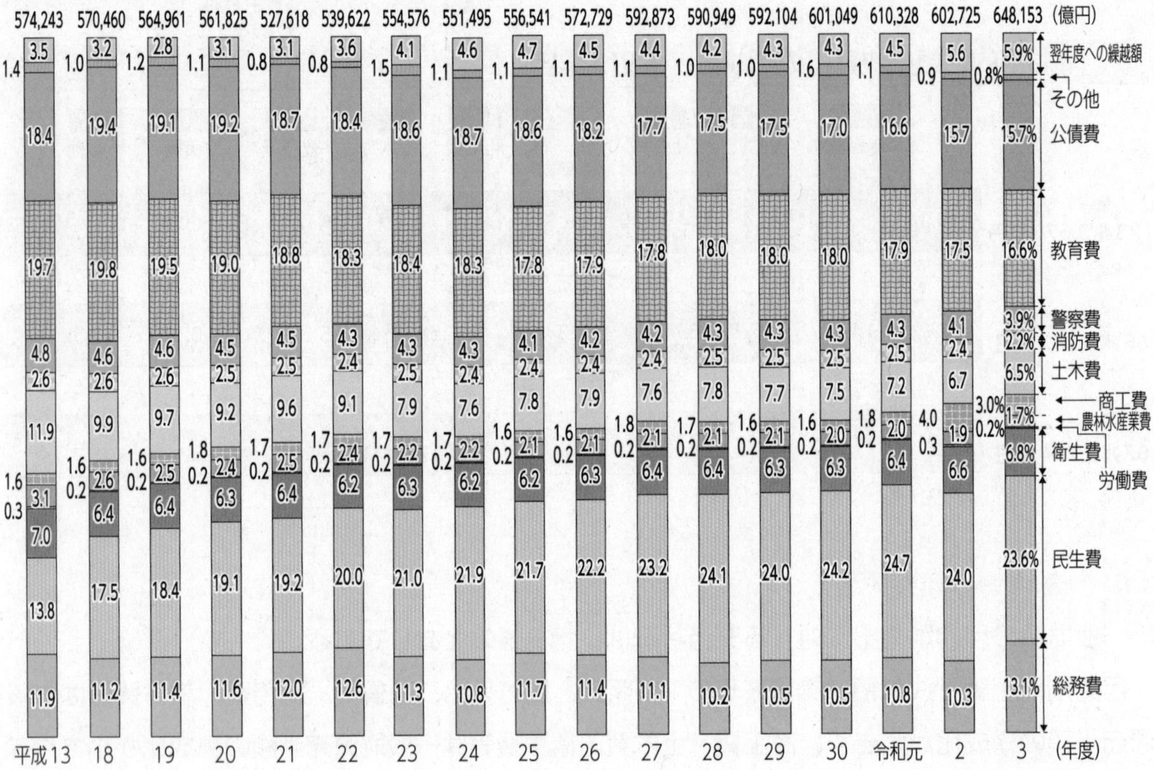

イ　性質別歳出

（ア）性質別歳出

地方公共団体の経費は、その経済的な性質によって、義務的経費（*）、投資的経費（*）及びその他の経費に大別することができる。

歳出純計決算額の主な性質別の内訳をみると、**第10表**のとおりである。

第10表　性質別歳出（*）純計決算額の状況（その１　純計）

（単位　億円・%）

区分	決算額 令和3年度	決算額 令和2年度	決算額 増減額	構成比 3年度	構成比 2年度	増減率 3年度	増減率 2年度
義務的経費	541,989	504,847	37,142	43.9	40.2	7.4	2.0
人件費	230,073	230,283	△ 210	18.6	18.4	△ 0.1	2.5
扶助費	185,555	154,222	31,333	15.0	12.3	20.3	3.2
公債費	126,361	120,342	6,019	10.2	9.6	5.0	△ 0.7
投資的経費	160,091	168,709	△ 8,618	13.0	13.4	△ 5.1	2.7
普通建設事業費	153,028	158,663	△ 5,635	12.4	12.6	△ 3.6	2.9
うち 補助事業（*）費	80,754	82,416	△ 1,662	6.5	6.6	△ 2.0	8.6
うち 単独事業（*）費	64,492	67,074	△ 2,582	5.2	5.3	△ 3.8	△ 4.3
災害復旧事業費	7,062	10,045	△ 2,983	0.6	0.8	△ 29.7	△ 0.3
失業対策事業費	0	0	△ 0	0.0	0.0	△ 33.3	△ 12.5
その他の経費	531,598	581,033	△ 49,435	43.2	46.3	△ 8.5	72.1
うち補助費等	207,566	287,853	△ 80,287	16.8	22.9	△ 27.9	199.0
うち繰出金（*）	56,583	56,412	171	4.6	4.5	0.3	△ 6.1
合計	1,233,677	1,254,588	△ 20,911	100.0	100.0	△ 1.7	25.8

第10表　性質別歳出純計決算額の状況（その２　通常収支分）　（単位　億円・％）

区分	決算額			構成比		増減率	
	令和3年度	令和2年度	増減額	3年度	2年度	3年度	2年度
義務的経費	541,075	504,084	36,991	44.2	40.7	7.3	2.0
人件費	229,910	230,059	△ 149	18.8	18.6	△ 0.1	2.6
扶助費	185,527	154,189	31,338	15.2	12.4	20.3	3.3
公債費	125,638	119,836	5,802	10.3	9.7	4.8	△ 0.7
投資的経費	155,257	159,554	△ 4,297	12.7	12.9	△ 2.7	3.5
うち普通建設事業費	149,121	151,562	△ 2,441	12.2	12.2	△ 1.6	3.4
うち 補助事業費	77,267	76,544	724	6.3	6.2	0.9	9.6
うち 単独事業費	64,084	66,360	△ 2,276	5.2	5.4	△ 3.4	△ 4.3
うち災害復旧事業費	6,136	7,991	△ 1,855	0.5	0.6	△ 23.2	5.0
その他の経費	527,668	575,748	△ 48,080	43.0	46.4	△ 8.4	74.2
うち補助費等	206,451	286,179	△ 79,728	16.9	23.1	△ 27.9	200.6
うち繰出金	56,558	56,386	173	4.6	4.5	0.3	△ 5.5
合計	1,224,000	1,239,385	△ 15,385	100.0	100.0	△ 1.2	26.6

第10表　性質別歳出純計決算額の状況（その３　東日本大震災分）　（単位　億円・％）

区分	決算額			構成比		増減率	
	令和3年度	令和2年度	増減額	3年度	2年度	3年度	2年度
義務的経費	914	763	151	9.4	5.0	19.8	△ 9.1
人件費	163	224	△ 61	1.7	1.5	△ 27.3	△ 7.3
扶助費	28	33	△ 6	0.3	0.2	△ 16.7	△ 69.7
公債費	723	506	218	7.5	3.3	43.0	3.8
投資的経費	4,834	9,155	△ 4,321	49.9	60.2	△ 47.2	△ 9.1
うち普通建設事業費	3,907	7,101	△ 3,194	40.4	46.7	△ 45.0	△ 6.6
うち 補助事業費	3,487	5,873	△ 2,385	36.0	38.6	△ 40.6	△ 2.9
うち 単独事業費	408	714	△ 306	4.2	4.7	△ 42.9	△ 7.6
うち災害復旧事業費	926	2,054	△ 1,128	9.6	13.5	△ 54.9	△ 16.7
その他の経費	3,929	5,285	△ 1,356	40.6	34.8	△ 25.7	△ 26.1
うち補助費等	1,115	1,674	△ 558	11.5	11.0	△ 33.4	55.3
うち繰出金	24	26	△ 2	0.3	0.2	△ 7.0	△ 93.4
合計	9,677	15,203	△ 5,526	100.0	100.0	△ 36.4	△ 15.8

義務的経費は、子育て世帯等臨時特別支援事業等の新型コロナウイルス感染症対策に係る事業費の増加等による扶助費の増加等により、前年度と比べると7.4％増となっている。

投資的経費は、単独事業費の減少等による普通建設事業費の減少等により、前年度と比べると5.1％減となっている。

また、その他の経費は、特別定額給付金事業の終了等による補助費等の減少、制度融資の減少等による貸付金の減少等により、前年度と比べると8.5％減となっている。

次に、性質別歳出純計決算額の構成比の推移は、**第11図**のとおりである。

第11図　性質別歳出純計決算額の構成比の推移

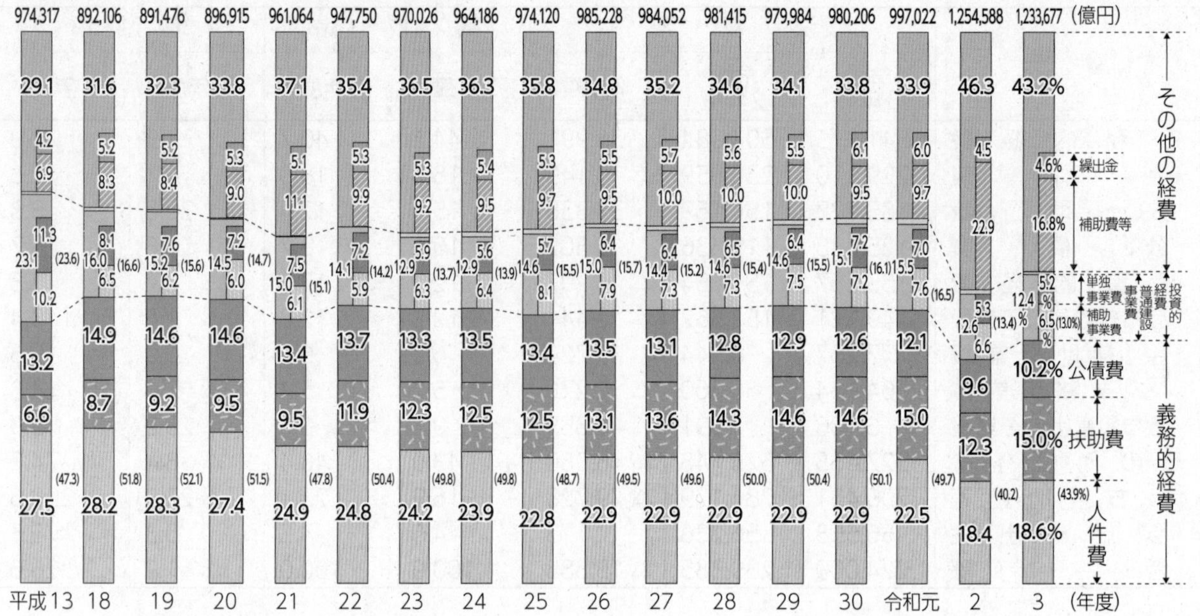

（注）（　）内の数値は、義務的経費及び投資的経費の構成比である。

義務的経費の構成比は、平成19年度には52.1％まで上昇し、近年は50％前後で推移していたが、令和２年度及び令和３年度においては、新型コロナウイルス感染症対策による補助費等の増加等によりその他の経費の構成比が上昇したことにより、低下している。内訳をみると、人件費は平成20年度以降、公債費は平成18年度以降低下の傾向にあったが、令和３年度においては上昇している。扶助費は社会保障関係費の増加等により上昇の傾向にあり、令和２年度は低下したが、令和３年度においては上昇している。

投資的経費の構成比は、平成23年度までは低下の傾向にあったが、平成24年度に上昇に転じ、近年は15～16％台で推移していたが、令和２年度及び令和３年度においては、新型コロナウイルス感染症対策による補助費等の増加等によりその他の経費の構成比が上昇したことにより、低下している。

その他の経費の構成比は、補助費等の増加等により、平成23年度までは上昇の傾向にあった。平成24年度以降は低下の傾向にあったが、令和２年度及び令和３年度においては、新型コロナウイルス感染症対策による補助費等の増加等により、大きく上昇している。

性質別歳出決算額の構成比を団体区分別にみると、**第12図**のとおりである。

人件費の構成比は、都道府県において、政令指定都市を除く市町村立義務教育諸学校教職員の人件費を負担していること等から、都道府県が市町村を上回っている。また、扶助費の構成比は、市町村において、児童手当の支給、生活保護に関する事務（町村については、福祉事務所を設置している町村に限る。）等の社会福祉関係事務が行われていること等から、市町村が都道府県を上回っている。

普通建設事業費のうち、補助事業費の構成比は、都道府県が市町村を上回る一方、単独事業費の構成比は、市町村が都道府県を上回っている。

第12図　性質別歳出決算額の構成比（令和３年度）

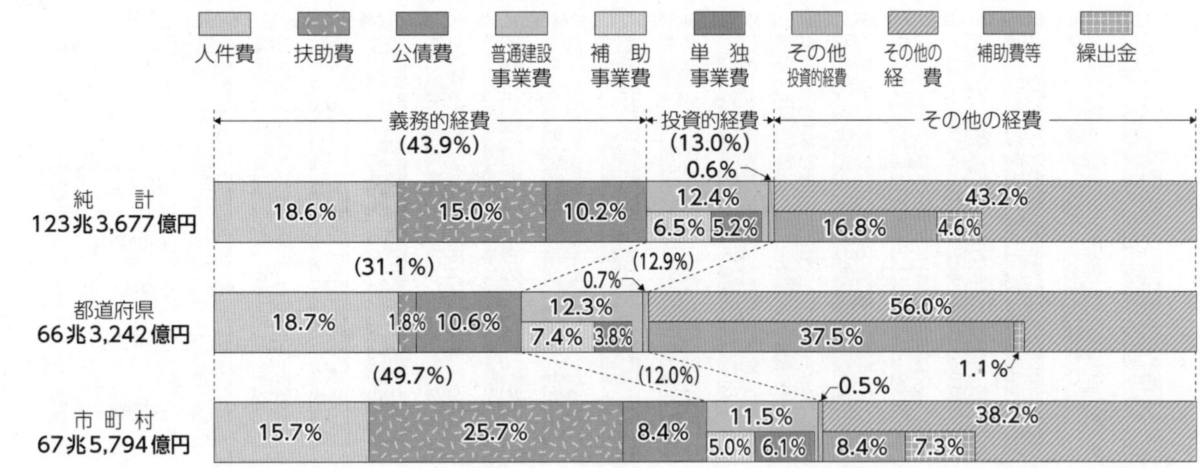

（イ）一般財源の充当状況

一般財源の性質別歳出に対する充当状況は、**第11表**のとおりである。

性質別歳出純計決算額（**第10表**その１参照）と比べると、義務的経費は一般財源充当額の構成比が大きくなっており、投資的経費は一般財源充当額の構成比が小さくなっている。

一般財源充当額の性質別構成比の推移は、**第13図**のとおりである。

義務的経費充当分は、近年、扶助費充当分が上昇の傾向にあるものの、人件費充当分及び公債費充当分が低下の傾向にあり、平成19年度以降、全体として低下の傾向にある。

投資的経費充当分は、近年、低下の傾向にある。

その他の経費充当分は、近年、補助費等充当分の上昇等により、全体として上昇の傾向にある。

第11表　一般財源の性質別歳出充当状況

（単位　億円・%）

区分	令和３年度		令和２年度	
	決算額	構成比	決算額	構成比
義務的経費	332,031	51.2	318,823	52.9
人件費	171,311	26.4	168,575	28.0
扶助費	58,905	9.1	55,641	9.2
公債費	101,815	15.7	94,607	15.7
投資的経費	26,178	4.0	24,244	4.0
普通建設事業費	25,693	4.0	23,351	3.9
災害復旧事業費	485	0.1	893	0.1
失業対策事業費	0	0.0	0	0.0
その他の経費	251,892	38.9	225,611	37.5
うち 補助費等	86,406	13.3	84,314	14.0
うち 繰出金	44,638	6.9	43,705	7.3
翌年度への繰越額	38,052	5.9	34,047	5.6
一般財源計	648,153	100.0	602,725	100.0

（注）「翌年度への繰越額」には、翌年度へ繰り越された事業費に充当すべき財源を含む。第13図において同じ。

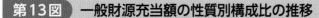

第13図　一般財源充当額の性質別構成比の推移

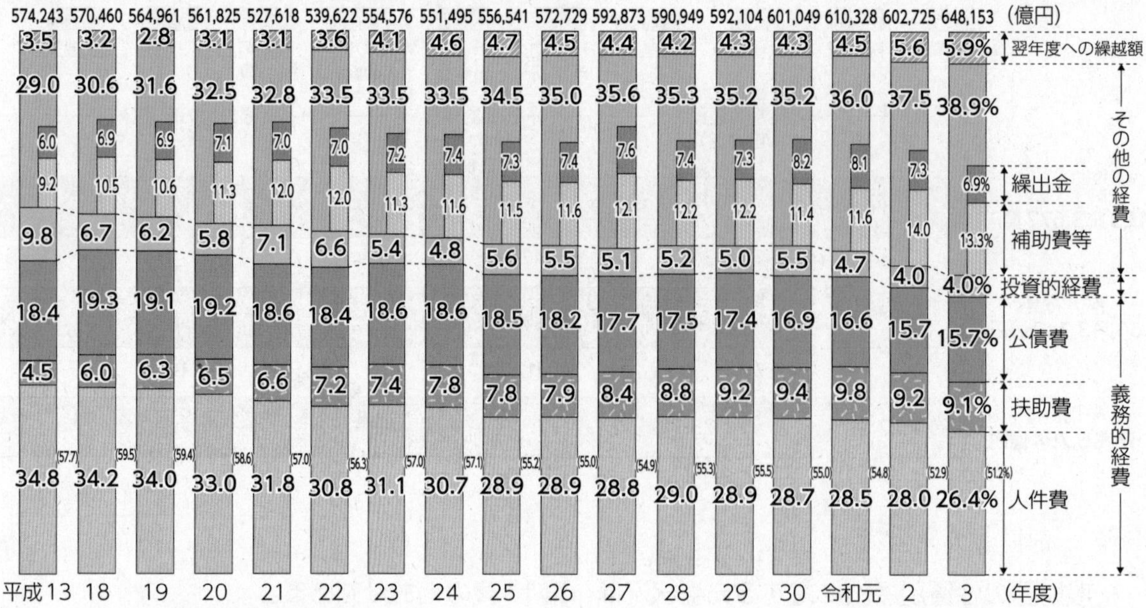

（注）（　）内の数値は、義務的経費の構成比である。

(5) 財政構造の弾力性

ア 経常収支比率

地方公共団体が社会経済や行政需要の変化に適切に対応していくためには、財政構造の弾力性が確保されなければならない。財政構造の弾力性の度合いを判断する指標の一つが、経常収支比率（＊）である。

経常収支比率は、経常経費充当一般財源（人件費、扶助費、公債費等のように毎年度経常的に支出される経費に充当された一般財源）の、経常一般財源（一般財源総額のうち地方税、普通交付税等のように毎年度経常的に収入される一般財源）、減収補塡債特例分（＊）、猶予特例債及び臨時財政対策債の合計額（以下「経常一般財源等」という。）に対する割合である。

令和３年度の経常収支比率（加重平均による。市町村分は特別区及び一部事務組合等を除く。）は、分子である経常経費充当一般財源が、公債費や補助費等の増加等により1.9％増となったものの、分母である経常一般財源等が、臨時財政対策債償還基金費の創設＊2を含む普通交付税の再算定による増加や地方税の増加等により8.5％増となり、分母が分子の増加率を上回ったことから、前年度と比べると5.7ポイント低下の88.1％となっている。なお、令和３年度に措置された普通交付税における臨時財政対策債償還基金費は、令和４年度以降の公債費負担対策に係るものであることを考慮し、当該措置額を経常一般財源等から控除した場合の経常収支比率は、90.2％となり、前年度より3.6ポイント低下したものとなる。

経常収支比率の推移は**第12表**のとおりであり、また分子及び分母の推移は**第14図**のとおりである。分子である経常経費充当一般財源については、補助費等の増加等により、増加の傾向にあ

＊2　国の令和３年度補正予算（第１号）において、国税収入の補正等に伴い令和３年度分の地方交付税の額が増額となったことを受け、令和３年度の臨時財政対策債を償還するための基金の積立てに要する経費を措置するため、基準財政需要額の費目に「臨時財政対策債償還基金費」を創設し、同年度の普通交付税を１兆5,000億円増額交付することとした。

る。分母である経常一般財源等については、平成24年度以降地方税の増加等により、増加の傾向にある。

第12表　経常収支比率の推移　（単位　%）

区　分	平成23年度	24	25	26	27	28	29	30	令和元年度	2	3
都道府県	94.9	94.6	93.0	93.0	93.4	94.3	94.2	93.0	93.2	94.4	87.3
	[110.0]	[109.6]	[107.5]	[105.2]	[102.7]	[102.3]	[103.0]	[100.7]	[99.8]	[103.0]	[95.2]
うち 人件費充当	41.8	40.6	38.6	38.7	38.5	38.8	36.8	36.4	36.2	36.3	32.9
うち 扶助費充当	2.1	2.0	1.9	1.9	1.8	1.9	2.0	1.9	2.0	1.9	1.8
うち 公債費充当	23.3	23.1	23.6	23.3	22.7	22.4	23.0	22.1	21.6	21.5	20.5
市町村	90.3	90.7	90.2	91.3	90.0	92.5	92.8	93.0	93.6	93.1	88.9
	[97.5]	[98.2]	[97.7]	[98.3]	[96.0]	[97.8]	[98.6]	[98.7]	[98.3]	[98.0]	[94.0]
うち 人件費充当	25.4	24.8	23.7	23.8	23.3	23.7	25.6	25.6	25.6	26.8	25.2
うち 扶助費充当	10.5	11.2	11.3	11.7	11.8	12.4	12.4	12.6	13.1	12.4	12.0
うち 公債費充当	19.0	18.8	18.6	18.2	17.4	17.7	16.9	16.6	16.5	16.3	15.7
合計	92.6	92.7	91.6	92.1	91.7	93.4	93.5	93.0	93.4	93.8	88.1
	[103.4]	[103.6]	[102.4]	[101.7]	[99.3]	[100.1]	[100.7]	[99.7]	[99.1]	[100.4]	[94.6]
うち 人件費充当	33.4	32.6	31.1	31.3	30.9	31.3	31.1	30.9	30.8	31.5	29.0
うち 扶助費充当	6.4	6.6	6.6	6.8	6.9	7.1	7.3	7.4	7.6	7.3	7.0
うち 公債費充当	21.1	20.9	21.1	20.8	20.1	20.0	19.9	19.3	19.0	18.9	18.1

（注）1　比率は、加重平均である。
　　　2　[　] 内の数値は、減収補填債特例分、猶予特例債及び臨時財政対策債を経常一般財源等から除いて算出したものである。
　　　3　合計及び市町村には、特別区及び一部事務組合等は含まれていない。第14図、第13表において同じ。

第14図　経常収支比率を構成する分子及び分母の推移

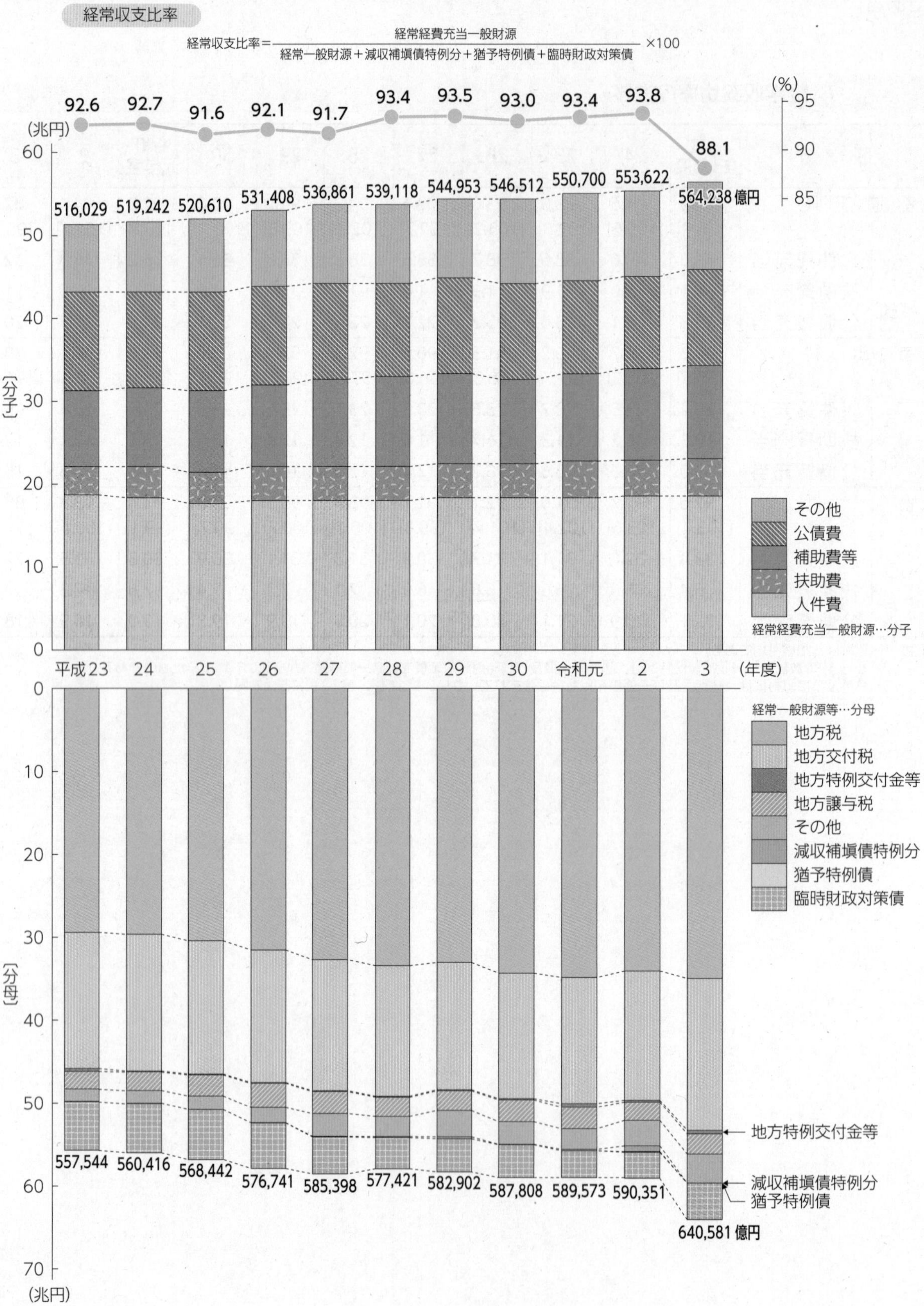

経常収支比率の段階別分布状況（団体数）をみると、**第13表**のとおりである。

第13表　経常収支比率の段階別分布状況（団体数）

区分		70%未満	70%以上 80%未満	80%以上 90%未満	90%以上 100%未満	100%以上	合計
令和3年度	都道府県	－（－）	1 (2.1)	39 (83.0)	7 (14.9)	－（－）	47 (100.0)
	市町村	25 (1.5)	261 (15.2)	1,068 (62.2)	361 (21.0)	3 (0.2)	1,718 (100.0)
	合計	25 (1.4)	262 (14.8)	1,107 (62.7)	368 (20.8)	3 (0.2)	1,765 (100.0)
令和2年度	都道府県	－（－）	－（－）	3 (6.4)	42 (89.4)	2 (4.3)	47 (100.0)
	市町村	11 (0.6)	95 (5.5)	682 (39.7)	899 (52.3)	31 (1.8)	1,718 (100.0)
	合計	11 (0.6)	95 (5.4)	685 (38.8)	941 (53.3)	33 (1.9)	1,765 (100.0)
増減	都道府県	－	1	36	△ 35	△ 2	－
	市町村	14	166	386	△538	△28	－
	合計	14	167	422	△573	△30	－

（注）（ ）内の数値は、構成比（%）である。

イ 実質公債費比率

地方債の元利償還金等の公債費は、義務的経費の中でも特に弾力性に乏しい経費であることから、財政構造の弾力性をみる場合、その動向には常に留意する必要がある。その公債費に係る負担の度合いを判断するための指標に、実質公債費比率（＊）がある。

実質公債費比率は、当該地方公共団体の標準財政規模（＊）（普通交付税の算定において基準財政需要額に算入された公債費等を除く。）に対する、一般会計等（＊）が負担する元利償還金及び公営企業債の償還に対する繰出金などの元利償還金に準ずるもの（充当された特定財源及び普通交付税の算定において基準財政需要額に算入された公債費等を除く。）の割合である。

令和３年度の実質公債費比率（一部事務組合等を除く加重平均）は、元利償還金の減少や標準財政規模の増加等により、前年度と比べると0.2ポイント低下の7.6%となっており、初めて算定された平成17年度以降低下傾向にある。

(6) 将来の財政負担

地方公共団体の財政状況をみるには、単年度の収支状況のみならず、地方債、債務負担行為（＊）等のように将来の財政負担となるものや、財政調整基金等の積立金のように年度間の財源調整を図り将来における弾力的な財政運営に資するために財源を留保するものの状況についても、併せて把握する必要がある。これらの状況は、次のとおりである。

ア 地方債現在高

令和３年度末における地方債現在高は144兆5,810億円で、地方道路等整備事業債の現在高の減少等により、前年度末と比べると252億円減（0.0%減）となっている。また、臨時財政対策債を除いた地方債現在高は90兆4,736億円で、前年度末と比べると5,170億円減（0.6%減）となっている。

なお、地方財政状況調査においては、満期一括償還地方債の元金償還に充てるための減債基金（*）への積立額は歳出の公債費に計上するとともに、地方債現在高に当該積立額相当分を含まない扱いとしているが、これを含む場合の地方債現在高は157兆3,277億円となっている。

地方債現在高の歳入総額に対する割合及び一般財源総額に対する割合の推移は、それぞれ**第15図**のとおりである。

第15図　地方債現在高の歳入総額等に対する割合の推移

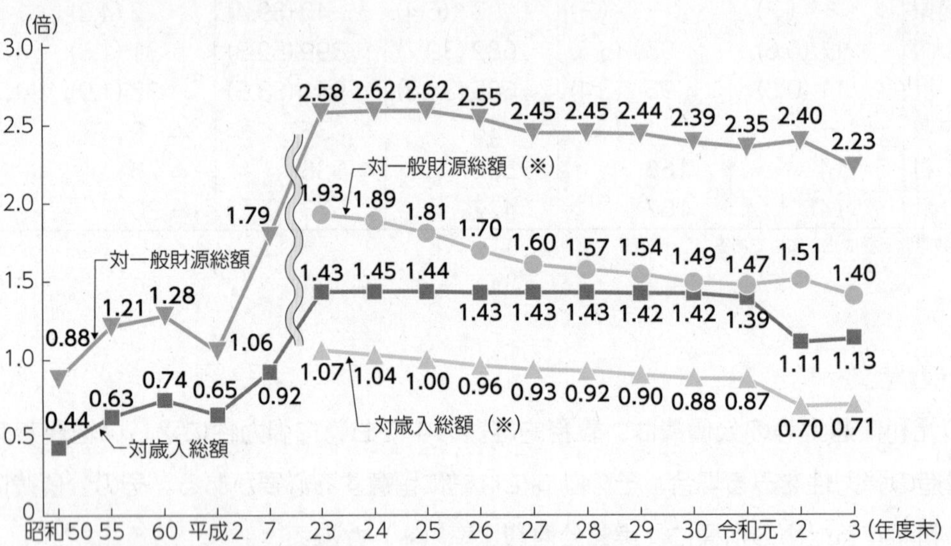

（注）地方債現在高は、特定資金公共事業債を除いた額である。
（※）臨時財政対策債を除いた地方債現在高の、歳入総額等に対する割合である。

地方債現在高は、地方税収等の落込みへの対応や減税に伴う減収の補塡のため、また、経済対策に伴う公共投資の追加等により、地方債が急増したことに伴い、歳入総額に対する割合及び一般財源総額に対する割合は平成4年度末以降急増し、さらに、13年度からの臨時財政対策債の発行等により、高い水準で推移している。

近年の地方債現在高の借入先別構成比及び目的別構成比の推移は、**第16図**のとおりである。近年の市場における地方債資金の調達の推進及び公的資金の縮減等に伴い、市場公募債や市中銀行資金が上昇の傾向にある一方で、財政融資資金が低下の傾向にある。また、臨時財政対策債が上昇の傾向にある一方で、一般単独事業債が低下の傾向にある。

地方債現在高を団体区分別にみると、都道府県においては87兆7,781億円、市町村においては56兆8,029億円で、前年度末と比べると、それぞれ1,013億円増（0.1%増）、1,265億円減（0.2%減）となっている。また、臨時財政対策債を除いた地方債現在高を団体区分別にみると、都道府県においては54兆3,662億円、市町村においては36兆1,074億円で、前年度末と比べると、それぞれ3,523億円減（0.6%減）、1,647億円減（0.5%減）となっている。

第16図　地方債現在高の借入先別構成比及び目的別構成比の推移

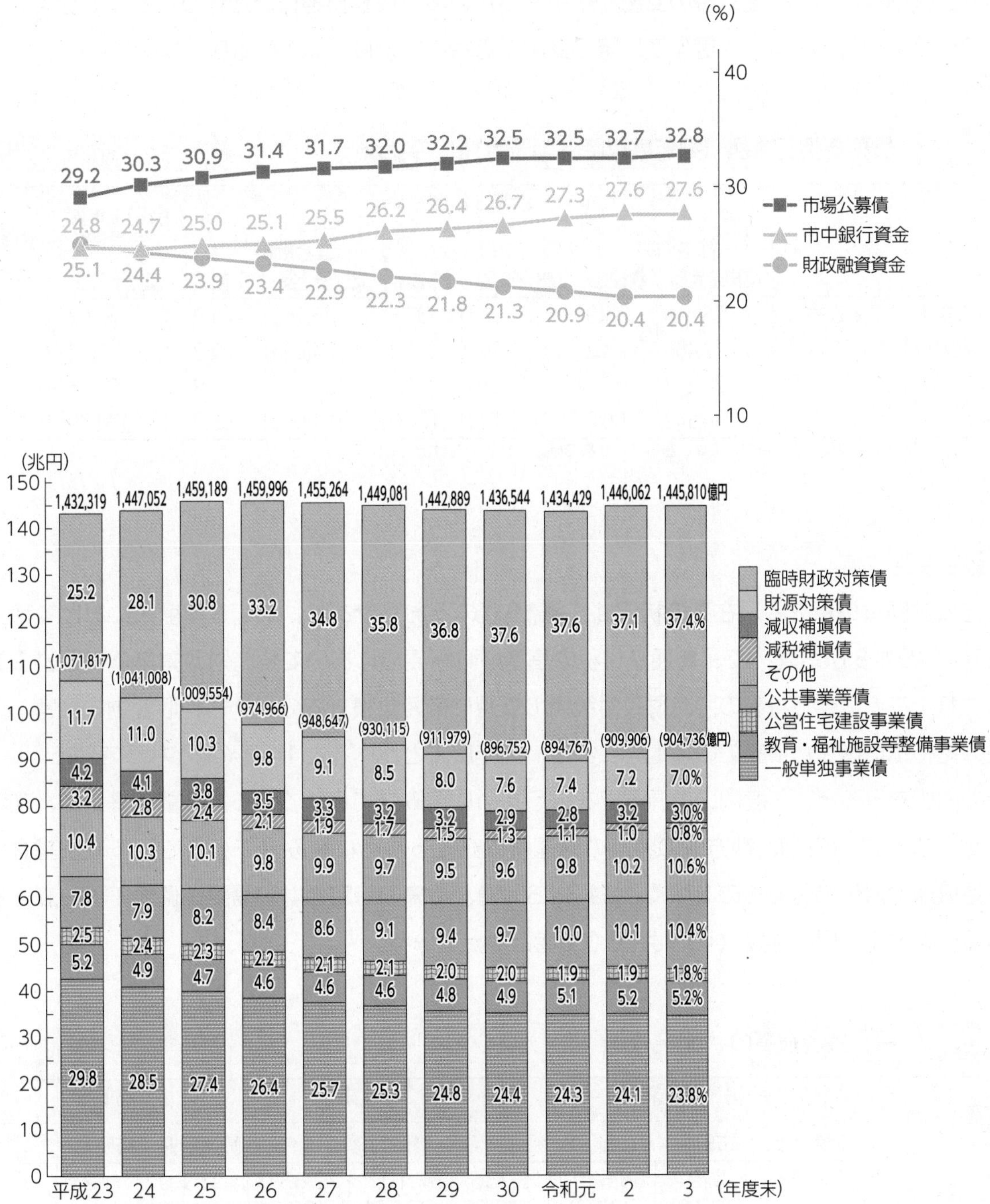

(注) 1　財源対策債は、公共事業等債に係る財源対策債等及び他の事業債に係る財源対策債の合計である。
2　地方債現在高には満期一括償還地方債の元金償還に充てるための減債基金への積立額相当分は含まれていない。第17図、第18図において同じ。
3　(　) 内の数値は、地方債現在高から臨時財政対策債を除いた額である。

イ 債務負担行為額

地方公共団体は、翌年度以降の支出を約束するために、債務負担行為を行うことができる。

この債務負担行為に基づく翌年度以降の支出予定額の状況は、**第14表**のとおりである。

第14表　債務負担行為額（翌年度以降支出予定額）の状況　（単位　億円・%）

区分	令和３年度						令和２年度合計額	増減率
	都道府県		市町村		合計額			
	支出予定額	構成比	支出予定額	構成比	支出予定額	構成比	支出予定額	
物件の購入等に係るもの	28,818	51.0	47,343	37.8	76,161	41.9	73,621	3.4
債務保証又は損失補償に係るもの	2,456	4.3	1,550	1.2	4,006	2.2	3,037	31.9
その他	25,268	44.7	76,210	61.0	101,478	55.9	97,437	4.1
合計	56,542	100.0	125,103	100.0	181,645	100.0	174,095	4.3

（注）「債務保証又は損失補償に係るもの」には、履行すべき額の確定したものを計上している。

ウ 積立金現在高

地方公共団体の積立金現在高の状況は、**第15表**のとおりであり、令和３年度末における積立金現在高は25兆8,083億円で、普通交付税の基準財政需要額において臨時財政対策債償還基金費が算入されたことに伴う将来の臨時財政対策債の償還に備えた積立ての実施、税収変動、災害、公共施設の老朽化に備えた積立ての増加等により、前年度末と比べると14.2%増となっている。

その内訳をみると、年度間の財源調整を行うために積み立てられている財政調整基金は、前年度末と比べると23.1%増、地方債の将来の償還費に充てるために積み立てられている減債基金（満期一括償還地方債に係るものを除く。）は34.3%増、将来の特定の財政需要に備えて積み立てられているその他特定目的基金（*）は、6.0%増となっている。

第15表　積立金現在高の状況　（単位　億円・%）

区分	令和３年度末			令和２年度末			増減率		
	都道府県	市町村	計	都道府県	市町村	計	都道府県	市町村	計
財政調整基金	25,336 (30.0)	64,294 (37.0)	89,630 (34.7)	15,736 (22.6)	57,101 (36.5)	72,837 (32.2)	61.0	12.6	23.1
減債基金	13,035 (15.4)	15,808 (9.1)	28,843 (11.2)	8,678 (12.5)	12,802 (8.2)	21,480 (9.5)	50.2	23.5	34.3
その他特定目的基金	46,143 (54.6)	93,467 (53.9)	139,610 (54.1)	45,229 (64.9)	86,459 (55.3)	131,688 (58.3)	2.0	8.1	6.0
合計	84,514 (100.0)	173,569 (100.0)	258,083 (100.0)	69,643 (100.0)	156,363 (100.0)	226,005 (100.0)	21.4	11.0	14.2

（注）1　（　）内の数値は、構成比である。
　　　2　積立金現在高には満期一括償還地方債の元金償還に充てるための減債基金への積立額は含まれていない。第17図において同じ。

エ 地方債及び債務負担行為による実質的な将来の財政負担

地方債現在高に債務負担行為に基づく翌年度以降の支出予定額を加え、積立金現在高を差し引いた地方公共団体の地方債及び債務負担行為による実質的な将来の財政負担の推移は、**第17図**のとおりである。令和３年度末においては、地方債現在高は0.0％減、債務負担行為額は4.3％増、積立金現在高は14.2％増となったことにより、地方債及び債務負担行為による実質的な将来の財政負担は136兆9,372億円で、前年度末と比べると1.8％減となっている。

団体区分別にみると、都道府県においては84兆9,809億円、市町村においては51兆9,562億円で、前年度末と比べると、それぞれ1.4％減、2.4％減となっている。

第17図　地方債及び債務負担行為による実質的な将来の財政負担の推移

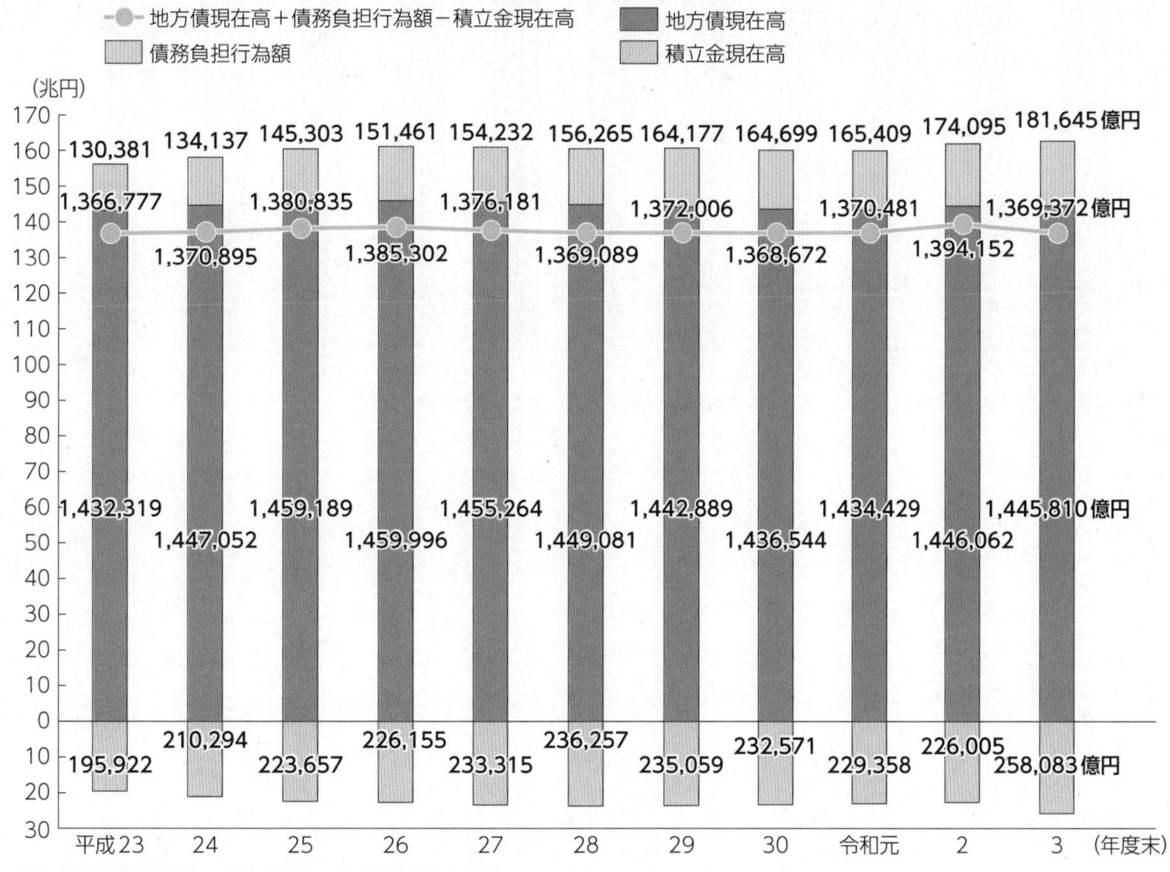

（注）債務負担行為額は、翌年度以降の支出予定額である。

オ　普通会計が負担すべき借入金残高

普通会計が将来にわたって負担すべき借入金という観点からは、地方債現在高のほか、交付税特別会計借入金や、公営企業（＊）において償還する企業債のうち、経費負担区分の原則等に基づき、普通会計がその償還財源を負担するものについても併せて考慮する必要がある。

この観点から、地方債現在高に交付税特別会計借入金残高と企業債現在高のうち普通会計が負担することとなるものを加えた普通会計が負担すべき借入金残高の推移をみると、**第18図**のとおりであり、近年は減少傾向にあるものの、依然として190兆円を超える高い水準にある。

なお、令和３年度末における普通会計が負担すべき借入金残高は190兆9,546億円で、交付税特別会計借入金残高の減少等により、前年度末と比べると１兆4,082億円減（0.7％減）となっている。

第18図　普通会計が負担すべき借入金残高の推移

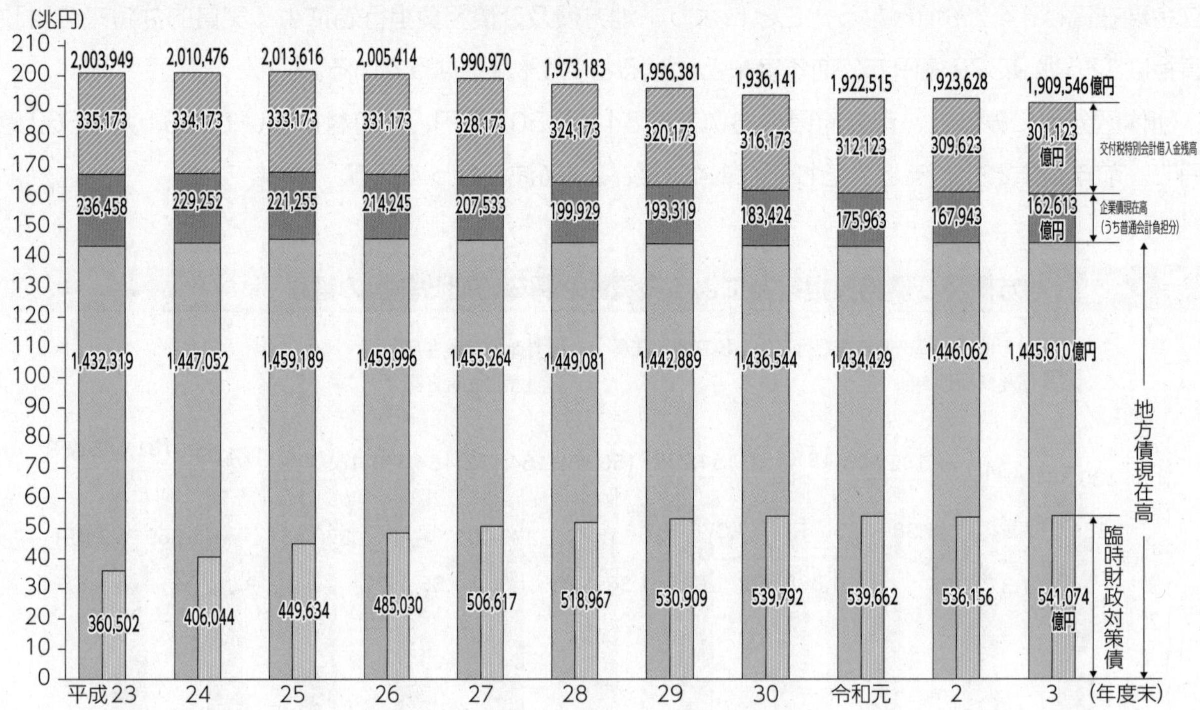

（注）企業債現在高（うち普通会計負担分）は、公営企業決算状況調査をベースとした推計値である。

3 地方財源の状況

令和３年度における国税と地方税を合わせた租税の状況及び地方歳入の状況は、次のとおりである。

(1) 租税の状況

国税と地方税を合わせた租税として徴収された額は114兆2,900億円で、前年度と比べると8.1％増となっている。

国民所得に対する租税総額の割合である租税負担率をみると、令和３年度においては、前年度と比べると0.7ポイント上昇の28.9％となっている。なお、主な諸外国の租税負担率をみると、アメリカ23.9％（2019暦年計数）、イギリス35.5％（同）、ドイツ32.0％（同）、フランス43.1％（同）となっている。

次に、租税を国税と地方税の別でみると、**第19図**のとおりであり、租税総額に占める割合は、国税62.9％（前年度61.4％）、地方税37.1％（同38.6％）となっている。また、地方交付税、地方譲与税及び地方特例交付金等を国から地方へ交付した後の租税の実質的な配分割合は、国43.3％（同43.0％）、地方56.7％（同57.0％）となっている。なお、国税と地方税の推移は、**第20図**のとおりである。地方税は、平成24年度以降増加傾向にあり、令和２年度は減少したものの、令和３年度は法人関係二税の増加等により増加に転じている。

第19図　国税と地方税の状況（令和３年度）

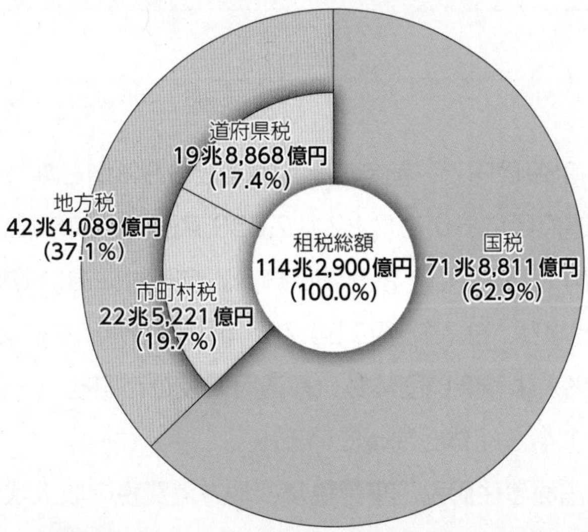

（注）東京都が徴収した市町村税相当額は、市町村税に含み、道府県税に含まない。第21図～第25図において同じ。

第20図　国税と地方税の推移

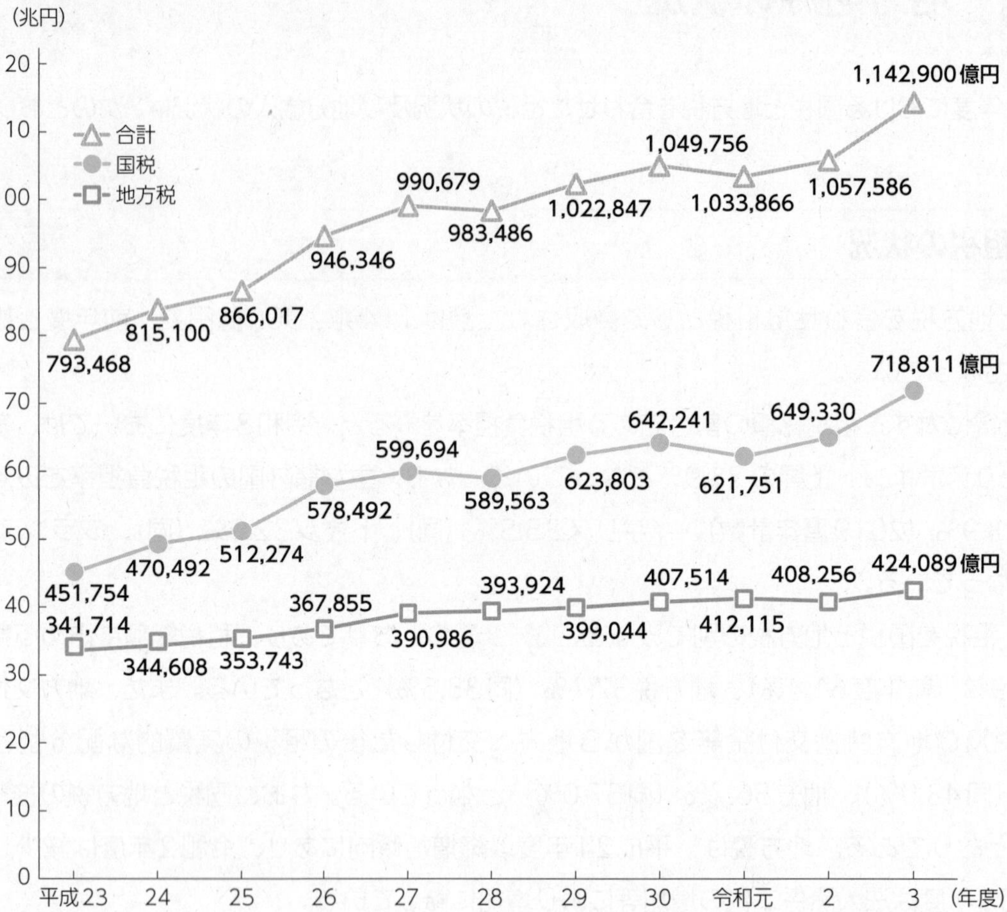

(2) 地方歳入

ア 地方税

地方税の決算額は42兆4,089億円で、前年度と比べると3.9％増となっている。

団体区分別にみると、都道府県においては22兆2,039億円で、前年度と比べると8.2％増となり、歳入総額の32.5％（前年度33.2％）を占めており、市町村においては20兆2,051億円で、前年度と比べると0.5％減となり、歳入総額の28.7％（同26.0％）を占めている。歳入総額に占める割合が全国平均（33.1％）より低い団体数（都道府県及び市町村（一部事務組合等を除く。））は、全体の82.5％を占める1,475団体となっている。

地方税収入額の63.6％を占める住民税、事業税及び地方消費税の収入状況は、**第16表**のとおりである。また、各税目の収入額を前年度と比べると、住民税は法人分の増加等により0.7％増、事業税は法人分の増加等により15.6％増、地方消費税は13.8％増となっている。なお、法人関係二税は7兆2,109億円で、前年度と比べると11.9％増となっている。

第16表 住民税、事業税及び地方消費税の収入状況

（単位　億円・％）

区分	収入額		構成比		増減率	
	令和３年度	令和２年度	３年度	２年度	３年度	２年度
住民税	158,537	157,418	37.4	38.6	0.7	△ 3.9
個人分	133,597	133,487	31.5	32.7	0.1	1.6
法人分	24,680	23,606	5.8	5.8	4.6	△ 26.6
利子割	260	325	0.1	0.1	△ 20.2	7.4
事業税	49,673	42,983	11.7	10.5	15.6	△ 6.5
個人分	2,245	2,160	0.5	0.5	3.9	2.1
法人分	47,428	40,823	11.2	10.0	16.2	△ 6.9
地方消費税	61,703	54,238	14.5	13.3	13.8	13.1
地方税合計	424,089	408,256	100.0	100.0	3.9	△ 0.9

（注）住民税（個人分）は、配当割及び株式等譲渡所得割を含む。

地方税収（超過課税及び法定外税等を除き、地方消費税清算後の数値）について、全国平均を100として、都道府県別に人口１人当たり税収額を比較してみると、**第21図**のとおりであり、地方税計については、最も大きい東京都が163.6、最も小さい長崎県が72.7で、約2.3倍の格差となっている。

個別の税目ごとに比較してみると、個人住民税については、最も大きい東京都が164.1、最も小さい秋田県が65.5で、約2.5倍の格差となっている。法人関係二税については、最も大きい東京都が261.1、最も小さい奈良県が44.2で、約5.9倍の格差となっている。地方消費税については、最も大きい東京都が108.3、最も小さい奈良県が87.3で、約1.2倍の格差となっている。固定資産税については、最も大きい東京都が158.7、最も小さい長崎県が69.0で、約2.3倍の格差となっている。

このように、地方税収については、各税目とも都道府県ごとに偏在性があるが、その度合いについては、法人関係二税の格差が特に大きく、地方消費税の偏在性は比較的小さい。

第21図　地方税計、個人住民税、法人関係二税、地方消費税及び固定資産税の人口１人当たり税収額の指数

（全国平均を100とした場合、令和３年度）

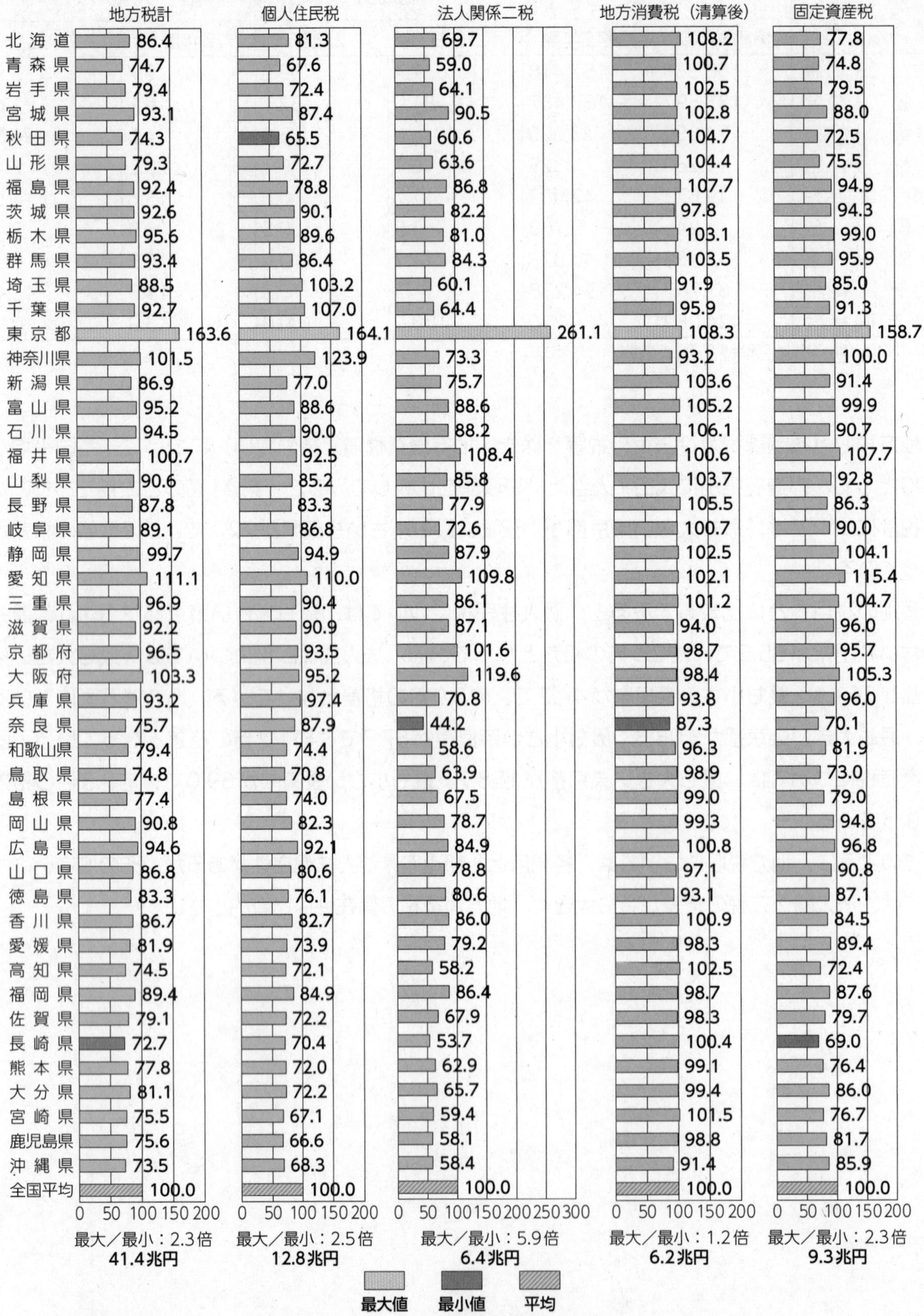

※上段の「最大／最小」は、各都道府県ごとの人口１人当たり税収額の最大値を最小値で割った数値であり、下段の数値は、税目ごとの税収総額である。
※地方消費税については、現行の清算基準により得られる最新の理論値である。

（注）1　地方税計の税収額は、特別法人事業譲与税の額を含まず、超過課税及び法定外税等を除いたものである。
2　個人住民税の税収額は、個人道府県民税（均等割及び所得割）及び個人市町村民税（均等割及び所得割）の合計額であり、超過課税分を除く。
3　法人関係二税の税収額は、法人道府県民税、法人市町村民税及び法人事業税（特別法人事業譲与税を含まない。）の合計額であり、超過課税分等を除く。
4　固定資産税の税収額は、道府県分を含み、超過課税分を除く。
5　人口は、令和４年１月１日現在の住民基本台帳人口による。

（ア）道府県税の収入状況

都道府県の地方税の決算額から東京都が徴収した市町村税相当額を除いた道府県税の収入額は19兆8,868億円で、地方消費税、事業税の増加等により、前年度と比べると8.3％増となっている。

道府県税収入額の税目別内訳は、**第22図**のとおりである。

また、法人関係二税は５兆2,545億円で、道府県税総額に占める割合は26.4％となっている。

第22図　道府県税収入額の状況（令和３年度）

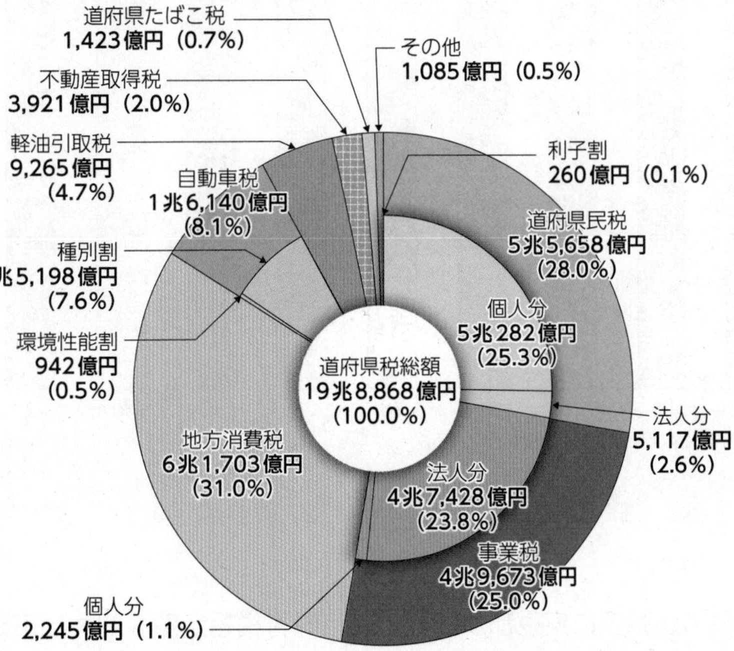

道府県税収入額の推移は、**第23図**のとおりである。

第23図　道府県税収入額の推移

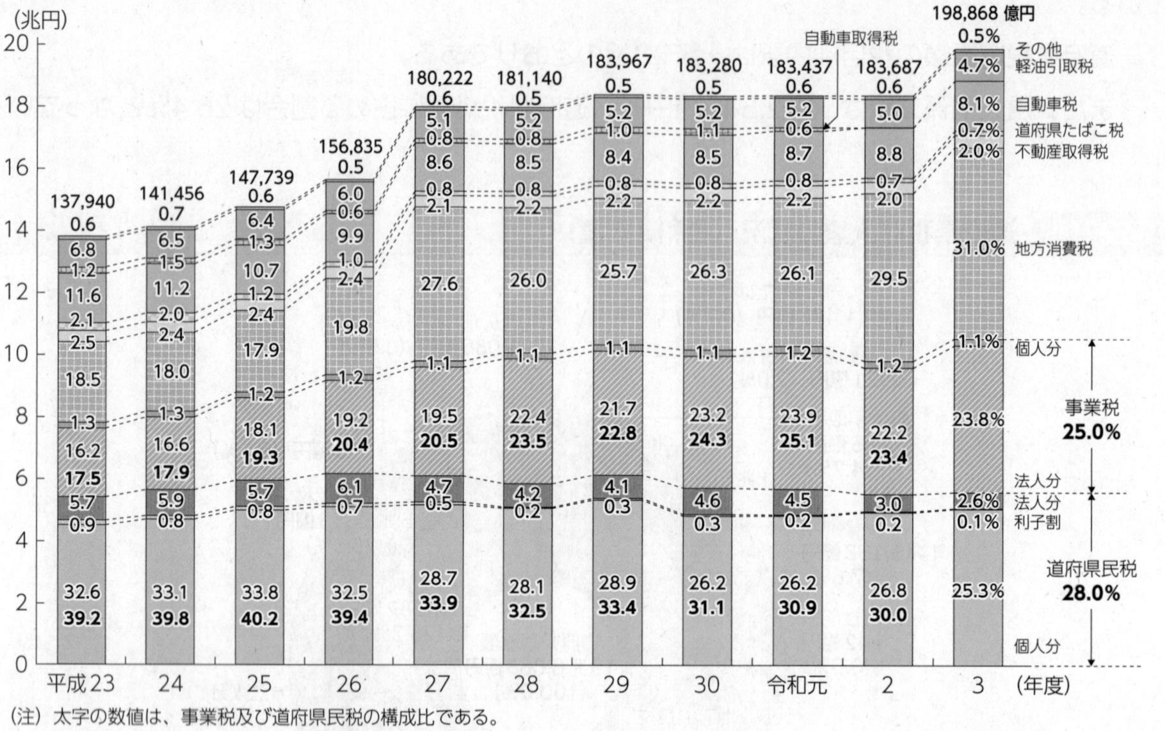

(注) 太字の数値は、事業税及び道府県民税の構成比である。

(イ) 市町村税の収入状況

市町村の地方税の決算額に東京都が徴収した市町村税相当額を加えた市町村税の収入額は22兆5,221億円で、市町村民税（個人分）、固定資産税が減少したものの、市町村民税（法人分）の増加等により、前年度と比べると0.3%増となっている。

市町村税収入額の税目別内訳は、**第24図**のとおりである。

第24図　市町村税収入額の状況（令和３年度）

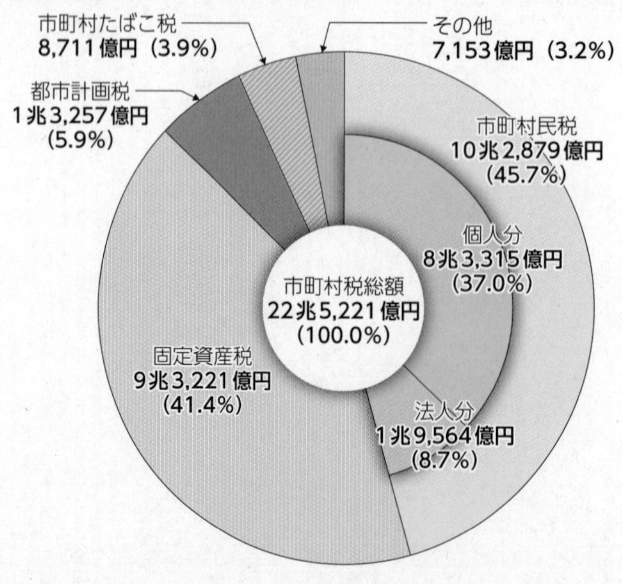

市町村税収入額の推移は、**第25図**のとおりである。

第25図　市町村税収入額の推移

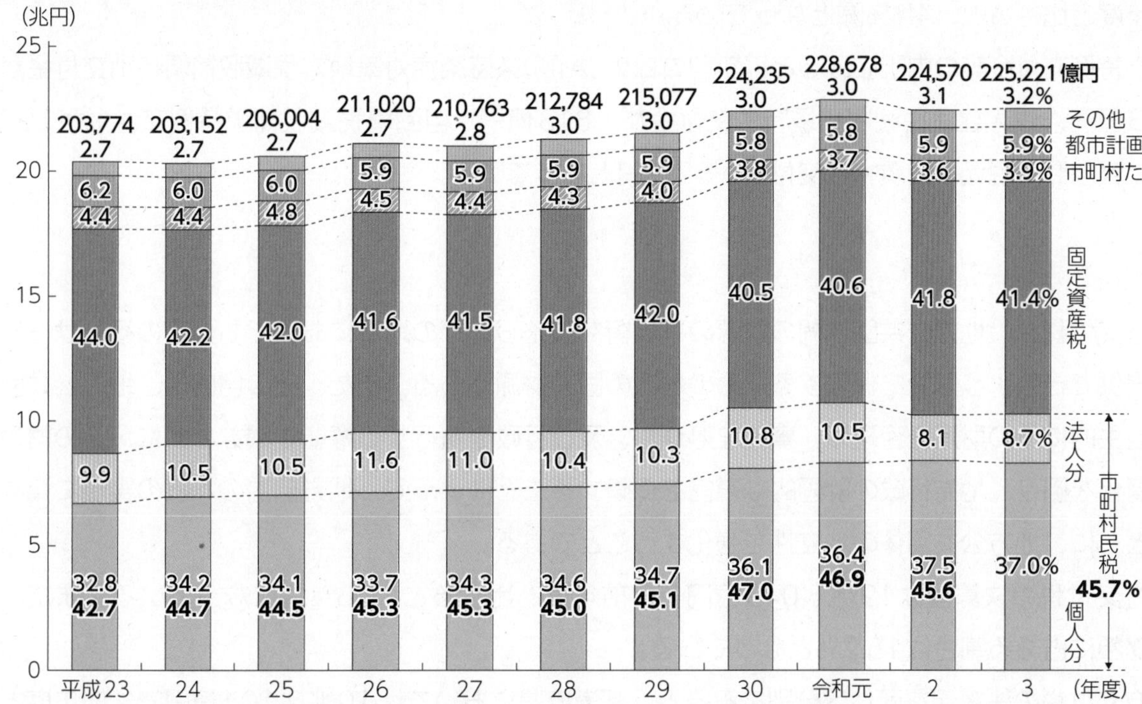

（注）太字の数値は、市町村民税の構成比である。

（ウ）法定外普通税

地方公共団体は、「地方税法」（昭和25年法律第226号）で規定されている税目のほかに、地方公共団体ごとの特有な財政需要を充足するため、法定外普通税を設けることができる。法定外普通税の収入額は500億円で、前年度と比べると4.9％増となっている。

（エ）法定外目的税

地方公共団体は、地方税法で規定されている税目のほかに、条例で定める特定の費用に充てるため、法定外目的税を設けることができる。法定外目的税の収入額は133億円で、前年度と比べると10.9％増となっている。

（オ）超過課税

地方公共団体は、地方税法で標準税率が定められている税目について、財政上その他の必要がある場合に、その税率を超える税率を定めることができる。この標準税率を超えて課税された部分である超過課税による収入額は7,698億円で、前年度と比べると29.5％増となっている。

イ　地方譲与税

地方譲与税の決算額は２兆4,468億円で、前年度と比べると、特別法人事業譲与税の増加等により、9.6％増となっている。

地方譲与税の主な内訳をみると、特別法人事業譲与税が１兆8,535億円（対前年度比11.6％増）、自動車重量譲与税が2,895億円（同1.2％増）となっている。

ウ 地方特例交付金等

地方特例交付金等の決算額は4,547億円で、前年度と比べると101.5％増となっている。なお、令和３年度に創設された新型コロナウイルス感染症対策地方税減収補塡特別交付金の額を除いた額を前年度と比べると、4.1％減となっている。

地方特例交付金等の内訳をみると、新型コロナウイルス感染症対策地方税減収補塡特別交付金が2,383億円、個人住民税減収補塡特例交付金が1,813億円、自動車税減収補塡特例交付金が298億円、軽自動車税減収補塡特例交付金が53億円となっている。

エ 地方交付税

地方交付税は、地方公共団体間の財源の不均衡を調整し、どの地域においても一定の行政サービスを提供できるよう財源を保障するための地方の固有財源である。また、その目的は、地方公共団体が自主的にその財産を管理し、事務を処理し、及び行政を執行する権能を損なわずに、その財源の均衡化を図り、地方行政の計画的な運営を保障することによって、地方自治の本旨の実現に資するとともに、地方公共団体の独立性を強化することである。

地方交付税の決算額は19兆5,049億円で、前年度と比べると14.8％増となっている。また、歳入総額に占める割合は15.2％となっている。

地方交付税の決算額を団体区分別にみると、都道府県においては10兆2,104億円で、前年度と比べると15.0％増、市町村においては９兆2,945億円で、前年度と比べると14.6％増となっており、その地方交付税総額に占める割合は、都道府県においては52.3％（前年度と同率）、市町村においては47.7％（前年度と同率）となっている。

地方交付税の内訳をみると、普通交付税18兆3,339億円、特別交付税１兆746億円、震災復興特別交付税（＊）964億円となっている。

なお、令和３年度当初において地方公共団体に交付される通常収支分の地方交付税の総額は、地方財政計画（＊）において、前年度と比べると、8,503億円増（5.1％増）の17兆4,385億円とした。また、国の令和３年度補正予算（第１号）において、国税収入の補正等に伴い令和３年度分の地方交付税の額が４兆2,761億円の増額となったことを受け、このうち１兆9,700億円を令和３年度に増額交付することとした。具体的には、普通交付税の調整額を復活するとともに、国の令和３年度補正予算（第１号）における歳出の追加に伴う地方負担を措置するため、基準財政需要額の費目に「臨時経済対策費」を創設し、地方交付税を4,700億円増額交付することとしたほか、令和３年度の臨時財政対策債を償還するための基金の積立てに要する経費を措置するため、基準財政需要額の費目に「臨時財政対策債償還基金費」を創設し、普通交付税を１兆5,000億円増額交付することとした。

普通交付税の交付状況をみると、不交付団体は、都道府県では東京都の１団体である。市町村（特別区及び一部事務組合等を除く。以下この段落において同じ。）では前年度より24団体減少し、51団体となっている。また、災害等特別の事情に応じて交付する特別交付税の令和３年度の交付状況をみると、都道府県においては東京都を除く全団体に、市町村においては全1,718団体に、それぞれ交付されている。

オ 国庫支出金

国庫支出金の状況は、**第17表**のとおりである。国庫支出金の決算額は32兆716億円で、特別定額給付金給付事業費補助金の減少等により、前年度と比べると14.4％減となっている。

国庫支出金の内訳をみると、新型コロナウイルス感染症対応地方創生臨時交付金が最も大きな割合を占めており、新型コロナウイルス感染症緊急包括支援交付金、子育て世帯等臨時特別支援事業費補助金（子育て世帯への臨時特別給付）、その他新型コロナウイルス感染症対策関係国庫支出金も含め、新型コロナウイルス感染症対策関連の国庫支出金の合計は15兆4,746億円となり、国庫支出金総額の48.3％を占めている。

第17表　国庫支出金の状況　（単位　億円・％）

区分	令和３年度						令和２年度		比較	
	都道府県		市町村		純計額		純計額			
	決算額	構成比	決算額	構成比	決算額	構成比	決算額	構成比	増減額	増減率
義務教育費負担金	12,506	7.7	2,753	1.7	15,259	4.8	15,119	4.0	141	0.9
生活保護費負担金	1,339	0.8	25,758	16.2	27,097	8.4	27,148	7.2	△ 51	△ 0.2
児童保護費等負担金	1,165	0.7	15,277	9.6	16,442	5.1	15,885	4.2	558	3.5
障害者自立支援給付費等負担金	833	0.5	14,647	9.2	15,480	4.8	14,492	3.9	988	6.8
児童手当等交付金	－	－	12,701	8.0	12,701	4.0	12,889	3.4	△ 188	△ 1.5
普通建設事業費支出金	15,200	9.4	7,718	4.9	22,918	7.1	22,024	5.9	894	4.1
社会資本整備総合交付金	10,790	6.7	6,615	4.2	17,405	5.4	18,317	4.9	△ 912	△ 5.0
新型コロナウイルス感染症対応地方創生臨時交付金	60,139	37.1	9,219	5.8	69,358	21.6	32,575	8.7	36,782	112.9
新型コロナウイルス感染症緊急包括支援交付金	29,029	17.9	－	－	29,029	9.1	30,211	8.1	△ 1,182	△ 3.9
子育て世帯等臨時特別支援事業費補助金（子育て世帯への臨時特別給付）	－	－	18,495	11.7	18,495	5.8	－	－	18,495	皆増
その他新型コロナウイルス感染症対策関係国庫支出金	10,517	6.5	27,347	17.2	37,863	11.8	18,227	4.9	19,636	107.7
特別定額給付金給付事業費補助金等	－	－	－	－	－	－	127,560	34.1	△127,560	皆減
その他	20,534	12.7	18,133	11.5	38,667	12.1	40,109	10.7	△ 1,442	△ 3.6
合計	162,051	100.0	158,665	100.0	320,716	100.0	374,557	100.0	△ 53,841	△14.4

（注）交通安全対策特別交付金及び国有提供施設等所在市町村助成交付金を含む。

カ 都道府県支出金

市町村が都道府県から交付を受ける都道府県支出金の決算額は4兆5,954億円で、障害者自立支援給付費等負担金の増加等により、前年度と比べると0.6％増となっている。

都道府県支出金の内訳をみると、国庫財源を伴うものが65.6％、都道府県費のみのものが34.4％となっている。

都道府県支出金の主な内訳を前年度と比べると、国庫財源を伴うものについては、障害者自立支援給付費等負担金が6.8％増、児童保護費等負担金が4.8％増、児童手当等交付金が2.3％減、新型コロナウイルス対策に係るものが16.5％増、普通建設事業費支出金が13.7％減等となっており、また、都道府県費のみのものについては、普通建設事業費支出金が14.0％減、新型コロナウイルス対策に係るものが8.7％減、災害復旧事業費支出金が11.1％減等となっている。

キ 地方債

地方債の発行状況は、**第18表**のとおりである。地方債の決算額は11兆7,454億円で、臨時財政対策債が増加したものの、減収補填債の減少等により、前年度と比べると4.2％減となっている。

地方債の決算額を団体区分別にみると、都道府県においては６兆5,424億円で、前年度と比べると2.4％減、市町村においては５兆2,267億円で、前年度と比べると6.3％減となっている。また、地方債依存度（歳入総額に占める地方債の割合）は9.2％で、前年度と比べると0.2ポイント低下している。

第18表　地方債の発行状況　（単位　億円・％）

区分	令和３年度						令和２年度		比較	
	都道府県		市町村		純計額		純計額			
	発行額	構成比	発行額	構成比	発行額	構成比	発行額	構成比	増減額	増減率
公共事業等債	9,507	14.5	3,331	6.4	12,839	10.9	14,523	11.8	△1,684	△11.6
防災・減災・国土強靱化緊急対策事業債	6,526	10.0	2,070	4.0	8,596	7.3	6,016	4.9	2,580	42.9
公営住宅建設事業債	756	1.2	900	1.7	1,656	1.4	1,692	1.4	△36	△2.1
災害復旧事業債	1,255	1.9	1,003	1.9	2,258	1.9	3,165	2.6	△907	△28.7
教育・福祉施設等整備事業債	1,074	1.6	5,091	9.7	6,165	5.2	8,184	6.7	△2,019	△24.7
一般単独事業債	13,342	20.4	13,884	26.6	27,226	23.2	30,938	25.2	△3,712	△12.0
うち地方道路等整備事業債	2,515	3.8	1,133	2.2	3,649	3.1	4,544	3.7	△896	△19.7
うち旧合併特例事業債	149	0.2	2,821	5.4	2,970	2.5	4,886	4.0	△1,916	△39.2
うち緊急防災・減災事業債	790	1.2	2,338	4.5	3,129	2.7	4,506	3.7	△1,378	△30.6
うち公共施設等適正管理推進事業債	1,692	2.6	3,242	6.2	4,934	4.2	4,339	3.5	595	13.7
うち緊急自然災害防止対策事業債	1,853	2.8	941	1.8	2,794	2.4	2,198	1.8	596	27.1
うち緊急浚渫推進事業債	688	1.1	110	0.2	797	0.7	434	0.4	364	83.8
辺地対策事業債	−	−	482	0.9	482	0.4	416	0.3	66	15.9
過疎対策事業債	−	−	4,008	7.7	4,008	3.4	3,853	3.1	155	4.0
行政改革推進債	958	1.5	145	0.3	1,104	0.9	1,647	1.3	△543	△33.0
退職手当債	106	0.2	−	−	106	0.1	218	0.2	△112	△51.4
財源対策債	4,675	7.1	2,077	4.0	6,752	5.7	6,796	5.5	△45	△0.7
減収補填債	35	0.1	4	0.0	39	0.0	3,122	2.5	△3,083	△98.7
臨時財政対策債	26,601	40.7	17,611	33.7	44,213	37.6	31,116	25.4	13,097	42.1
調整債（令和元～３年度）	53	0.1	19	0.0	72	0.1	626	0.5	△553	△88.4
減収補填債特例分（平成19～30年度、令和元～３年度）	1	0.0	0	0.0	1	0.0	6,933	5.7	△6,932	△100.0
猶予特例債	−	−	0	0.0	0	0.0	878	0.7	△878	△100.0
特別減収対策債	−	−	39	0.1	39	0.0	191	0.2	△152	△79.5
その他	533	0.7	1,601	3.0	1,897	1.9	2,294	2.0	△397	△17.3
合計	65,424	100.0	52,267	100.0	117,454	100.0	122,607	100.0	△5,153	△4.2

ク その他の収入

その他の収入の状況は、**第19表**のとおりである。決算額は19兆6,588億円で、基金からの繰入金の減少等により、前年度と比べると2.0％減となっている。

第19表　その他の収入の状況

（単位　億円・％）

区分	令和３年度						令和２年度		比較	
	都道府県		市町村		純計額		純計額			
	決算額	構成比	決算額	構成比	決算額	構成比	決算額	構成比	増減額	増減率
使用料（*）	6,182	5.6	8,146	8.5	14,328	7.3	14,253	7.1	75	0.5
うち授業料	2,221	2.0	185	0.2	2,407	1.2	2,504	1.2	△ 97	△ 3.9
うち公営住宅使用料	2,211	2.0	3,085	3.2	5,296	2.7	5,387	2.7	△ 91	△ 1.7
手数料（*）	1,907	1.7	3,745	3.9	5,652	2.9	5,594	2.8	57	1.0
繰入金	11,266	10.2	17,119	17.8	28,385	14.4	38,530	19.2	△ 10,145	△ 26.3
うち他会計からの繰入金	221	0.2	922	1.0	1,142	0.6	1,080	0.5	62	5.8
うち基金からの繰入金	11,046	10.0	16,148	16.8	27,194	13.8	37,396	18.6	△ 10,203	△ 27.3
諸収入	65,136	58.9	27,484	28.6	86,055	43.8	92,180	46.0	△ 6,125	△ 6.6
うち預金利子	5	0.0	3	0.0	8	0.0	5	0.0	3	57.7
うち貸付金元利収入	55,163	49.9	16,153	16.8	70,979	36.1	78,744	39.3	△ 7,765	△ 9.9
繰越金	21,187	19.2	21,472	22.3	42,659	21.7	33,031	16.5	9,629	29.2
分担金・負担金	2,788	2.5	4,982	5.2	4,073	2.1	3,946	2.0	128	3.2
財産収入	1,955	1.8	4,426	4.6	6,381	3.2	5,536	2.8	845	15.3
寄附金	215	0.2	8,841	9.2	9,055	4.6	7,514	3.7	1,541	20.5
合計	110,636	100.0	96,214	100.0	196,588	100.0	200,583	100.0	△ 3,995	△ 2.0

4 地方経費の内容

歳出決算額について、支出の対象となる主な行政の目的に従って、生活・福祉の充実（民生費、労働費）、教育と文化（教育費）、土木建設（土木費）、産業の振興（農林水産業費、商工費）、保健衛生（衛生費）、警察と消防（警察費、消防費）に分けてその状況をみると、以下のとおりである。

(1) 生活・福祉の充実

ア 社会福祉行政

地方公共団体は、社会福祉の充実を図るため、児童、高齢者、障害者等のための福祉施設の整備及び運営、生活保護の実施等の施策を行っている。

これらの諸施策に要する経費である民生費の決算額は31兆3,130億円で、子育て世帯等臨時特別支援事業等の新型コロナウイルス感染症対策に係る事業費の増加等により、前年度と比べると9.1％増となっている。

また、決算額を団体区分別にみると、市町村は都道府県の約2.7倍となっている。

これは、児童福祉に関する事務及び社会福祉施設の整備・運営事務が主として市町村によって行われていることや、生活保護に関する事務が市町村（町村については、福祉事務所を設置している町村に限る。）によって行われていること等によるものである。

民生費の目的別の内訳をみると、**第26図**のとおりである。また、各費目の決算額を前年度と比べると、児童福祉費が17.0％増、社会福祉費[*3]が13.8％増、老人福祉費が1.8％減、生活保護費が0.6％増となっている。

第26図　民生費の目的別内訳（令和3年度）

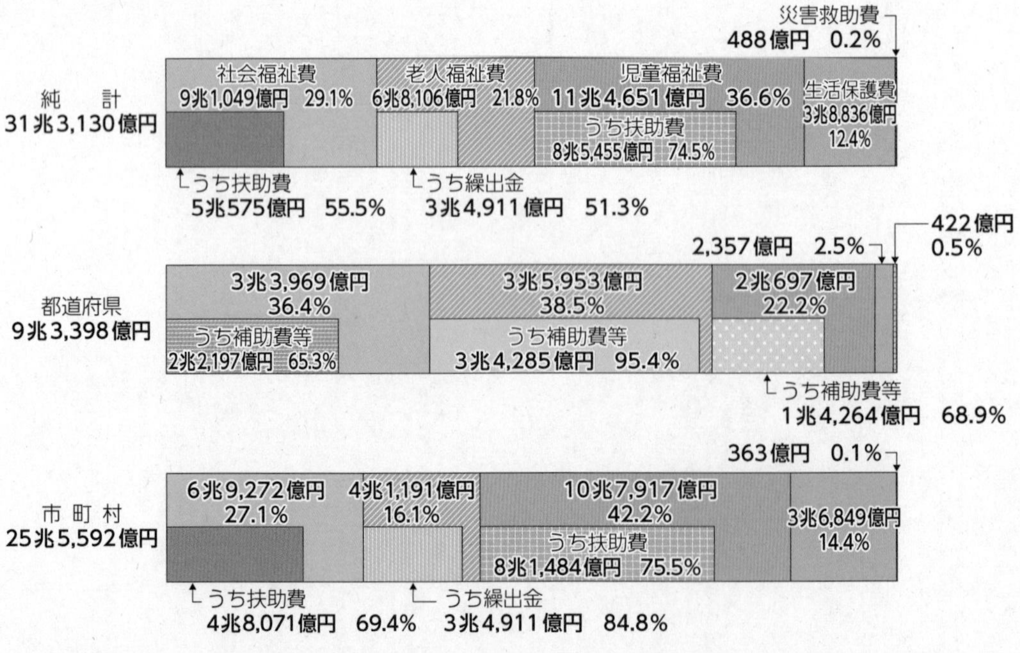

＊3　障害者等の福祉対策や他の福祉に分類できない総合的な福祉対策に要する経費

これを団体区分別にみると、都道府県については、後期高齢者医療事業会計、介護保険事業会計への負担金を拠出していることから、老人福祉費の構成比が最も大きく、以下、社会福祉費、児童福祉費の順となっている。市町村については、児童福祉に関する事務及び社会福祉施設の整備・運営事務を主に行っていることから、児童福祉費の構成比が最も大きく、以下、社会福祉費、老人福祉費、生活保護費の順となっている。

民生費の目的別の内訳の推移は、**第27図**のとおりである。

10年前（平成23年度）と比べると、児童福祉費は約1.5倍、社会福祉費は約1.7倍、老人福祉費は約1.2倍、生活保護費は約1.0倍となっており、民生費総額は約1.4倍となっている。

第27図　民生費の目的別内訳の推移

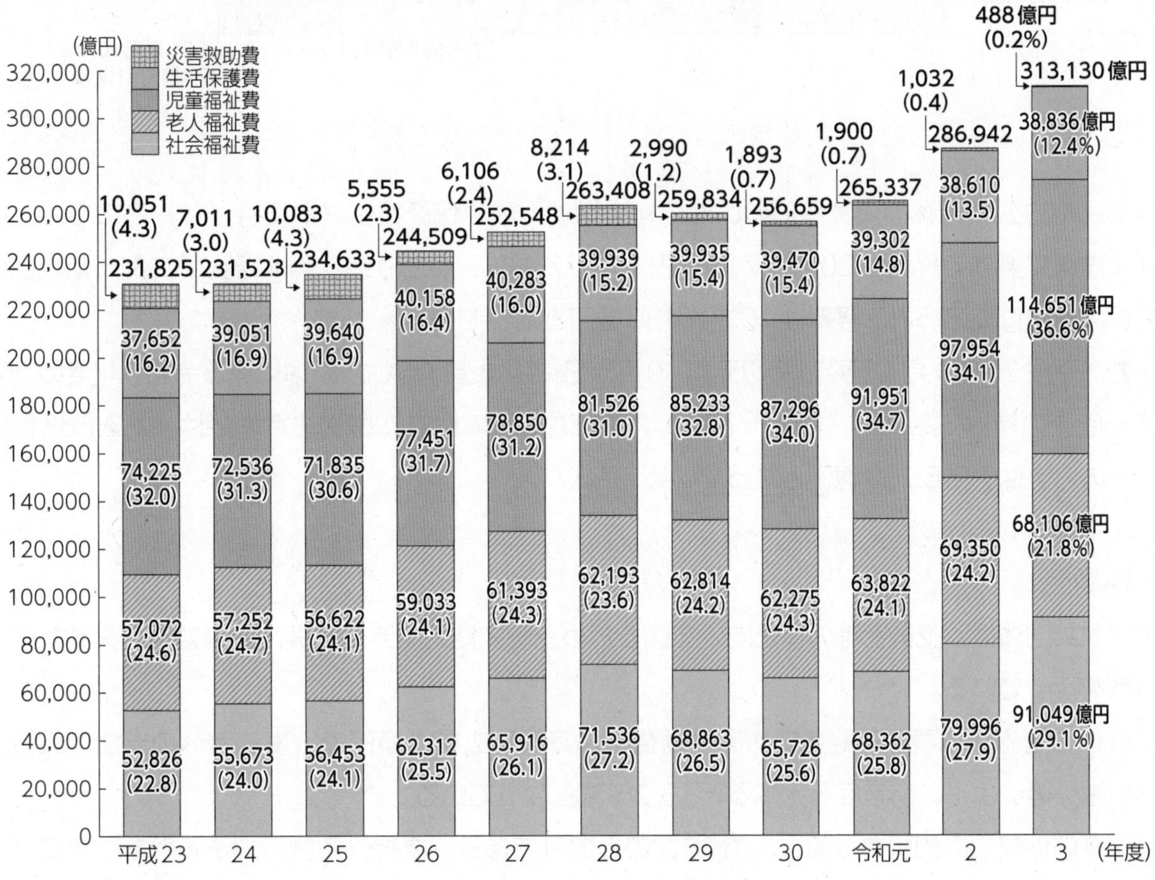

民生費の性質別の内訳をみると、**第28図**のとおりである。また、各費目の決算額を前年度と比べると、子育て世帯等臨時特別支援事業等の新型コロナウイルス感染症対策に係る事業費の増加等により、扶助費が20.9％増、後期高齢者医療事業会計や介護保険事業会計への繰出金の増加等により、繰出金が0.7％増、生活福祉資金の貸付事業費の減少等により、補助費等が7.4％減となっている。

第28図　民生費の性質別内訳（令和３年度）

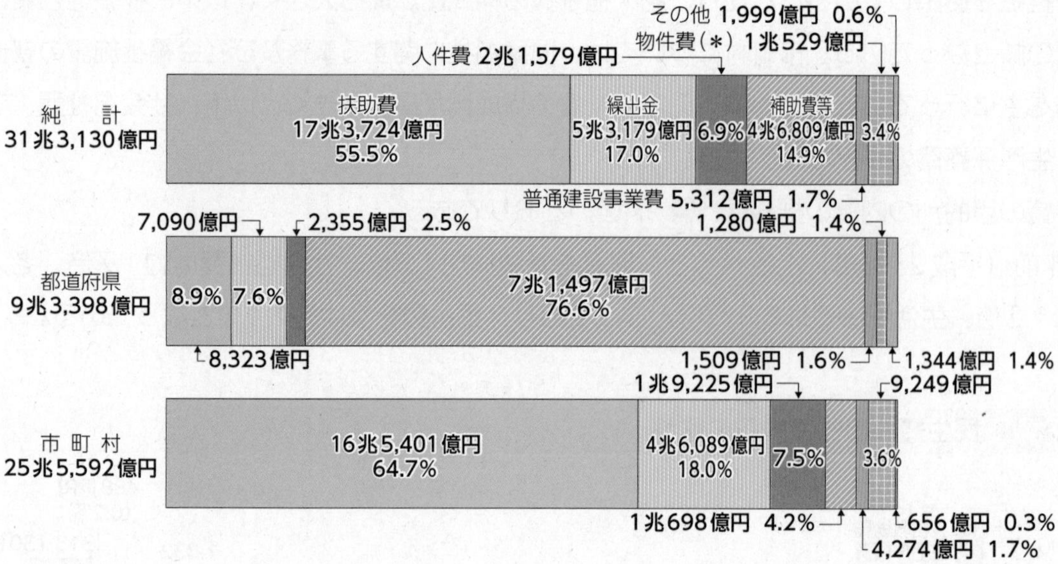

なお、地方公共団体の決算額において、社会福祉行政や保健衛生（本項目（5））等のうち、社会保障施策に要する経費は20兆4,711億円となっており、うち社会保障４経費＊4に則った範囲の社会保障給付に充てられる経費は15兆8,480億円となっている。

一方、平成26年４月１日及び令和元年10月１日に引き上げられた税率に係る令和３年度の地方消費税収入の額は３兆3,547億円、令和３年度の消費税の地方交付税法定率分は４兆2,683億円で、その合計は７兆6,230億円となっている。

イ　労働行政

地方公共団体は、就業者等の福祉向上を図るため、職業能力開発の充実、金融対策、失業対策等の施策を行っている。

これらの諸施策に要する経費である労働費の決算額は2,832億円で、事業者への支援に係る事業費の減少等により、前年度と比べると13.2%減となっている。

労働費の性質別の内訳をみると、**第29図**のとおりである。また、各費目の決算額を前年度と比べると、物件費が3.0%増、人件費が0.3%減、補助費等が12.6%減、貸付金が19.8%減となっている。

第29図　労働費の性質別内訳（令和３年度）

＊4　「消費税法」（昭和63年法律第108号）第１条第２項に規定された、制度として確立された年金、医療及び介護の社会保障給付並びに少子化に対処するための施策に要する経費

(2) 教育と文化

地方公共団体は、教育の振興と文化の向上を図るため、学校教育、社会教育等の教育文化行政を行っている。

これらの諸施策に要する経費である教育費の決算額は17兆7,896億円で、児童生徒向けの一人一台端末の整備等に係る事業費の減少等により、前年度と比べると1.7％減となっている。

教育費の目的別の内訳をみると、**第30図**のとおりである。また、各費目の決算額を前年度と比べると、小学校費が6.7％減、教育総務費*5が0.7％減、中学校費が4.4％減、高等学校費が1.2％増、保健体育費*6が11.1％増となっている。

第30図　教育費の目的別内訳（令和３年度）

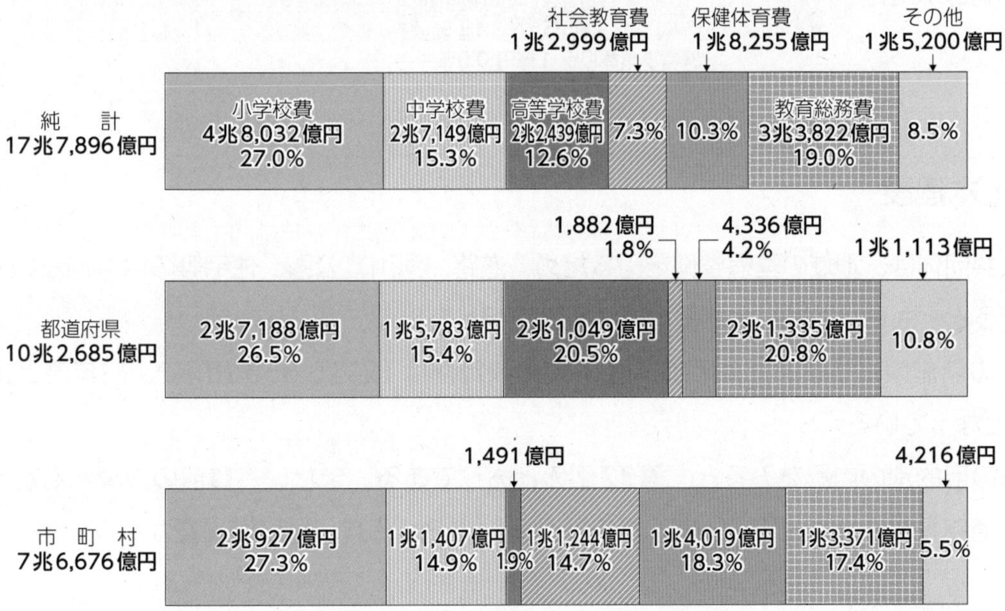

目的別の構成比を団体区分別にみると、都道府県においては、政令指定都市を除く市町村立義務教育諸学校の人件費を負担しているほか、私立学校の振興や高等学校の管理・運営を主に行っていることから、小学校費が最も大きな割合を占め、以下、教育総務費、高等学校費、中学校費の順となっており、市町村においては、義務教育諸学校の管理・運営や給食等に要する経費を主に負担していることから、小学校費が最も大きな割合を占め、以下、保健体育費、教育総務費、中学校費、社会教育費の順となっている。

教育費の性質別の内訳をみると、**第31図**のとおりである。また、各費目の決算額を前年度と比べると、人件費が1.0％減、物件費が7.5％減、普通建設事業費が7.9％減となっている。

＊５　教職員の退職金や私立学校の振興等に要する経費
＊６　体育施設の建設・運営や体育振興及び義務教育諸学校等の給食等に要する経費

第31図　教育費の性質別内訳（令和３年度）

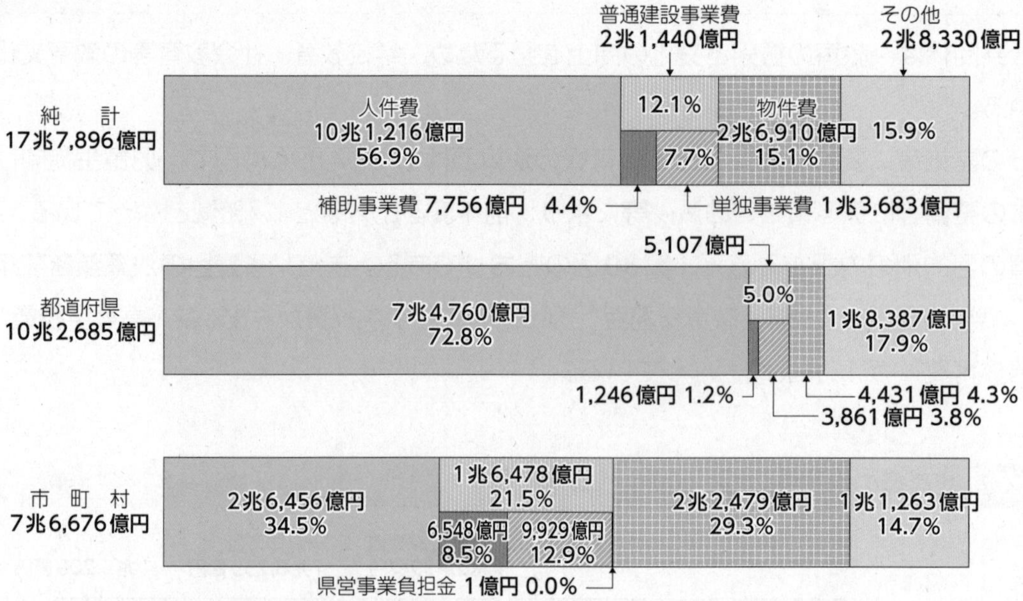

(3) 土木建設

地方公共団体は、地域の基盤整備を図るため、道路、河川、公園、住宅等の公共施設の建設、整備等を行うとともに、これらの施設の維持管理を行っている。

これらの諸施策に要する経費である土木費の決算額は12兆6,858億円で、前年度と比べると0.0%減となっている。

土木費の目的別の内訳をみると、**第32図**のとおりである。また、各費目の決算額を前年度と比べると、道路橋りょう費が2.2%増、都市計画費[*7]が3.6%減、河川海岸費が2.3%増となっている。

第32図　土木費の目的別内訳（令和３年度）

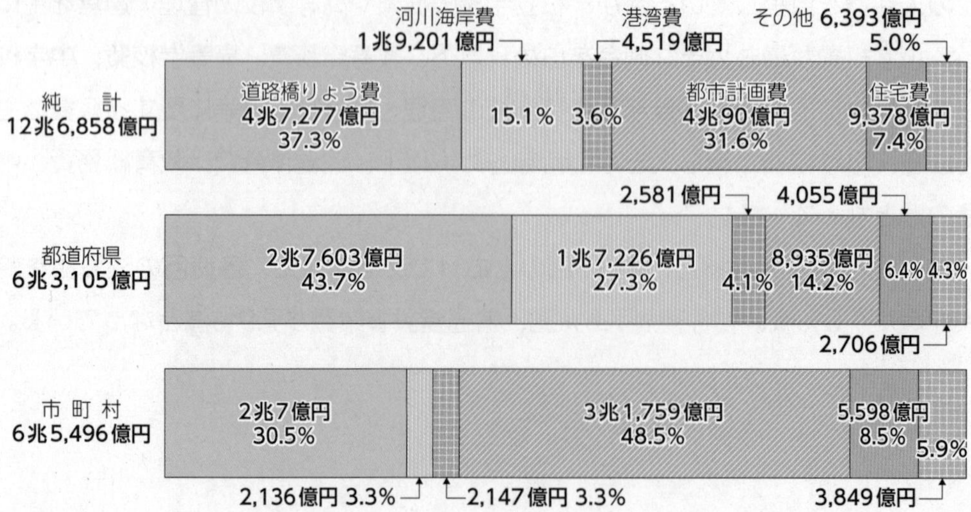

＊７　街路、公園、下水道等の整備、区画整理等に要する経費

土木費の性質別の内訳をみると、**第33図**のとおりである。また、各費目の決算額を前年度と比べると、普通建設事業費が0.1％増、補助費等が2.4％減となっている。

第33図　土木費の性質別内訳（令和３年度）

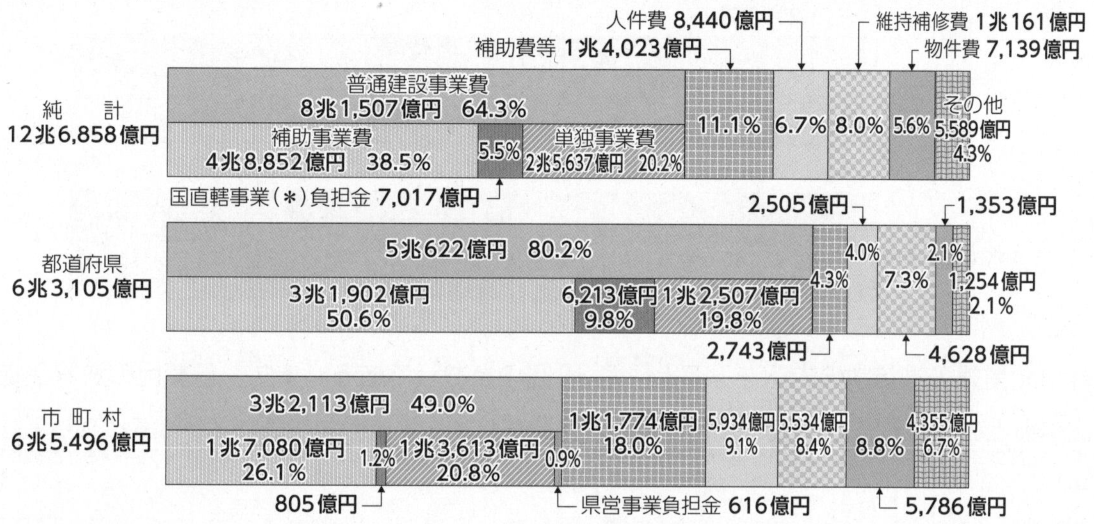

(4) 産業の振興

㋐ 農林水産行政

地方公共団体は、農林水産業の振興と食料の安定的供給を図るため、生産基盤の整備、構造改善、消費流通対策、農林水産業に係る技術の開発・普及等の施策に加え、６次産業化等の推進、人口減少社会における農山漁村の活性化等の施策を行っている。

これらの諸施策に要する経費である農林水産業費の決算額は３兆3,045億円で、農地費＊8の減少等により、前年度と比べると3.1％減となっている。

農林水産業費の目的別の内訳をみると、**第34図**のとおりである。また、各費目の決算額を前年度と比べると、農地費が3.1％減、農業費が2.6％減、林業費が0.0％減、水産業費が7.6％減となっている。

＊8　農業基盤整備等に要する経費

第34図　農林水産業費の目的別内訳（令和３年度）

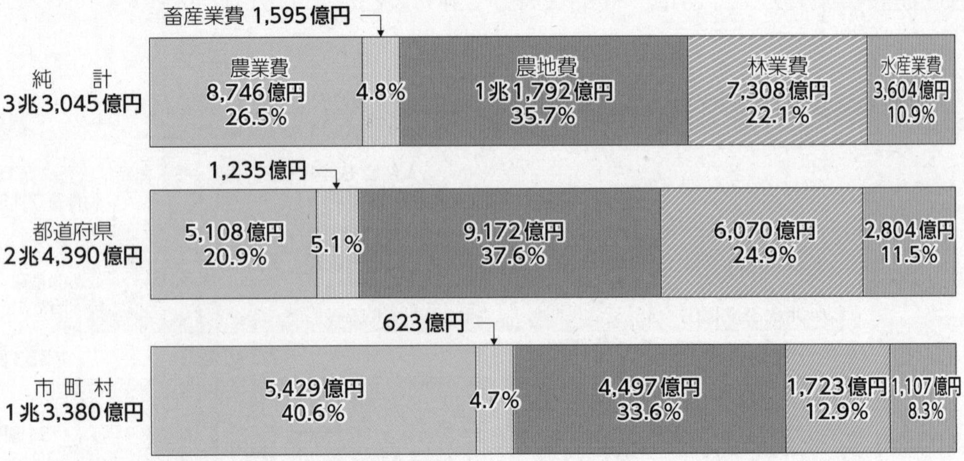

農林水産業費の性質別の内訳をみると、**第35図**のとおりである。また、各費目の決算額を前年度と比べると、普通建設事業費が2.9％減、人件費が0.8％減、補助費等が7.3％減となっている。

第35図　農林水産業費の性質別内訳（令和３年度）

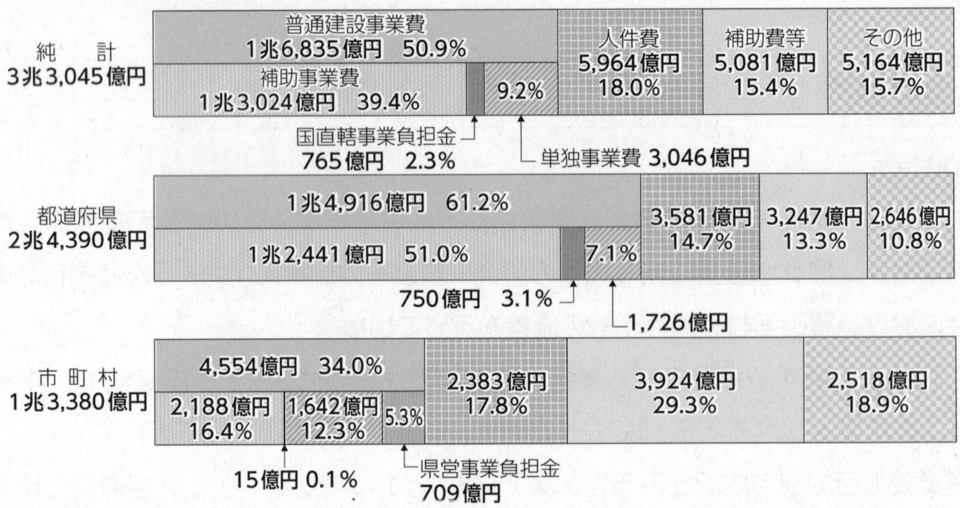

イ　商工行政

地方公共団体は、地域における商工業の振興とその経営の強化等を図るため、中小企業の経営力・技術力の向上、地域エネルギー事業の推進、企業誘致、消費流通対策等様々な施策を行っている。

これらの諸施策に要する経費である商工費の決算額は14兆9,802億円で、営業時間短縮要請等に応じた事業者に対する協力金の給付等の新型コロナウイルス感染症対策に係る事業費の増加等により、前年度と比べると29.9％増となっている。

商工費の性質別の内訳をみると、**第36図**のとおりである。また、各費目の決算額を前年度と比べると、前述のとおり、営業時間短縮要請等に応じた事業者に対する協力金の給付等の新型コロナウイルス感染症対策に係る事業費の増加等により、補助費等が164.3％増、制度融資の減少等により、貸付金が13.0％減となっている。

第36図　商工費の性質別内訳（令和３年度）

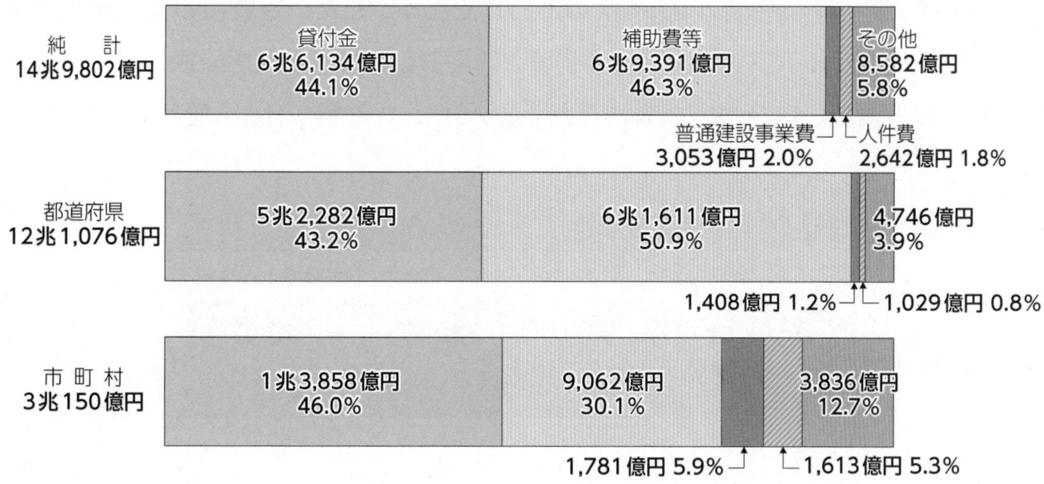

(5) 保健衛生

地方公共団体は、住民の健康を保持増進し、生活環境の改善を図るため、医療、公衆衛生、精神衛生等に係る対策を推進するとともに、ごみなど一般廃棄物の収集・処理等、住民の日常生活に密着した諸施策を行っている。

これらの諸施策に要する経費である衛生費の決算額は11兆3,751億円で、新型コロナウイルスワクチン接種事業、病床確保支援事業等の新型コロナウイルス感染症対策に係る事業費の増加等により、前年度と比べると24.7%増となっている。

衛生費の目的別の内訳をみると、**第37図**のとおりである。また、各費目の決算額を前年度と比べると、公衆衛生費*[9]が39.0%増、清掃費*[10]が2.0%減となっている。

第37図　衛生費の目的別内訳（令和３年度）

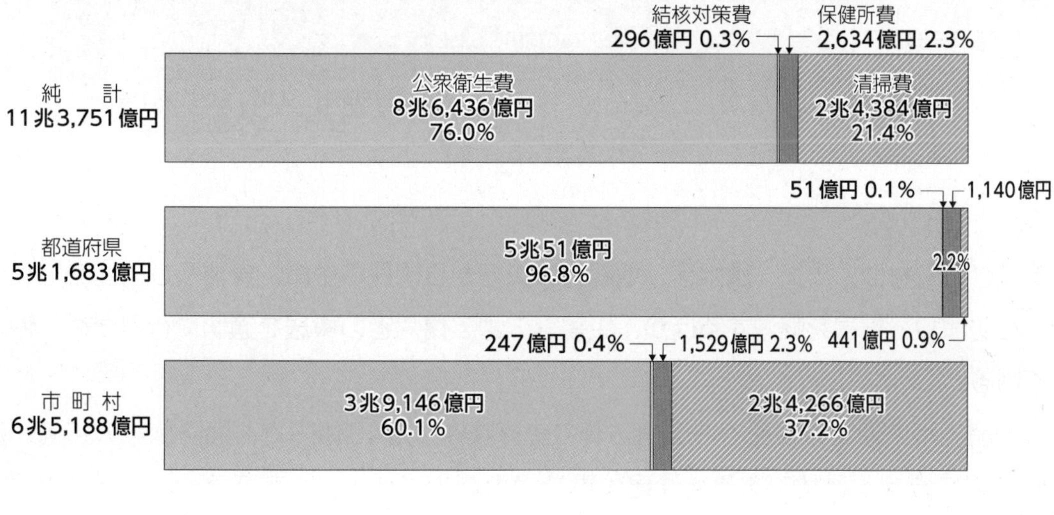

目的別の構成比を団体区分別にみると、都道府県においては、公衆衛生費が96.8%を占め、市町村においては、一般廃棄物の収集・処理等を行っていることから、公衆衛生費が60.1%、清掃

＊9　保健衛生、精神衛生及び母子衛生等に要する経費
＊10　一般廃棄物等の収集処理等に要する経費

費が37.2％となっている。

衛生費の性質別の内訳をみると、**第38図**のとおりである。また、各費目の決算額を前年度と比べると、新型コロナウイルスワクチン接種事業等の新型コロナウイルス感染症対策に係る事業費の増加等により、物件費が64.4％増、補助費等が14.6％増、人件費が8.3％増となっている。

第38図　衛生費の性質別内訳（令和３年度）

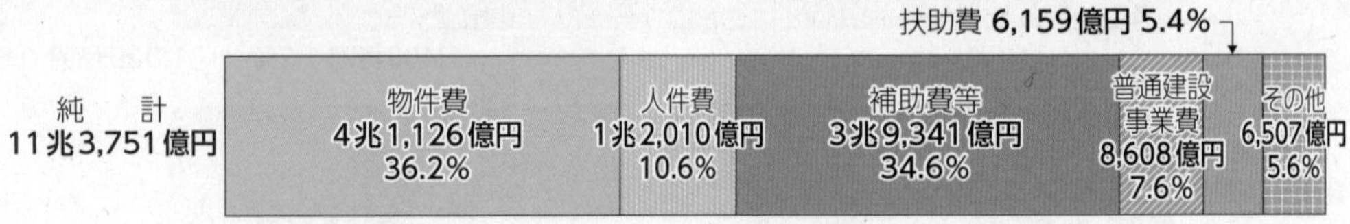

(6) 警察と消防

ア 警察行政

都道府県は、犯罪の防止、交通安全の確保その他地域社会の安全と秩序を維持し、国民の生命、身体及び財産を保護するため、警察行政を行っている。

これらの諸施策に要する経費である警察費の決算額は３兆2,923億円で、警察施設、交通信号機の設置等に要する経費である普通建設事業費の減少等により、前年度と比べると0.9％減となっている。

警察費の性質別の内訳をみると、**第39図**のとおりである。また、各費目の決算額を前年度と比べると、人件費が0.4％減、物件費が2.1％増となっている。

第39図　警察費の性質別内訳（令和３年度）

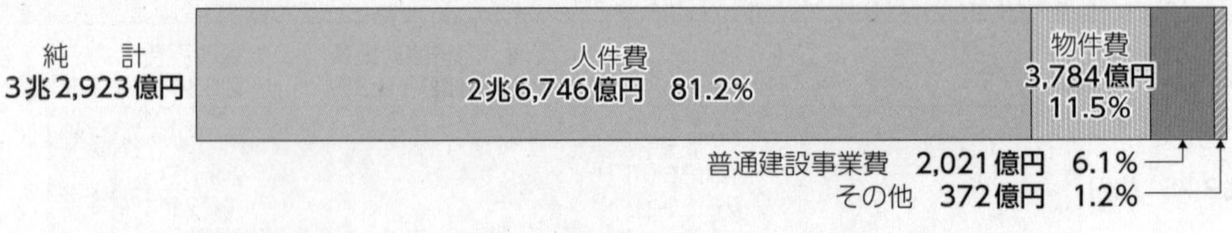

イ 消防行政

東京都及び市町村は、火災、風水害、地震等の災害から国民の生命、身体及び財産を守り、これらの災害を防除し、被害を軽減するほか、災害等による傷病者の搬送を適切に行うため、消防行政を行っている。

これらの諸施策に要する経費である消防費の決算額は２兆40億円で、消防施設の整備、消防自動車の購入等に要する経費である普通建設事業費の減少等により、前年度と比べると5.7％減となっている。

消防費の性質別の内訳をみると、**第40図**のとおりである。また、各費目の決算額を前年度と比べると、人件費が0.3％増、普通建設事業費が24.0％減、物件費が8.1％減となっている。

第40図　消防費の性質別内訳（令和３年度）

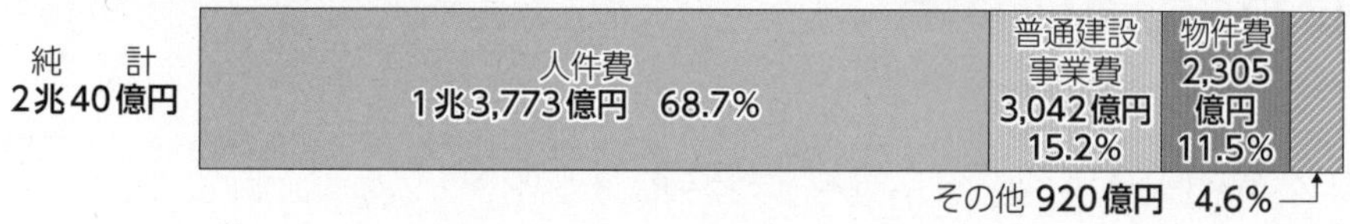

5 地方経費の構造

性質別の歳出決算額の状況をみると、以下のとおりである。

(1) 義務的経費

ア 人件費

（ア）人件費の状況

人件費は、職員給、地方公務員共済組合等負担金、退職金、議員報酬等、委員等報酬等からなっている。

人件費の決算額は23兆73億円で、職員給の減少等により、前年度と比べると0.1％減となっている。近年の人件費の歳出総額に占める割合及び人件費に充当された一般財源の一般財源総額に占める割合の推移は、**第41図**のとおりである。令和3年度の人件費の決算額は減少したものの、他の費目である補助費等がより大きく減少したこと等により、人件費の歳出総額に占める割合は、前年度から0.2ポイント上昇の18.6％となっているが、推移としては、近年は減少傾向にある。

第41図　人件費の推移

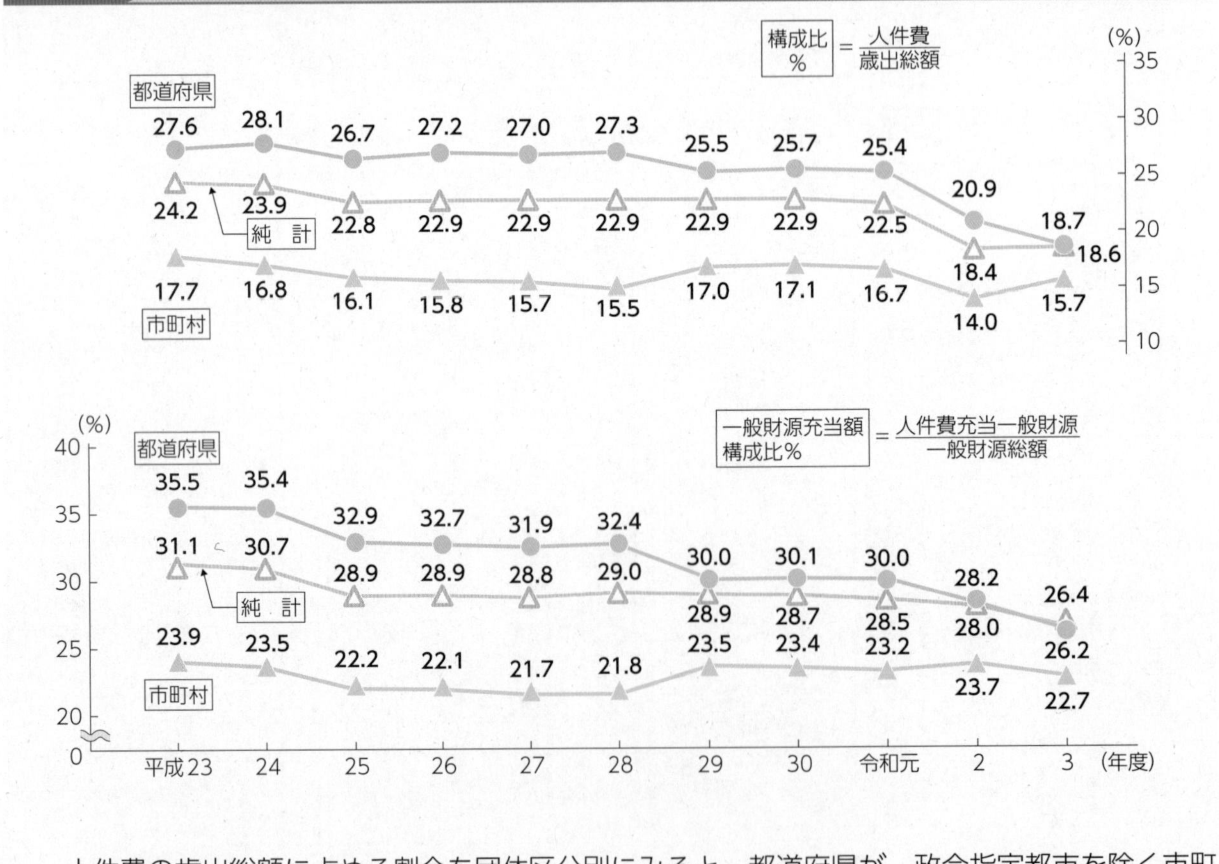

人件費の歳出総額に占める割合を団体区分別にみると、都道府県が、政令指定都市を除く市町村立義務教育諸学校教職員の人件費（平成28年度以前は政令指定都市分も負担）を負担していることなどから、市町村を上回っている。

人件費の費目別の内訳をみると、**第42図**のとおりである。

また、各費目の決算額を前年度と比べると、職員給が期末手当の減少等により0.2％減、地方公務員共済組合等負担金が0.4％減となっている。

第42図　人件費の費目別内訳（令和３年度）

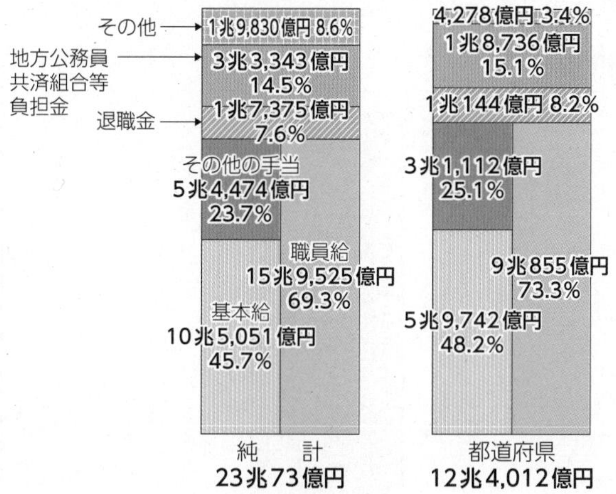

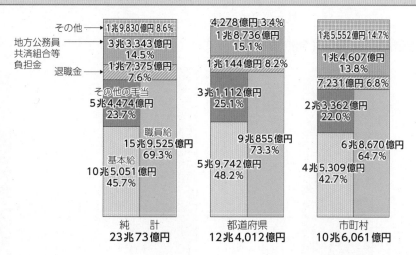

職員給の決算額は15兆9,525億円で、平成11年度以来15年連続で減少してきたが、平成26年度から増加傾向にある。なお、ピーク時の平成10年度と比較すると約８割まで減少している。

職員給の部門別構成比は、**第43図**のとおりである。

第43図　職員給の部門別構成比（令和３年度）

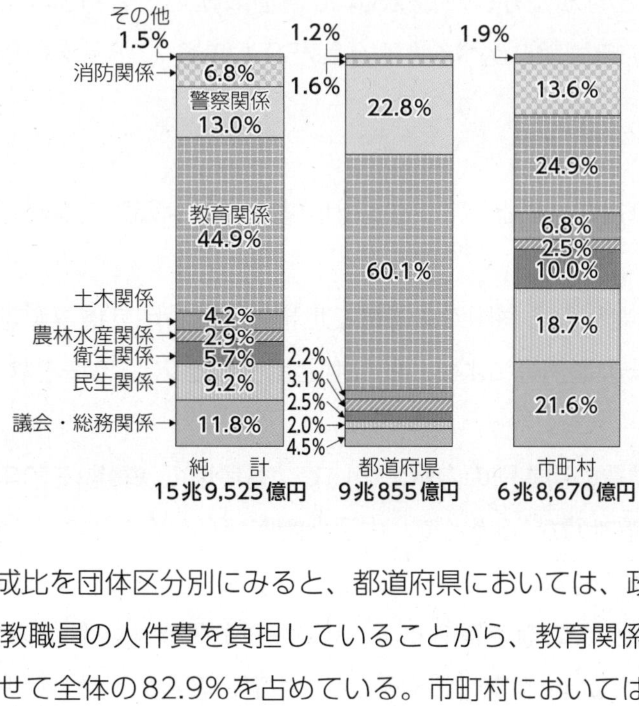

職員給の部門別構成比を団体区分別にみると、都道府県においては、政令指定都市を除く市町村立義務教育諸学校教職員の人件費を負担していることから、教育関係が最も大きな割合を占め、警察関係と合わせて全体の82.9％を占めている。市町村においては、教育関係が最も大きな割合を占めている。

人件費に充当された財源の内訳をみると、**第44図**のとおりであり、一般財源等（＊）が最も大きな割合を占めている。

なお、国庫支出金の構成比について、都道府県が10％を超え、市町村を上回っているのは、都道府県が負担している政令指定都市を除く市町村立義務教育諸学校教職員の人件費について、国庫負担制度（義務教育費国庫負担金）が設けられていること等によるものである。

第44図　人件費の財源内訳（令和３年度）

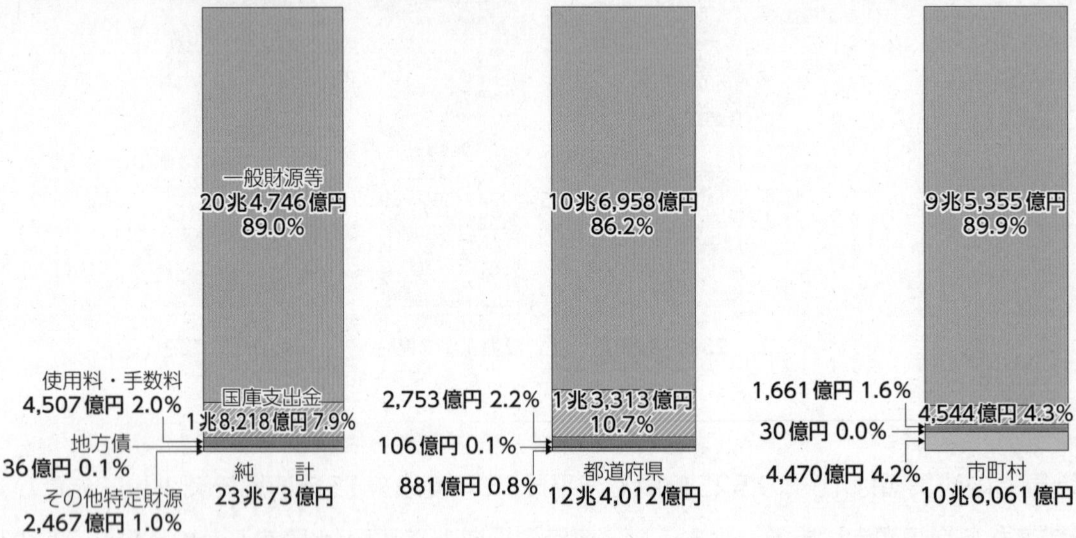

（イ）地方公務員の数

地方公共団体の職員数（普通会計分）は、事務事業の見直し、組織の合理化、民間委託等の取組が行われたことなどから、平成７年以降21年連続して減少し、平成27年４月１日現在の職員数は237万9,387人となったが、平成28年に増加に転じ、令和３年４月１日現在の職員数は245万1,419人で、前年同期と比べると４万2,750人増加（1.8％増）している。

イ　扶助費

扶助費は、社会保障制度の一環として、生活困窮者、児童、障害者等を援助するために要する経費である。

扶助費の決算額は18兆5,555億円で、子育て世帯等臨時特別支援事業等の新型コロナウイルス感染症対策に係る事業費の増加等により、前年度と比べると20.3％増となっており、21年連続で増加している。

令和３年度決算の扶助費の目的別の内訳について、各費目の決算額を前年度と比べると、児童福祉費が24.5％増、社会福祉費が35.6％増、生活保護費が0.1％減となっている。

扶助費の目的別の内訳の推移は、**第45図**のとおりであり、児童手当制度の拡充、幼児教育・保育の無償化、自立支援給付費の増加等により、特に、児童福祉費や社会福祉費が増加している。

なお、扶助費に充当された財源の内訳をみると、生活保護費負担金及び児童手当等交付金等の国庫支出金が11兆1,171億円（扶助費総額の59.9％）で最も大きな割合を占め、次いで一般財源等が７兆401億円（同37.9％）となっている。

第45図　扶助費の目的別内訳の推移

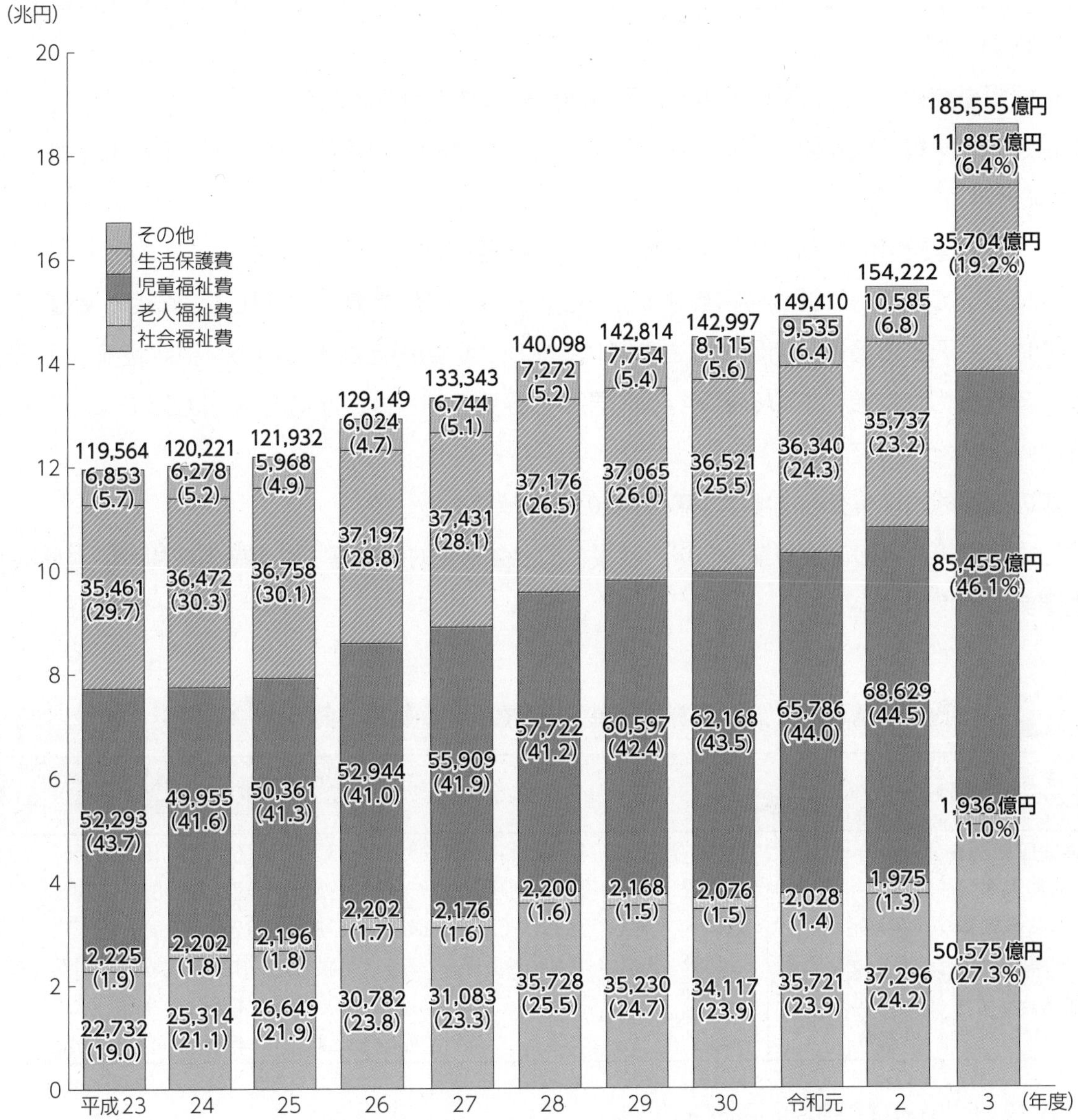

ウ　公債費

公債費は、地方債元利償還金及び一時借入金利子の支払いに要する経費である。

公債費の決算額は12兆6,361億円で、臨時財政対策債元利償還金の増加等により、前年度と比べると5.0％増となっている。

公債費の内訳をみると、地方債元金償還金が11兆7,669億円（公債費総額の93.1％）で最も大きな割合を占めており、前年度と比べると5.7％増となっている。また、地方債利子は8,683億円（同6.9％）となっており、前年度と比べると4.1％減となっている。

なお、公債費に充当された財源の内訳をみると、一般財源等が12兆1,687億円（公債費総額の96.3％）となっており、使用料・手数料等の特定財源が4,674億円（同3.7％）となっている。

(2) 投資的経費

ア 普通建設事業費

普通建設事業費は、公共又は公用施設の新増設等に要する経費である。

普通建設事業費の決算額は15兆3,028億円で、単独事業費の減少等により、前年度と比べると3.6%減となっている。

なお、普通建設事業費のうち更新整備*11に要した経費は、都道府県においては3兆3,379億円、市町村においては4兆2,053億円となっている。一方、新規整備*12に要した経費は、都道府県においては2兆7,358億円、市町村においては1兆9,897億円となっている。更新整備と新規整備に要する経費の合計額に占める更新整備に要する経費の割合は、都道府県では55.0%、市町村では67.9%となっている。

近年の普通建設事業費の推移は、**第20表**のとおりである。

東日本大震災からの復興事業や防災・減災、国土強靱化対策に基づく事業の増加等により、近年補助事業費が増加傾向にある。

第20表　普通建設事業費（補助事業費・単独事業費・国直轄事業負担金）の推移　（単位　億円・%）

区分			平成23年度	24	25	26	27	28	29	30	令和元年度	2	3
普通建設事業費		(A)	125,352	124,490	141,914	147,786	141,838	143,069	143,206	147,644	154,164	158,663	153,028
うち	補助事業費	(B)	60,840	61,391	78,488	77,416	72,070	71,241	73,010	70,252	75,855	82,416	80,754
	単独事業費	(C)	56,929	53,933	55,806	63,364	62,596	64,006	62,978	70,208	70,084	67,074	64,492
	国直轄事業負担金	(D)	7,582	9,165	7,620	7,006	7,172	7,821	7,217	7,184	8,225	9,173	7,782
普通建設事業費に占める割合		(B)/(A)	48.5	49.3	55.3	52.4	50.8	49.8	51.0	47.6	49.2	51.9	52.8
		(C)/(A)	45.4	43.3	39.3	42.9	44.1	44.7	44.0	47.6	45.5	42.3	42.1

(ア) 普通建設事業費の目的別内訳

普通建設事業費の目的別の内訳をみると、**第46図**のとおりである。また、各費目の決算額を前年度と比べると、土木費が0.1%増、教育費が7.9%減、農林水産業費が2.9%減となっている。

*11　既存の公共施設等の建替え等（移転、集約化、複合化を含む。）の更新や機能強化等（長寿命化改修、耐震改修、バリアフリー改修、太陽光パネルの設置等）をいう。建替え等に伴い行われる既存の公共施設等の除却も含まれる。

*12　新たな公共施設等の建設、既存の公共施設等の別棟の増築、道路や下水管の新規区間開設等の新規公共施設等の整備をいう。

第46図　普通建設事業費（補助事業費・単独事業費・国直轄事業負担金）の目的別内訳（令和3年度）

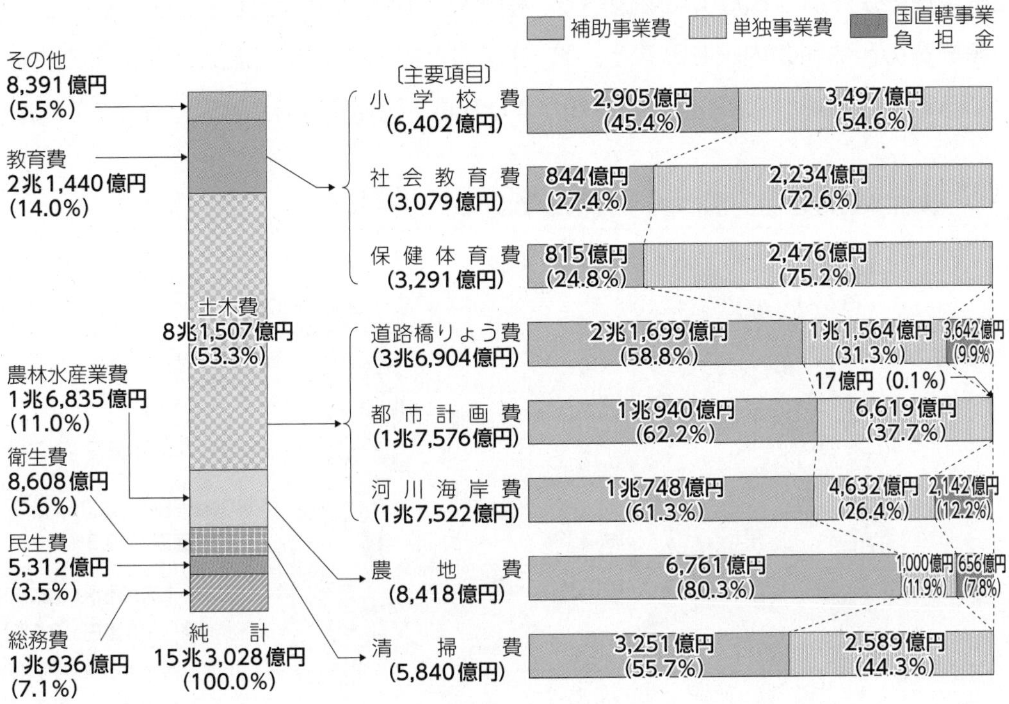

（イ）補助事業費

補助事業費の決算額は８兆754億円で、前年度と比べると2.0％減となっている。

補助事業費の目的別の内訳をみると、**第47図**のとおりである。また、各費目の決算額を前年度と比べると、土木費が2.6％増、農林水産業費が2.5％減となっている。

第47図　補助事業費の目的別内訳（令和3年度）

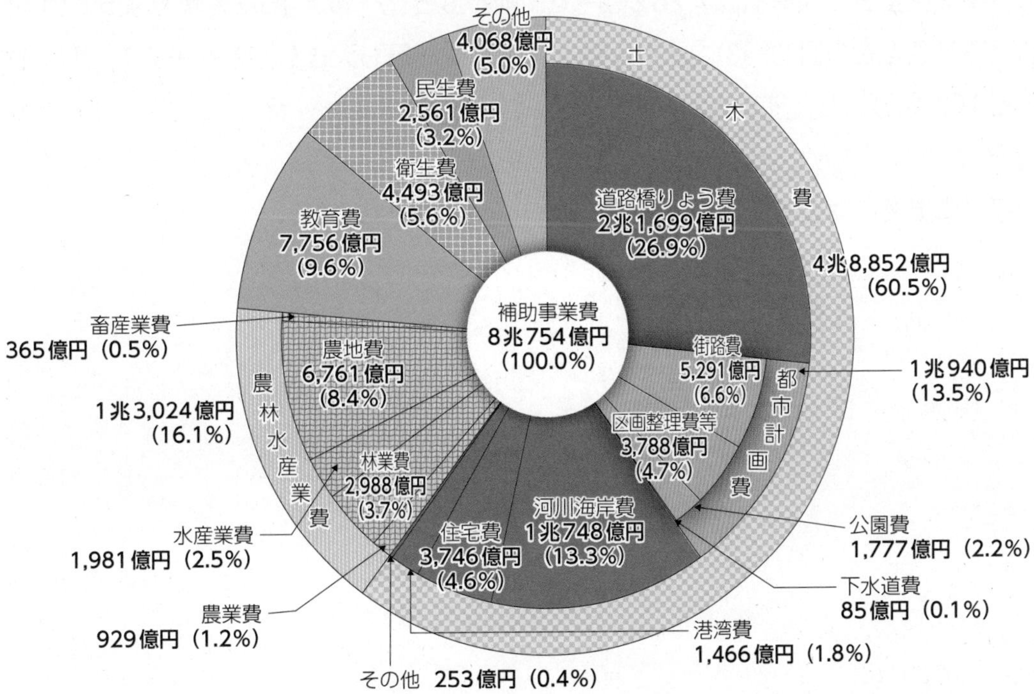

（ウ）単独事業費

単独事業費の決算額は６兆4,492億円で、前年度と比べると3.8％減となっている。

単独事業費の目的別の内訳をみると、**第48図**のとおりである。また、各費目の決算額を前年度と比べると、土木費が0.8％増、教育費が4.0％減、総務費が4.1％減となっている。

第48図　単独事業費の目的別内訳（令和３年度）

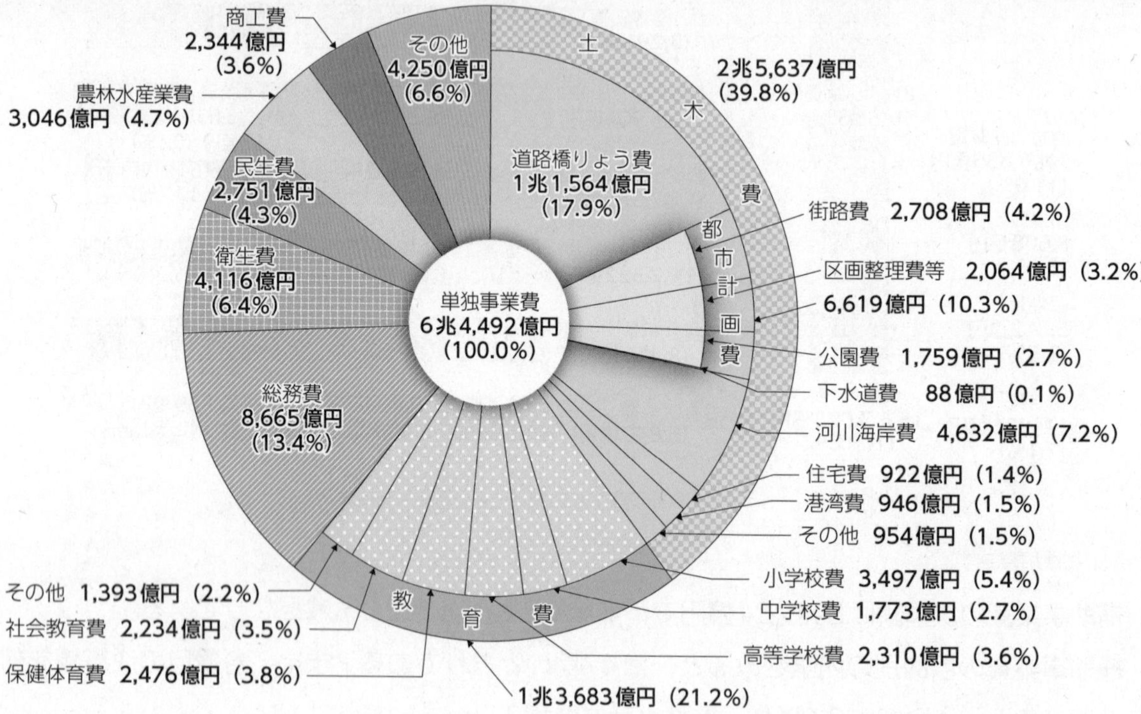

（エ）国直轄事業負担金

国直轄事業負担金の決算額は7,782億円で、前年度と比べると15.2％減となっている。

国直轄事業負担金の目的別の内訳をみると、土木費が最も大きな割合を占めており、前年度と比べると16.0％減となっている。

（オ）普通建設事業費の充当財源

普通建設事業費の財源構成比の推移は、**第49図**のとおりである。

第49図　普通建設事業費の財源構成比の推移

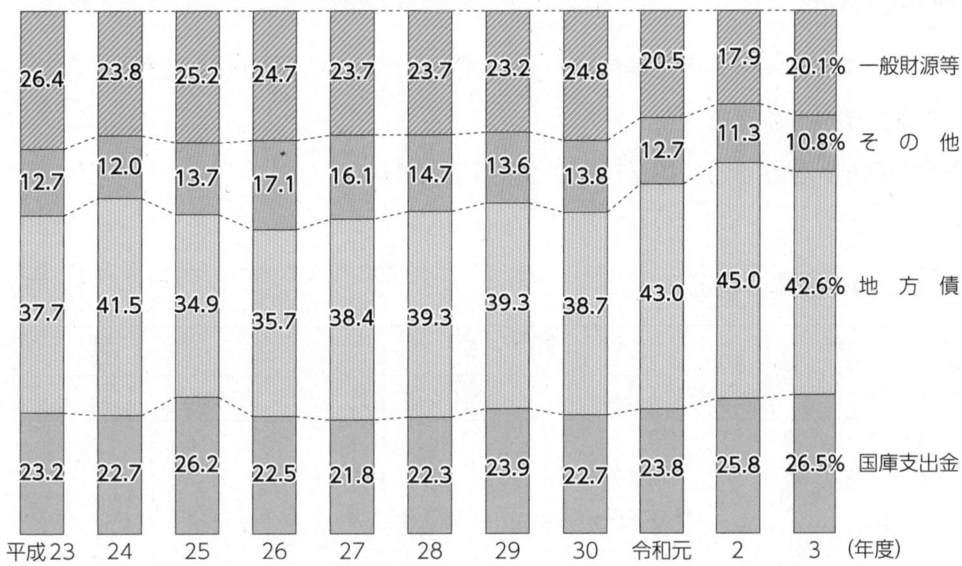

イ　災害復旧事業費

災害復旧事業費は、地震、豪雨、台風等の災害によって被災した施設を原形に復旧するために要する経費である。

災害復旧事業費の決算額は7,062億円で、前年度と比べると29.7％減となっている。

災害復旧事業費の内訳は、**第50図**のとおりである。また、各費目の決算額を前年度と比べると、補助事業費が29.2％減、単独事業費が28.5％減となっている。

第50図　災害復旧事業費の状況（令和３年度）

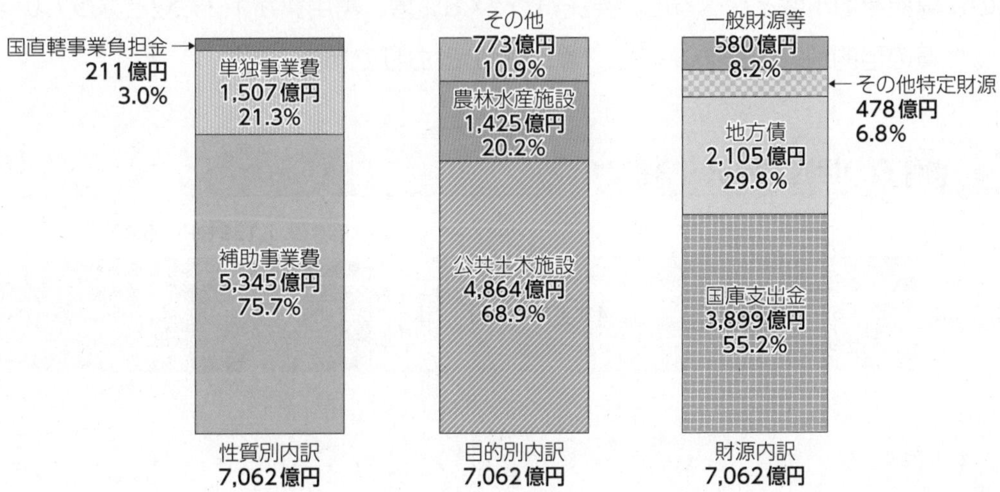

ウ　失業対策事業費

失業対策事業費は、失業者に就業の機会を与えることを主たる目的として、道路、河川、公園の整備等を行う事業に要する経費である。

失業対策事業費の決算額は0.1億円で、前年度と比べると33.3％減となっている。

(3) その他の経費

その他の経費には、物件費、維持補修費、補助費等、繰出金、積立金、投資及び出資金、貸付金並びに前年度繰上充用金がある。

その他の経費の内訳をみると、**第21表**のとおりである。

第21表　その他の経費の状況　（単位　億円・%）

区分	決算額		増減率	
	令和３年度	令和２年度	３年度	２年度
物件費	123,765	106,774	15.9	7.0
維持補修費	14,175	13,715	3.4	12.4
補助費等	207,566	287,853	△27.9	199.0
繰出金	56,583	56,412	0.3	△6.1
積立金	54,517	30,127	81.0	2.3
投資及び出資金	3,875	4,428	△12.5	17.4
貸付金	71,115	81,723	△13.0	126.4
前年度繰上充用金	2	2	△11.9	△9.2
合計	531,598	581,033	△ 8.5	72.1

（注）積立金には歳計剰余金処分による積立金は含まれていない。

ア 物件費

旅費、備品購入費、需用費、役務費、委託料等の経費である物件費の決算額は12兆3,765億円で、新型コロナウイルス感染症対策に係る事業の委託料の増加等により、前年度と比べると15.9%増となっている。

各費目の決算額を前年度と比べると、委託料が27.8%増、需用費が1.2%減となっている。

また、物件費の目的別の内訳をみると、**第51図**のとおりである。

第51図　物件費の目的別内訳（令和３年度）

イ 維持補修費

地方公共団体が管理する施設等の維持に要する経費である維持補修費の決算額は1兆4,175億円で、道路除雪事業による土木費の増加等により、前年度と比べると3.4%増となっている。

維持補修費の目的別の内訳をみると、**第52図**のとおりである。また、各費目の決算額を前年度と比べると、土木費が5.7%増となっている。

第52図　維持補修費の目的別内訳（令和３年度）

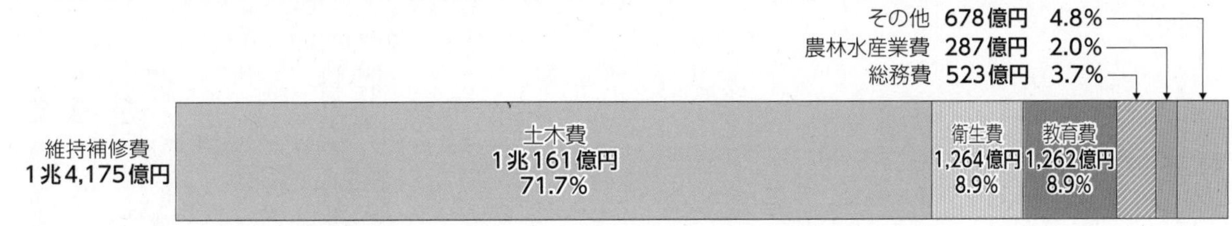

ウ　補助費等

公営企業会計（＊）（うち法適用企業（「地方公営企業法」（昭和27年法律第292号）の規定の全部又は一部を適用している事業。以下同じ。））に対する負担金、市町村の公営事業会計に対する都道府県の負担金、様々な団体等への補助金、報償費、寄附金等の補助費等の決算額は20兆7,566億円で、特別定額給付金事業の終了等により、前年度と比べると27.9％減となっている。

補助費等の目的別の内訳の推移は、**第53図**のとおりである。

また、各費目の決算額を前年度と比べると、総務費が特別定額給付金事業の終了等により91.8％減、商工費が営業時間短縮要請等に応じた事業者に対する協力金の給付等の新型コロナウイルス感染症対策に係る事業費の増加等により164.3％増、民生費が生活福祉資金の貸付事業費の減少等により7.4％減、衛生費が病床確保支援事業等の新型コロナウイルス感染症対策に係る事業費の増加等により14.6％増となっている。

補助費等のうち、経費負担区分の原則により、一般会計等が負担する法適用企業に対する負担金及び補助金は2兆1,416億円で、前年度と比べると4.0％減となっている。

事業別にみると、下水道事業に対するものが1兆2,810億円で最も大きな割合を占め、次いで病院事業に対するものが6,455億円となっている。

第53図　補助費等の目的別内訳の推移

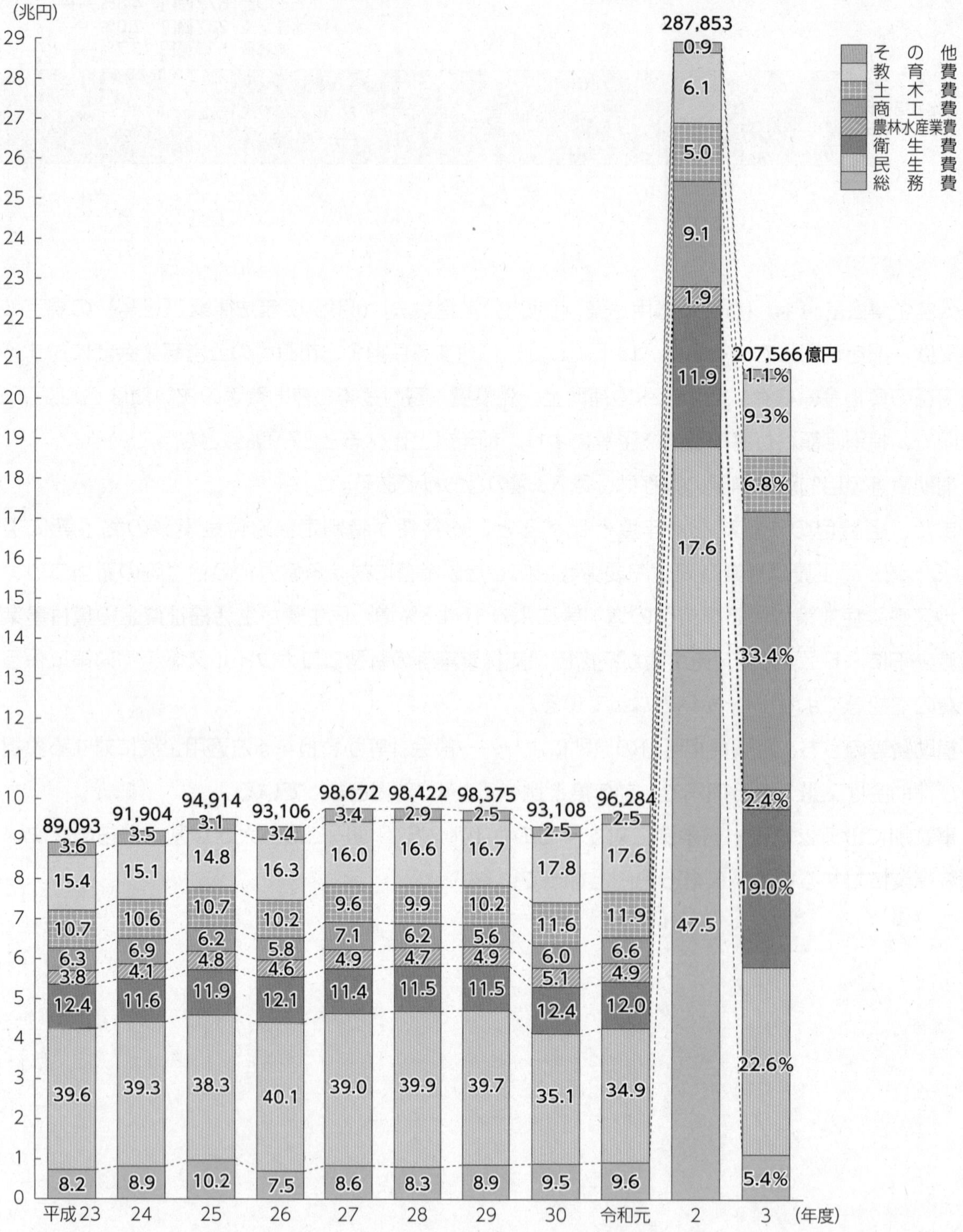

エ 繰出金

普通会計から他会計、基金に支出する経費である繰出金の決算額は５兆6,583億円で、介護保険事業会計への繰出金の増加等により、前年度と比べると0.3％増となっている。

また、各費目の決算額を前年度と比べると、国民健康保険事業会計に対するものが0.3％増、介護保険事業会計に対するものが1.7％増、後期高齢者医療事業会計に対するものが0.2％増となっている。

公営企業会計（うち法非適用企業（地方公営企業法の規定を適用していない事業。以下同じ。））に対する繰出金は、経費負担区分の原則により、一般会計等が負担するものであり、決算額は2,991億円で、前年度と比べると236億円減少し、近年減少傾向となっている。その内訳を事業別にみると、下水道事業に対するものが1,491億円で最も大きな割合を占めており、次いで宅地造成事業に対するものが474億円となっている。

オ 積立金

特定の目的のための財産を維持し、又は資金を積み立てるための経費である積立金（歳計剰余金処分による積立金を含む。）の決算額は５兆7,705億円で、普通交付税の基準財政需要額において臨時財政対策債償還基金費が算入されたことに伴う将来の臨時財政対策債の償還に備えた積立ての実施、税収変動、災害、公共施設の老朽化に備えた積立ての増加等により、前年度と比べると２兆5,177億円増（77.4％増）となっている。

一方、積立金取崩し額の決算額は２兆5,627億円で、前年度と比べると１兆278億円減（28.6％減）となっている。

その結果、令和３年度末における積立金現在高は25兆8,083億円で、前年度末と比べると３兆2,078億円増（14.2％増）となっている。

積立金及び積立金取崩し額の状況は、**第54図**のとおりである。

第54図　積立金及び積立金取崩し額の状況（令和３年度）

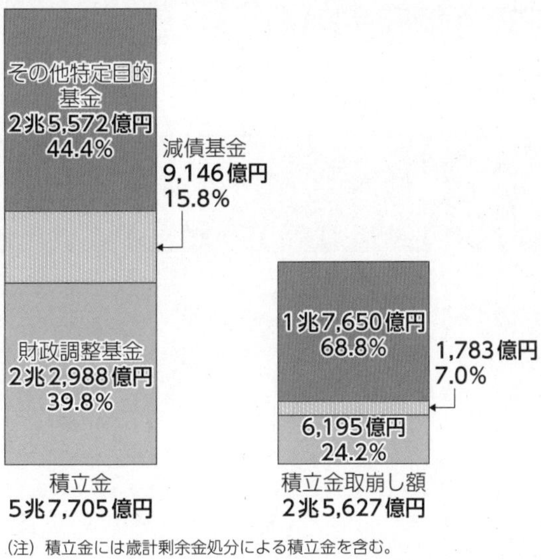

（注）積立金には歳計剰余金処分による積立金を含む。

カ 投資及び出資金

国債・地方債の取得や第三セクター等への出えん、出資等のための経費である投資及び出資金の決算額は3,875億円で、下水道事業等の公営企業への出資金の減少等により、前年度と比べると12.5%減となっている。

投資及び出資金の目的別の内訳をみると、**第55図**のとおりである。また、各費目の決算額を前年度と比べると、土木費が23.0%減、衛生費が1.9%増、商工費が11.9%増となっている。

投資及び出資金のうち、公営企業会計（うち法適用企業）に対するものは2,990億円で、前年度と比べると10.5%減となっている。事業別にみると、下水道事業に対するものが最も大きな割合を占めており、以下、病院事業、上水道事業、交通事業の順となっている。

第55図　投資及び出資金の目的別内訳（令和３年度）

キ 貸付金

地方公共団体が様々な行政施策上の目的のために地域の住民、企業等に貸し付ける貸付金の決算額は7兆1,115億円で、制度融資の減少等による商工費の減少等により、前年度と比べると13.0%減となっている。

貸付金の目的別の内訳をみると、**第56図**のとおりである。また、各費目の決算額を前年度と比べると、商工費が13.0%減となっている。

公営企業会計（うち法適用企業）に対する貸付金は551億円で、前年度と比べると15.7%減となっている。

第56図　貸付金の目的別内訳（令和３年度）

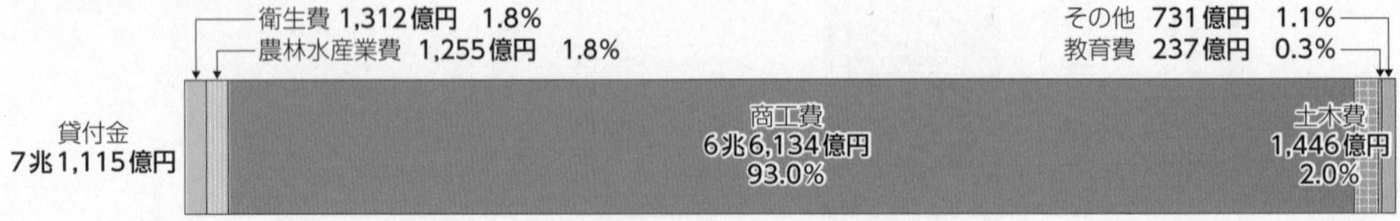

6 一部事務組合等の状況

令和３年度末における一部事務組合等による市町村事務等の共同処理及び広域的処理の状況について、歳入歳出決算状況からみると、次のとおりである。

(1) 団体数

令和３年度末の一部事務組合等の総数は1,273団体で、前年度末と比べると6団体減少している。なお、このうち広域的・総合的な地域振興整備や事務処理の効率化を推進するための制度である広域連合の団体数は113団体で、前年度末と比べると１団体減少している。

(2) 一部事務組合等の歳入歳出決算

一部事務組合等の歳入歳出決算の状況は、**第57図**のとおりであり、歳入決算額は2兆585億円で、前年度と比べると6.0％減、歳出決算額は1兆9,571億円で、前年度と比べると5.6％減となっている。

第57図　一部事務組合等の歳入歳出決算額の状況（令和３年度）

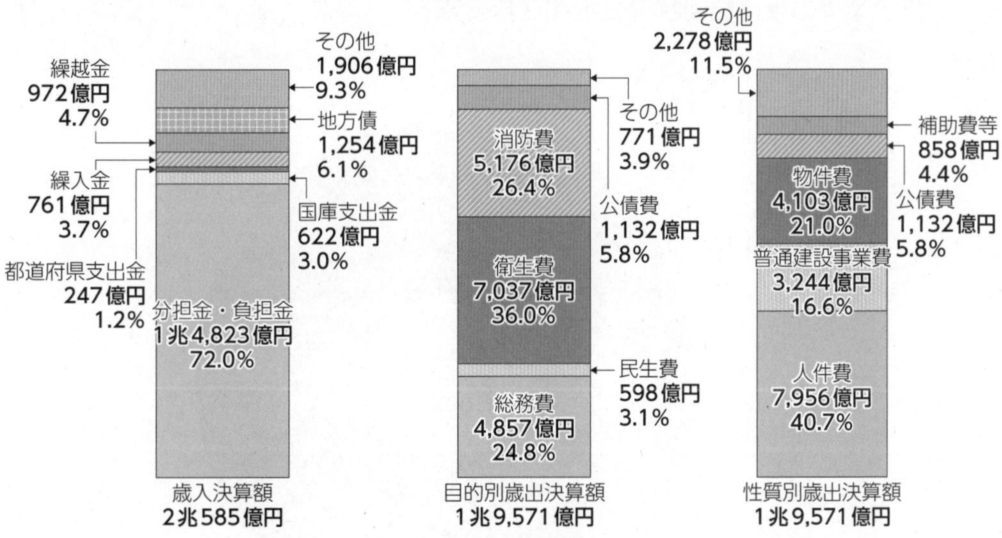

7 公営企業等の状況

(1) 公営企業等

法適用企業（公営企業型地方独立行政法人を含む。以下同じ。）及び法非適用企業の決算の状況は、次のとおりである。

ア 概況

（ア）事業数

令和３年度末において、公営企業を経営している団体数は1,781団体（一部事務組合等のみで公営企業を経営している６団体及び特別区を含む。）である。

また、公営企業型地方独立行政法人を設立している団体数は62団体（一部事務組合等のみで公営企業型地方独立行政法人を設立している４団体を含む。）であり、公営企業型地方独立行政法人が経営している事業は全て病院事業となっている。

これらの団体及び公営企業型地方独立行政法人が経営している公営企業等の事業数は8,108事業で、水道事業及び下水道事業における事業統合等により、前年度末と比べると57事業減少している。これを事業別にみると、**第58図**のとおりである。

第58図　公営企業等の事業数の状況（令和３年度末）

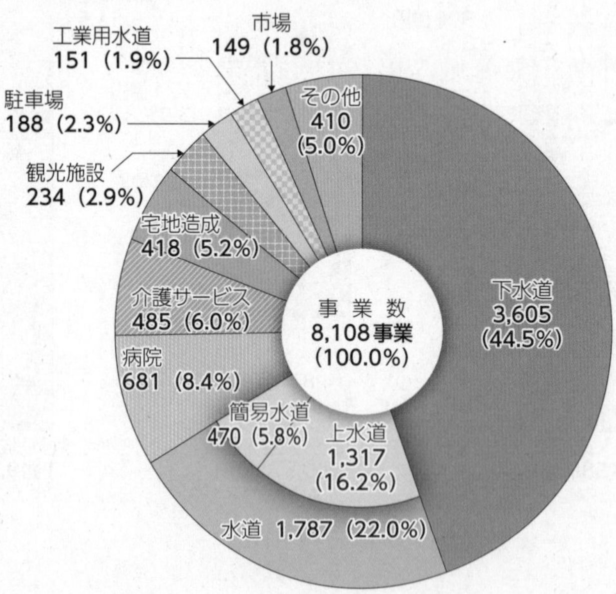

（イ）業務の状況

公営企業等は、住民の生活水準の向上を図る上で大きな役割を果たしている。各事業全体の中で公営企業等が占める割合は、**第22表**のとおりである。

第22表　事業全体に占める公営企業等の割合

事業	指標	全事業	左記に占める公営企業等の割合
水道事業	現在給水人口	1億2,382万人	99.6%
工業用水道事業	年間総配水量	42億7百万m^3	99.9%
交通事業（鉄軌道）	年間輸送人員	188億5百万人	10.3%
交通事業（バス）	年間輸送人員	34億67百万人	19.9%
電気事業	年間発電電力量	8,635億22百万kWh	0.9%
ガス事業	年間ガス販売量	1兆7,225億8百万MJ（メガジュール）	1.4%
病院事業	病床数	1,500千床	13.5%
下水道事業	汚水処理人口	1億1,621万人	90.4%

（注）水道事業については令和２年度、水道事業以外の事業については令和３年度の数値である。

（ウ）決算規模

決算規模は17兆9,766億円で、企業債元利償還金の減少等により、前年度と比べると0.5%減となっている。

これを事業別にみると、**第59図**のとおりである。

第59図　決算規模の推移

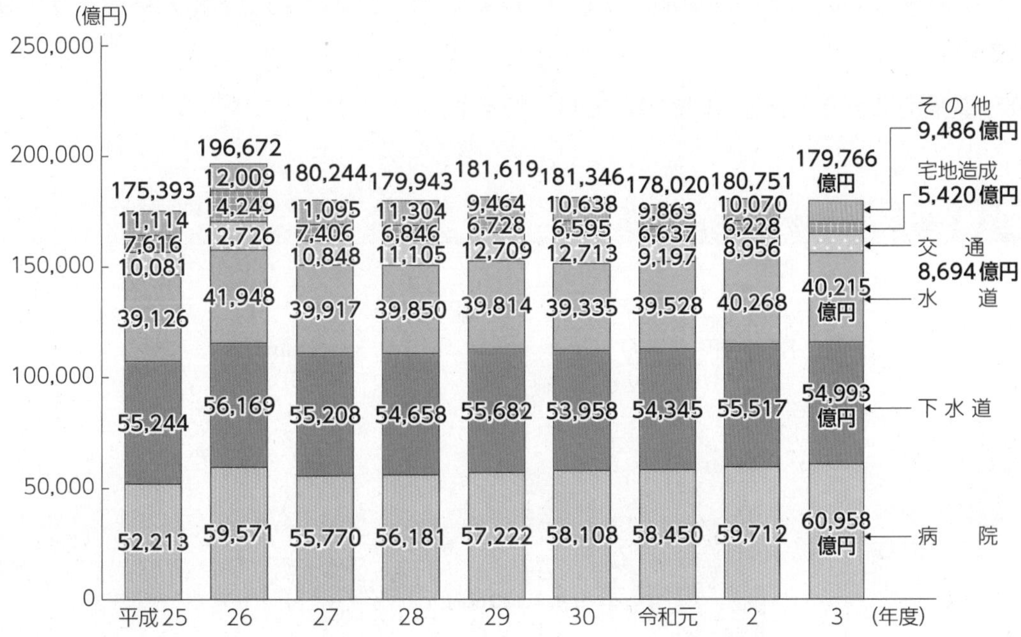

（注）決算規模の算出は、次のとおりとした。
法適用企業：総費用（税込み）－減価償却費＋資本的支出
法非適用企業：総費用＋資本的支出＋積立金＋繰上充用金

（エ）全体の経営状況

法適用企業と法非適用企業を合わせた全体の経営状況は、**第23表**のとおりであり、黒字事業数は全体の88.3%、赤字事業数は11.7%となっている。全体の総収支は1兆192億円の黒字で、料金収入の増加等により、前年度と比べると46.4%増となっている。また、赤字額は1,410億円で、前年度と比べると35.1%減となっている。

第23表 公営企業等全体の経営状況 （単位 事業・億円）

区分	令和3年度（A）			令和2年度（B）			差引（A）－（B）		
	法適用企業	法非適用企業	合計	法適用企業	法非適用企業	合計	法適用企業	法非適用企業	合計
黒字事業数	3,805 [81.4%]	3,300 [97.9%]	7,105 [88.3%]	3,622 [77.8%]	3,376 [98.1%]	6,998 [86.4%]	183	△76	107
黒字額	10,760	842	11,602	8,415	720	9,135	2,344	122	2,467
赤字事業数	872 [18.6%]	72 [2.1%]	944 [11.7%]	1,031 [22.2%]	67 [1.9%]	1,098 [13.6%]	△159	5	△154
赤字額	1,288	121	1,410	2,040	133	2,173	△752	△12	△764
総事業数	4,677	3,372	8,049	4,653	3,443	8,096	24	△71	△ 47
収支	9,471	721	10,192	6,375	587	6,962	3,096	134	3,230

（注）1 事業数は、決算対象事業数（建設中のものを除く。）である。第24表～第34表において同じ。
2 黒字額、赤字額は、法適用企業にあっては純損益、法非適用企業にあっては実質収支であり、他会計繰入金等を含む。第24表～第34表において同じ。
3 [ ] は、総事業数（建設中のものを除く。）に対する割合である。

（オ）料金収入

料金収入は9兆4,320億円で、病院事業における患者数の増加、水道事業等において臨時的に実施されていた新型コロナウイルス感染症対応の特別な料金減免の終了等により、前年度と比べると3.4%増となっている。なお、病院事業における患者数は、新型コロナウイルス感染症の拡大に伴い減少していたものが増加に転じたものの、感染症拡大前の令和元年度より少ない状況となっている。

これを事業別にみると、**第60図**のとおりである。

第60図 料金収入の状況（令和3年度）

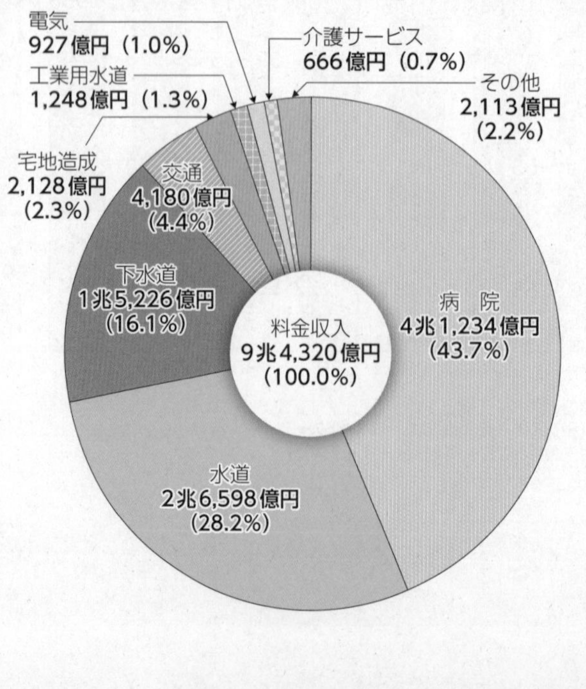

（カ）建設投資額の推移

建設投資額の推移は、**第61図**のとおりであり、令和３年度の額は４兆293億円で、前年度と比べると0.3%の微減となっている。

建設投資額が前年度より増加した主な事業は、水道事業（対前年度比0.8%増）、下水道事業（同0.4%増）、交通事業（同2.9%増）となっている。

第61図　建設投資額の推移

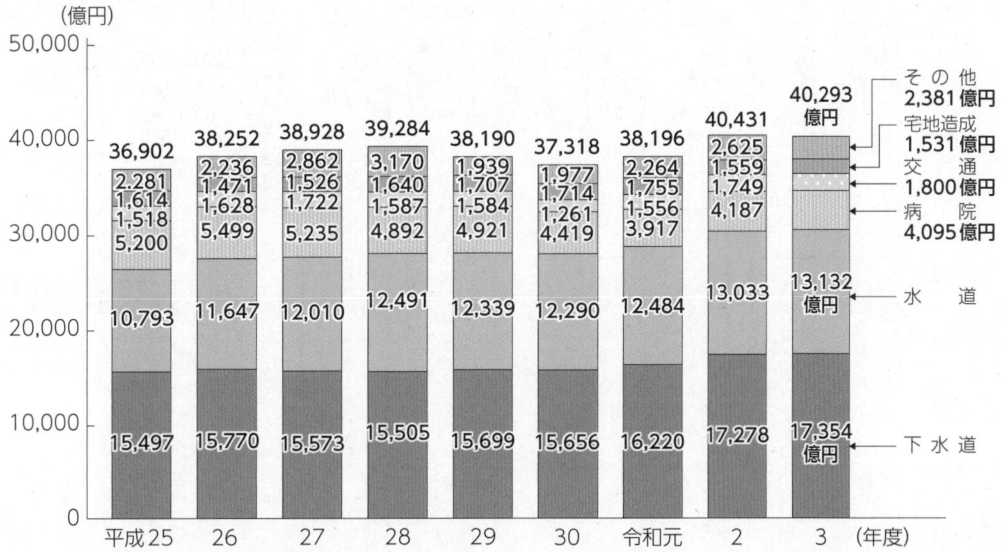

（注）建設投資額とは、資本的支出の建設改良費である。

（キ）企業債の状況

資本的支出に充当された企業債の発行額の状況は、**第62図**のとおりであり、発行額は２兆3,191億円で、下水道事業等における借換債の発行等により、前年度と比べると0.8%増となっている。

第62図　企業債発行額の状況（令和３年度）

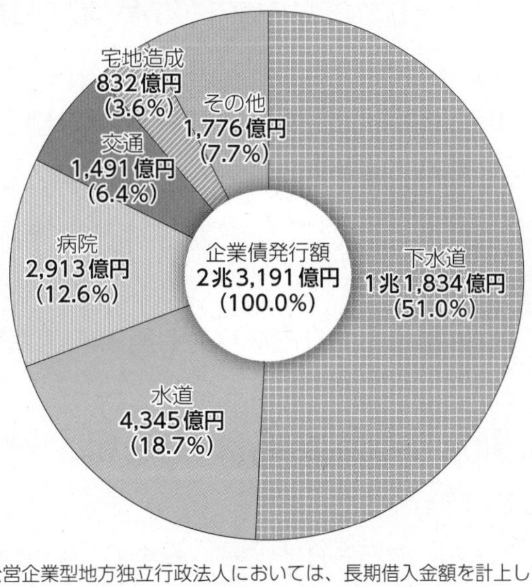

（注）公営企業型地方独立行政法人においては、長期借入金額を計上している。

企業債借入先別現在高の推移は、**第63図**のとおりであり、企業債現在高の令和３年度末の総額は37兆4,824億円で、前年度末と比べると3.1％減となっている。

第63図　企業債借入先別現在高の推移

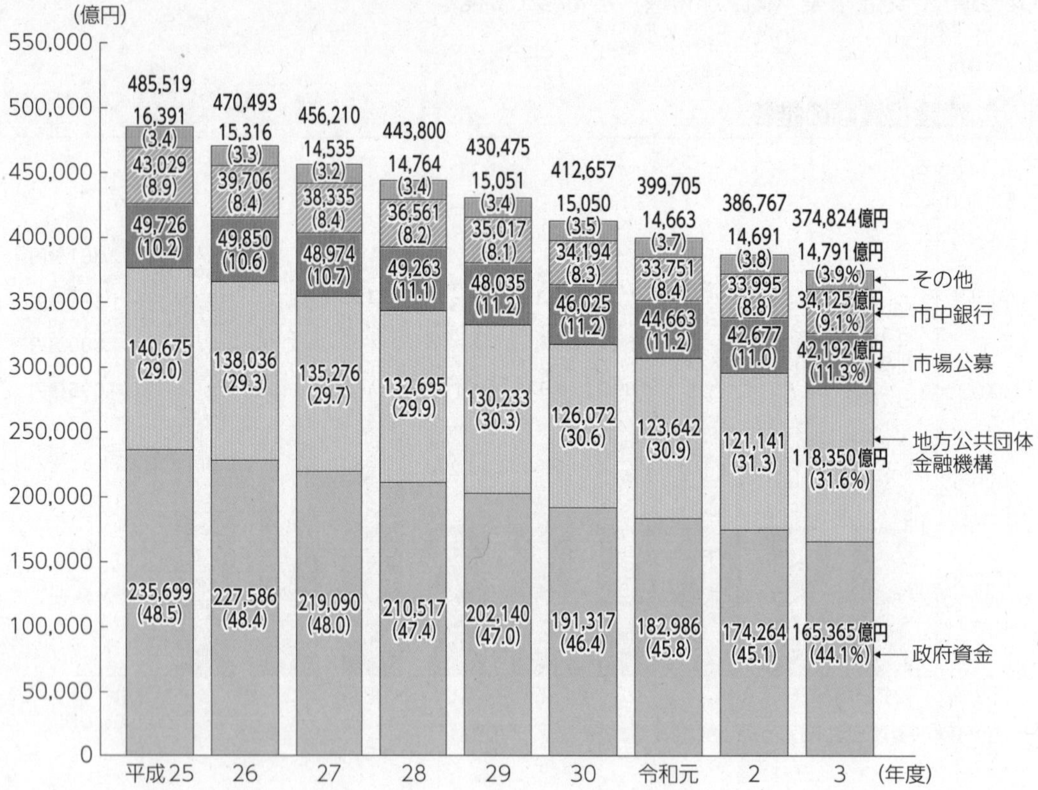

（注）公営企業型地方独立行政法人においては、地方債（転貸債）償還債務残高を計上している。

（ク）他会計繰入金の状況

他会計からの繰入金は２兆8,397億円で、下水道事業における企業債元利償還金の減少等により、前年度と比べると4.0％減となっている。

この内訳をみると、収益的収入（＊）として１兆9,932億円（収益的収入に対する繰入金の割合13.6％）、資本的収入（＊）として8,465億円（資本的収入に対する繰入金の割合19.8％）となっている。

これを事業別にみると、下水道事業への繰入額が最も大きな割合（繰入額総額の55.5％）を占め、以下、病院事業（同29.6％）、水道事業（同6.7％）の順となっている。

（ケ）法適用企業の経営状況

a　損益計算書、貸借対照表

損益計算書の状況は、**第64図**のとおりであり、令和３年度は、総収益が総費用を上回り、総収支は黒字となっている。

また、料金収入の増加等により総収益が増加するとともに、病院事業における患者数の増加等により総費用も増加している。

貸借対照表の状況は、**第65図**のとおりであり、料金収入の増加に伴う流動資産（現金・預金）の増加等により、資産が微増となっている。

第64図　損益計算書の状況

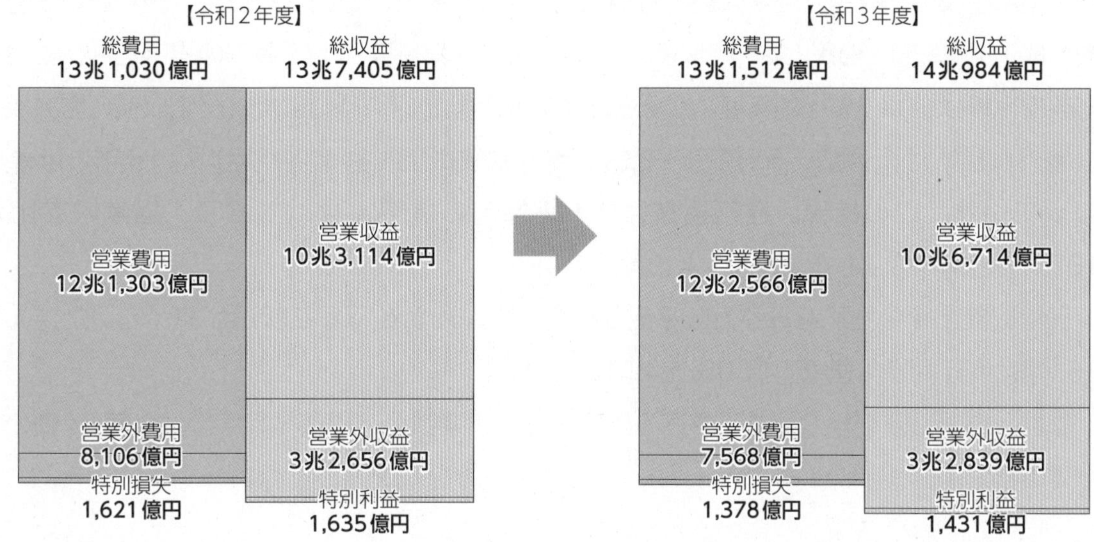
【令和２年度】
総費用
13兆1,030億円
総収益
13兆7,405億円
営業費用
12兆1,303億円
営業外費用
8,106億円
特別損失
1,621億円
営業収益
10兆3,114億円
営業外収益
3兆2,656億円
特別利益
1,635億円
【令和３年度】
総費用
13兆1,512億円
総収益
14兆984億円
営業費用
12兆2,566億円
営業外費用
7,568億円
特別損失
1,378億円
営業収益
10兆6,714億円
営業外収益
3兆2,839億円
特別利益
1,431億円

第65図　貸借対照表の状況

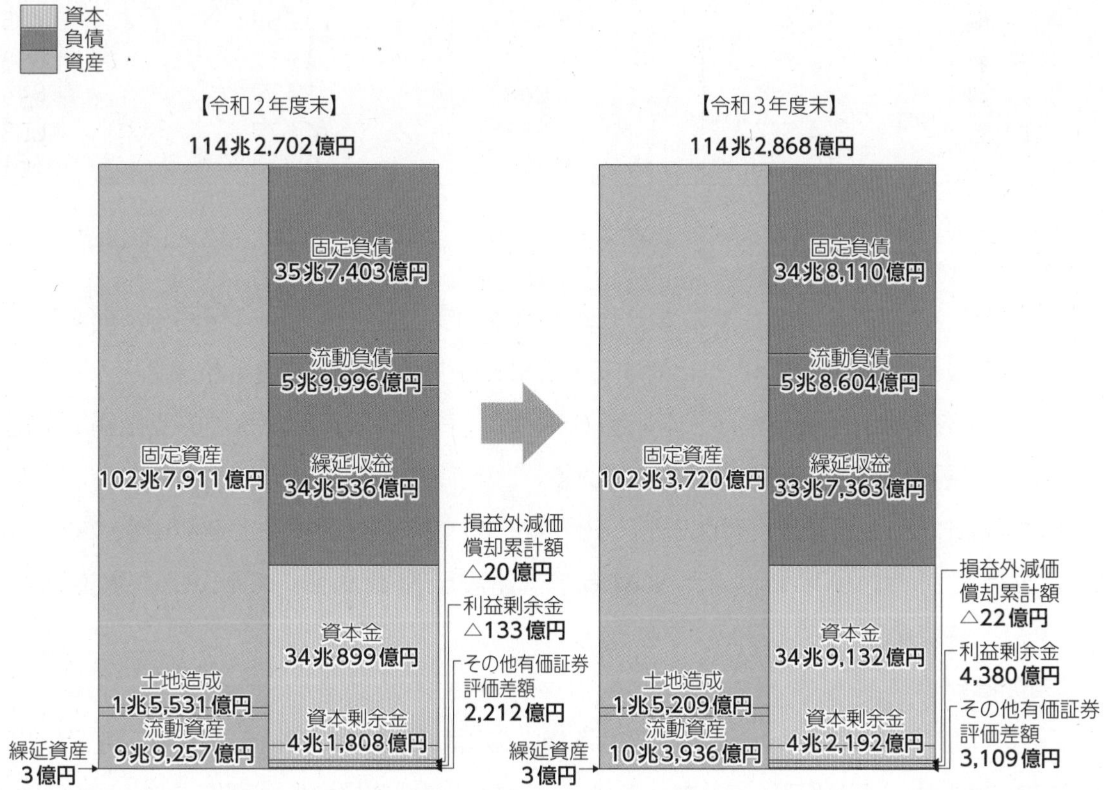
資本
負債
資産
【令和２年度末】
114兆2,702億円
固定資産
102兆7,911億円
土地造成
1兆5,531億円
流動資産
9兆9,257億円
繰延資産
3億円
固定負債
35兆7,403億円
流動負債
5兆9,996億円
繰延収益
34兆536億円
資本金
34兆899億円
資本剰余金
4兆1,808億円
損益外減価
償却累計額
△20億円
利益剰余金
△133億円
その他有価証券
評価差額
2,212億円
【令和３年度末】
114兆2,868億円
固定資産
102兆3,720億円
土地造成
1兆5,209億円
流動資産
10兆3,936億円
繰延資産
3億円
固定負債
34兆8,110億円
流動負債
5兆8,604億円
繰延収益
33兆7,363億円
資本金
34兆9,132億円
資本剰余金
4兆2,192億円
損益外減価
償却累計額
△22億円
利益剰余金
4,380億円
その他有価証券
評価差額
3,109億円

b　損益収支（＊）[*13]

法適用企業の総収益（経常収益＋特別利益）は14兆984億円、総費用（経常費用＋特別損失）は13兆1,512億円となっている。この結果、純損益は9,471億円の黒字となっており、総収支比率は107.2%と前年度より2.3ポイント上昇している。また、経常収益（営業収益＋営業外収益）は13兆9,552億円、経常費用（営業費用＋営業外費用）は13兆134億円となっている。この結果、経常損益は9,418億円の黒字となっており、経常収支比率は107.2%と前年度より2.3ポイント上昇している。

経常収支比率の推移をみると、平成3年度以降100%を下回る状況が続いていたが、平成15年度からは19年連続で100%を上回っている。

なお、純損益及び経常損益における黒字・赤字事業数及び黒字・赤字額は、**第24表**のとおりである。

第24表　法適用企業の経営状況　（単位　事業・億円）

区　分	純損益		経常損益	
	令和3年度	令和2年度	3年度	2年度
黒字事業数	3,805	3,622	3,765	3,595
黒字額	10,760	8,415	10,558	8,205
赤字事業数	872	1,031	912	1,058
赤字額	1,288	2,040	1,139	1,844
総事業数	4,677	4,653	4,677	4,653
収支	9,471	6,375	9,418	6,361

c　資本収支（＊）

建設投資や企業債の償還金等の支出である資本的支出は7兆1,584億円で、前年度と比べると1.2%減となっている。これに対する財源は、企業債等の外部資金が3兆8,209億円、損益勘定留保資金等の内部資金が3兆2,376億円で、資本的収入額が資本的支出額に不足する額である財源不足額は999億円となっている。

資本的支出のうち建設改良費は3兆7,407億円で、前年度と比べると0.4%増となっている。建設改良費が大きい事業は、下水道事業（建設改良費総額の44.5%）、水道事業（同34.5%）、病院事業（同10.9%）である。

d　累積欠損金

過去の年度から通算した純損益における損失の累積額である累積欠損金は3兆8,302億円で、前年度と比べると5.7%減となっている。また、累積欠損金合計額に占める割合が大きい事業は、病院事業（累積欠損金合計額の43.6%）、交通事業（同38.9%）である。

＊13　法適用企業の経営状況を表すものには、純損益、経常損益、総収支比率、経常収支比率等がある。
純損益とは、総収益から総費用を差し引いた額をいい、当該年度の総合的な収支状況を表す。総収益が総費用を上回る場合の差額が純利益であり、逆に総費用が総収益を上回る場合の差額が純損失である。
経常損益とは、純損益から固定資産売却益等の臨時的な収益（特別利益）や、固定資産売却損等の臨時的な費用（特別損失）を除いたものをいい、当該年度の経営活動の結果を表す。経常収益が経常費用を上回る場合の差額が経常利益であり、逆に経常費用が経常収益を上回る場合の差額が経常損失である。
総収支比率とは総費用に対する総収益の割合、経常収支比率とは経常費用に対する経常収益の割合であり、それぞれ100%を下回ると費用が収益を上回っている状態を意味することになる。

e　不良債務

令和３年度末現在において、流動負債の額（建設改良費等の財源に充てるための企業債等を除く。）が流動資産の額（翌年度へ繰り越される支出の財源充当額を除く。）を上回る場合の当該超過額である不良債務は1,113億円で、前年度と比べると9.8%減となっている。不良債務の大きい事業は、交通事業（不良債務額総額の61.4%）、下水道事業（同23.8%）、病院事業（同9.1%）である。

（コ）法非適用企業の経営状況

法非適用企業の実質収支をみると、黒字事業数は法非適用企業全体の97.9%、赤字事業数は2.1%を占めており、全体では721億円の黒字（前年度587億円の黒字）となっている。

イ 事業別状況

（ア）水道事業

a　事業数

(a) 上水道事業

地方公共団体が経営する上水道事業で、令和３年度決算対象となるものは、1,317事業であり、このうち、末端給水事業は1,248事業、用水供給事業は69事業（うち建設中２事業）である。

(b) 簡易水道事業

地方公共団体が経営する簡易水道事業で、令和３年度決算対象となるものは、470事業（うち法適用102事業）である。

b　経営状況

(a) 法適用企業

①　損益収支

水道事業の総収益は３兆1,989億円、総費用は２兆8,691億円となっており、この結果、純損益は3,298億円の黒字、総収支比率は111.5%となっている。また、経常収益は３兆1,776億円、経常費用は２兆8,499億円となっており、この結果、経常損益は3,277億円の黒字、経常収支比率は111.5%となっている。純損益及び経常損益における黒字・赤字事業数及び黒字・赤字額は、**第25表**のとおりである。

累積欠損金は660億円で、前年度と比べると11.2%減となっている。また、不良債務は２億円で、前年度と比べると12.4%増となっている。

第25表　水道事業（法適用企業）の経営状況　（単位　事業・億円）

区分	純損益		経常損益	
	令和３年度	令和２年度	３年度	２年度
黒字事業数	1,241	1,213	1,246	1,223
黒字額	3,414	3,088	3,354	3,054
赤字事業数	176	201	171	191
赤字額	116	251	77	105
総事業数	1,417	1,414	1,417	1,414
収支	3,298	2,837	3,277	2,949

②　資本収支

資本的支出は１兆9,268億円で、前年度と比べると1.1％増となっている。これに対する財源は、外部資金が6,812億円、内部資金が１兆2,430億円で、財源不足額は26億円となっている。資本的支出の内訳をみると、建設改良費は１兆2,895億円で、前年度と比べると0.8％増、企業債償還金は5,854億円で、前年度と比べると2.3％増となっている。

③　給水原価と供給単価

有収水量1m^{3}当たりの給水原価（用水供給事業を除く。）は168.11円（資本費58.23円、職員給与費20.27円、受水費28.20円、その他の経費61.41円）、1m^{3}当たりの供給単価（用水供給事業を除く。）は171.66円となっており、供給単価が給水原価を3.55円上回っている。

また、令和３年度中に料金改定を実施した水道事業（用水供給事業を含む。）は57事業（前年度95事業）で、営業中の事業の4.0％となっている。

(b)　法非適用企業

簡易水道事業における法非適用企業は368事業で、実質収支をみると、黒字事業が364事業で26億円の黒字となっており、赤字事業が４事業で0.7億円の赤字となっている。

（イ）工業用水道事業

a　事業数

地方公共団体が経営する工業用水道事業で、令和３年度決算対象となるものは、153事業（うち建設中２事業）である。

b　経営状況

(a)　損益収支

工業用水道事業の総収益は1,513億円、総費用は1,335億円となっており、この結果、純損益は179億円の黒字、総収支比率は113.4％となっている。また、経常収益は1,466億円、経常費用は1,250億円となっており、この結果、経常損益は217億円の黒字、経常収支比率は117.4％となっている。純損益及び経常損益における黒字・赤字事業数及び黒字・赤字額は、**第26表**のとおりである。

累積欠損金は303億円で、前年度と比べると21.2％増となっている。また、不良債務は１百万円で、前年度と比べると皆増となっている。

第26表　工業用水道事業の経営状況　（単位　事業・億円）

区　分	純損益		経常損益	
	令和３年度	令和２年度	３年度	２年度
黒字事業数	132	133	133	132
黒字額	246	250	223	235
赤字事業数	19	19	18	20
赤字額	67	14	6	6
総事業数	151	152	151	152
収支	179	235	217	229

(b) 資本収支

資本的支出は1,002億円で、前年度と比べると3.2％減となっている。これに対する財源は、外部資金が390億円、内部資金が605億円で、財源不足額は6億円となっている。資本的支出の内訳をみると、建設改良費は618億円で、前年度と比べると2.2％減、企業債償還金は274億円で、前年度と比べると5.5％減となっている。

(c) 給水原価と供給単価

有収水量1m^{3}当たりの給水原価は27.09円（資本費11.61円、職員給与費3.12円、その他の経費12.36円）、1m^{3}当たりの供給単価は30.41円となっており、これを補助事業と単独事業に分けてみると、単独事業では供給単価（16.45円）が給水原価（13.65円）を2.80円上回っており、補助事業では供給単価（33.80円）が給水原価（30.36円）を3.44円上回っている。

（ウ）交通事業

a　事業数

地方公共団体が経営する交通事業で、令和３年度決算対象となるものは、85事業である。これを事業別にみると、バスが24事業、都市高速鉄道が９事業、路面電車が５事業、モノレール等が２事業、船舶が45事業となっている。

b　経営状況

(a) 法適用企業

①　損益収支

法適用の交通事業の総収益は5,375億円、総費用は5,751億円となっており、この結果、純損益は377億円の赤字、総収支比率は93.5％となっている。また、経常収益は5,360億円、経常費用は5,735億円となっており、この結果、経常損益は375億円の赤字、経常収支比率は93.5％となっている。純損益及び経常損益における黒字・赤字事業数及び黒字・赤字額は、**第27表**のとおりである。

累積欠損金は１兆4,882億円で、前年度と比べると2.4％増となっている。また、不良債務は684億円で、前年度と比べると3.6％増となっている。

第27表　交通事業（法適用企業）の経営状況　（単位　事業・億円）

区分	純損益		経常損益	
	令和3年度	令和2年度	3年度	2年度
黒字事業数	13	7	11	7
黒字額	33	1	30	1
赤字事業数	34	40	36	40
赤字額	410	765	405	773
総事業数	47	47	47	47
収支	△377	△764	△375	△771

これを事業別にみると、バス事業においては、**第28表**のとおりである。

累積欠損金は809億円で、前年度と比べると22.0%増となっている。また、不良債務は80億円で、前年度と比べると3.4%増となっている。

都市高速鉄道事業においては、**第29表**のとおりである。

累積欠損金は1兆3,833億円で、前年度と比べると1.3%増となっている。また、不良債務は603億円で、前年度と比べると3.5%増となっている。

第28表　交通事業のうちバス事業の経営状況　（単位　事業・億円）

区分	純損益		経常損益	
	令和3年度	令和2年度	3年度	2年度
黒字事業数	6	5	6	5
黒字額	1	1	1	1
赤字事業数	18	19	18	19
赤字額	171	264	166	262
総事業数	24	24	24	24
収支	△170	△263	△165	△261

第29表　交通事業のうち都市高速鉄道事業の経営状況　（単位　事業・億円）

区分	純損益		経常損益	
	令和3年度	令和2年度	3年度	2年度
黒字事業数	3	−	3	−
黒字額	29	−	28	−
赤字事業数	6	9	6	9
赤字額	213	460	211	467
総事業数	9	9	9	9
収支	△184	△460	△183	△467

②　資本収支

資本的支出は4,090億円（うちバス事業209億円、都市高速鉄道事業3,748億円）で、前年度と比べると6.2%減となっている。これに対する財源は、外部資金が2,238億円、内部資金が1,265億円で、財源不足額は587億円となっている。資本的支出の内訳をみると、建設改良費は1,797億円（うちバス事業136億円、都市高速鉄道事業1,626億円）で、前年度と比べると3.3%増、企業債償還金は2,217億円（うちバス事業61億円、都市高速鉄道事業2,062億円）で、前年度と比べると12.8%減となっている。

(b) 法非適用企業

交通事業における法非適用企業は船舶運航事業の38事業で、実質収支をみると、黒字事業が37事業で６億円の黒字となっており、赤字事業が１事業で0.5億円の赤字となっている。

（エ）電気事業

a　事業数

地方公共団体が経営する電気事業で、令和３年度決算対象となるものは、97事業（うち建設中１事業）であり、法適用企業が31事業、法非適用企業が66事業である。

b　経営状況

(a) 法適用企業

①　損益収支

法適用の電気事業の総収益は943億円、総費用は741億円となっており、この結果、純損益は202億円の黒字、総収支比率は127.2%となっている。また、経常収益は933億円、経常費用は720億円となっており、この結果、経常損益は213億円の黒字、経常収支比率は129.6%となっている。純損益及び経常損益における黒字・赤字事業数及び黒字・赤字額は、**第30表**のとおりである。

累積欠損金は23億円で、前年度と比べると74.7%増となっている。なお、不良債務を有する事業はない。

第30表　電気事業（法適用企業）の経営状況　（単位　事業・億円）

区分	純損益		経常損益	
	令和３年度	令和２年度	３年度	２年度
黒字事業数	28	27	28	27
黒字額	222	248	230	253
赤字事業数	3	4	3	4
赤字額	20	13	17	9
総事業数	31	31	31	31
収支	202	236	213	245

②　資本収支

資本的支出は536億円で、前年度と比べると16.2%減となっている。これに対する財源は、外部資金が153億円、内部資金が384億円で、財源不足額を有する事業はない。

資本的支出の内訳をみると、建設改良費は327億円で、前年度と比べると23.6%減、企業債償還金は84億円で、前年度と比べると0.2%増となっている。

(b) 法非適用企業

電気事業における法非適用企業は、水力発電事業、ごみ発電事業、風力発電事業、太陽光発電事業及びバイオマス発電事業の66事業（うち建設中１事業）で、実質収支をみると、黒字事業が64事業で10億円の黒字となっており、赤字事業が１事業で0.3億円の赤字となっている。

（オ）ガス事業

a　事業数

地方公共団体が経営するガス事業で、令和３年度決算対象となるものは、21事業である。

b　経営状況

(a)　損益収支

ガス事業の総収益は696億円、総費用は624億円となっており、この結果、純損益は72億円の黒字、総収支比率は111.6％となっている。また、経常収益は696億円、経常費用は624億円となっており、この結果、経常損益は72億円の黒字、経常収支比率は111.5％となっている。純損益及び経常損益における黒字・赤字事業数及び黒字・赤字額は、**第31表**のとおりである。

累積欠損金は50億円で、前年度と比べると26.0％減となっている。なお、不良債務を有する事業はない。

第31表　ガス事業の経営状況　（単位　事業・億円）

区分	純損益		経常損益	
	令和３年度	令和２年度	３年度	２年度
黒字事業数	17	19	16	19
黒字額	73	78	73	78
赤字事業数	4	4	5	4
赤字額	1	1	1	1
総事業数	21	23	21	23
収支	72	77	72	77

(b)　資本収支

資本的支出は163億円で、前年度と比べると37.9％減となっている。これに対する財源は、外部資金が30億円、内部資金が133億円で、財源不足額を有する事業はない。資本的支出の内訳をみると、建設改良費は90億円で、前年度と比べると7.7％減、企業債償還金は66億円で、前年度と比べると17.3％減となっている。

（カ）病院事業

a　事業数

地方公共団体が経営する地方公営企業法を適用する病院事業及び公営企業型地方独立行政法人が経営する病院事業で、令和３年度決算対象となるものは、681事業であり、これらの事業が有する病院（以下「公立病院」という。）数は853病院である。このうち、地方公共団体が経営する地方公営企業法を適用する病院は753病院であり、公営企業型地方独立行政法人が経営する病院は100病院となっている。

一般病院813病院＊14のうち病床数300床以上の病院は、34.1％に当たる277病院となっており、地域における中核的な役割を担う病院として地域医療を支えている。

一方、病床数が150床未満であり、直近の一般病院までの移動距離が15km以上となる位置に所在している等の条件下にある「不採算地区病院」は、一般病院の38.1％に当たる310

＊14　精神科病院以外の病院をいう。

病院となっており、民間医療機関による診療が期待できない離島、山間地等のへき地における医療の確保のため、重要な役割を果たしている。

さらに、公立病院全体の85.5％に当たる729病院が救急病院として告示を受けており、地域の救急医療を担っている。

b　経営状況

(a)　損益収支

病院事業の総収益は５兆8,401億円、総費用は５兆5,105億円となっており、この結果、純損益は3,296億円の黒字、総収支比率は106.0％となっている。また、経常収益は５兆7,515億円、経常費用は５兆4,259億円となっており、この結果、経常損益は3,256億円の黒字、経常収支比率は106.0％となっている。純損益及び経常損益における黒字・赤字事業数及び黒字・赤字額は、**第32表**のとおりである。

累積欠損金は１兆6,682億円で、前年度と比べると12.5％減となっている。また、不良債務は101億円で、前年度と比べると57.5％減となっている。

また、医業費用に対する医業収益の割合である医業収支比率は90.7％（前年度88.1％）となっており、これを病院の種別にみると、一般病院が91.1％（同88.4％）、精神科病院が73.2％（同72.9％）となっている。

第32表　病院事業の経営状況　（単位　事業・億円）

区分	純損益		経常損益	
	令和３年度	令和２年度	３年度	２年度
黒字事業数	532	431	527	420
黒字額	3,613	1,953	3,483	1,798
赤字事業数	149	252	154	263
赤字額	317	587	227	548
総事業数	681	683	681	683
収支	3,296	1,366	3,256	1,251

(b)　資本収支

資本的支出は8,548億円で、前年度と比べると0.9％減となっている。これに対する財源は、外部資金が5,807億円、内部資金が2,566億円で、財源不足額は175億円となっている。資本的支出の内訳をみると、建設改良費は4,095億円で、前年度と比べると2.2％減、企業債償還金は3,823億円で、前年度と比べると1.1％減となっている。

（キ）下水道事業

a　事業数

地方公共団体が経営する下水道事業で、令和３年度決算対象となるものは、3,605事業（うち建設中10事業）であり、法適用企業が2,120事業、法非適用企業が1,485事業である。

b　経営状況

(a)　法適用企業

①　損益収支

法適用の下水道事業の総収益は３兆9,443億円で、前年度と比べると0.7％減となっている。その内訳をみると、使用料収入が1兆4,572億円（総収益に占める割合36.9%）、他会計繰入金（雨水処理負担金を含む。）が1兆765億円（同27.3%）等となっている。一方、総費用は3兆7,182億円で、前年度と比べると1.0%減となっており、うち支払利息が2,803億円（総費用に占める割合7.5%）となっている。この結果、純損益は2,260億円の黒字、総収支比率は106.1%となっている。また、経常収益は3兆9,201億円、経常費用は3兆7,032億円となっており、この結果、経常損益は2,169億円の黒字、経常収支比率は105.9%となっている。純損益における黒字・赤字事業数及び黒字・赤字額は、**第33表**のとおりである。

累積欠損金は1,633億円で、前年度と比べると1.3%減となっている。また、不良債務は265億円で、前年度と比べると0.2%増となっている。

第33表　下水道事業の経営状況　（単位　事業・億円）

区分	令和3年度（A）			令和2年度（B）			差引（A）－（B）		
	法適用企業	法非適用企業	合計	法適用企業	法非適用企業	合計	法適用企業	法非適用企業	合計
黒字事業数	1,721	1,463	3,184	1,669	1,494	3,163	52	△31	21
黒字額	2,442	71	2,514	2,349	68	2,417	93	3	97
赤字事業数	394	17	411	417	15	432	△23	2	△21
赤字額	182	4	186	193	6	199	△11	△2	△13
総事業数	2,115	1,480	3,595	2,086	1,509	3,595	29	△29	(－)
収支	2,260	67	2,327	2,157	61	2,218	104	6	109

② 資本収支

資本的支出は3兆5,035億円で、前年度と比べると0.0%増となっている。これに対する財源は、外部資金が2兆1,453億円、内部資金が1兆3,388億円で、財源不足額は194億円となっている。資本的支出の内訳をみると、建設改良費は1兆6,658億円で、前年度と比べると1.0%増、企業債償還金は1兆8,154億円で、前年度と比べると0.8%減となっている。

(b) 法非適用企業

下水道事業における法非適用企業の総収益は1,828億円で、前年度と比べると2.4%減となっている。その内訳をみると、使用料収入が654億円（総収益に占める割合35.8%）、他会計繰入金（雨水処理負担金を含む。）が1,101億円（同60.2%）等となっている。一方、総費用は1,051億円で、前年度と比べると3.1%減となっており、うち支払利息が202億円（総費用に占める割合19.2%）となっている。

資本的支出は1,937億円で、前年度と比べると5.2%減となっている。その内訳をみると、建設改良費は697億円で、前年度と比べると10.6%減、地方債償還金は1,228億円で、前年度と比べると2.1%減となっている。

実質収支をみると、黒字事業が1,463事業で71億円の黒字、赤字事業が17事業で4億円の赤字となっており、差引67億円の黒字となっている（**第33表**）。

(c) 全体の経営状況

法適用企業と法非適用企業を合計した下水道事業の黒字額は2,514億円、赤字額は186

億円となっており、この結果、全体の収支（法適用企業の純損益と法非適用企業の実質収支の合計）は2,327億円の黒字となっている。

汚水処理原価（汚水処理費を年間有収水量で除したもの）は141.31円/m^3（維持管理費79.44円/m^3、資本費61.87円/m^3）で、前年度と比べると0.4%増となっており、使用料単価（使用料収入を年間有収水量で除したもの）は136.01円/m^3で、前年度と比べると1.1%増となっている。

その結果、経費回収率（使用料単価を汚水処理原価で除したもの）は96.3%となっており、前年度と比べると0.7ポイント上昇している。

法適用企業と法非適用企業を合計した下水道事業の建設改良費は1兆7,354億円で、前年度と比べると0.4%増となっている。

（ク）その他の公営企業

a　事業数

地方公共団体は、以上の事業のほかにも各種の事業を経営している。これを事業別にみると、令和３年度決算対象となるものは、港湾整備事業が94事業、市場事業が150事業、と畜場事業が46事業、観光施設事業が235事業（うち建設中１事業）、宅地造成事業が418事業（うち建設中49事業）、有料道路事業が１事業、駐車場整備事業が188事業、介護サービス事業が485事業、その他事業（廃棄物等処理施設、診療所等）が68事業となっている。

b　経営状況

その他の公営企業の純損益、経常損益及び実質収支における黒字・赤字事業数及び黒字・赤字額は、**第34表**のとおりである。このうち、社会経済情勢の変化等による事業リスクが相対的に高い観光施設事業については、全体の収支（法適用企業の純損益と法非適用企業の実質収支の合計）が26億円の黒字であり、法適用企業の累積欠損金は前年度と比べると4.9%減の188億円となっている。また、同様に事業リスクが相対的に高い宅地造成事業については、全体の収支は914億円の黒字であり、法適用企業の累積欠損金は前年度と比べると6.6%減の3,112億円となっている。

第34表　その他の公営企業の経営状況（令和３年度）　（単位　事業・億円）

区分			港湾整備	市場	と畜場	観光施設	宅地造成	有料道路	駐車場整備	介護サービス	その他
法適用企業	純損益	黒字事業数	6	9	－	13	32	－	3	16	42
		黒字額	65	3	－	4	628	－	1	3	12
		赤字事業数	1	5	1	19	12	－	3	26	26
		赤字額	0	119	0	11	26	－	1	8	10
		総事業数	7	14	1	32	44	－	6	42	68
		収支	65	△116	△0	△7	601	－	1	△5	3
	経常損益	黒字事業数	6	11	－	14	32	－	3	15	43
		黒字額	70	4	－	5	664	－	1	3	13
		赤字事業数	1	3	1	18	12	－	3	27	25
		赤字額	0	115	0	9	27	－	1	8	9
		総事業数	7	14	1	32	44	－	6	42	68
		収支	70	△111	△0	△5	637	－	1	△6	4
法非適用企業	実質収支	黒字事業数	81	135	45	195	310	1	173	432	－
		黒字額	151	41	6	37	384	－	66	43	－
		赤字事業数	6	1	－	7	15	－	9	11	－
		赤字額	5	0	－	4	72	－	32	1	－
		総事業数	87	136	45	202	325	1	182	443	－
		収支	145	41	6	33	312	－	34	42	－

(2) 国民健康保険事業

国民健康保険制度については、「持続可能な医療保険制度を構築するための国民健康保険法等の一部を改正する法律」（平成27年法律第31号）の施行により、平成30年度から都道府県が国民健康保険の財政運営の責任主体とされ、市町村とともに都道府県も国民健康保険の保険者となっている。

また、市町村は、国民健康保険の保険者として、引き続き、資格管理、保険給付、保険料の賦課・徴収等の被保険者に身近な保険者業務を担うこととされているが、医療給付等に必要な資金は都道府県から保険給付費等交付金の交付を受ける一方で、徴収した保険料（税）は基本的に都道府県に国民健康保険事業費納付金として納付することとされている。

ア 都道府県

（ア）歳入

都道府県の歳入決算額は11兆8,648億円で、前年度と比べると3.3％増となっている。

歳入の内訳をみると、**第66図**のとおりである。また、前年度と比べると、前期高齢者交付金が4.6％増、国民健康保険事業費納付金が2.1％減、国庫支出金が1.3％減となっている。

第66図　国民健康保険事業の歳入決算の状況（都道府県）（令和３年度）

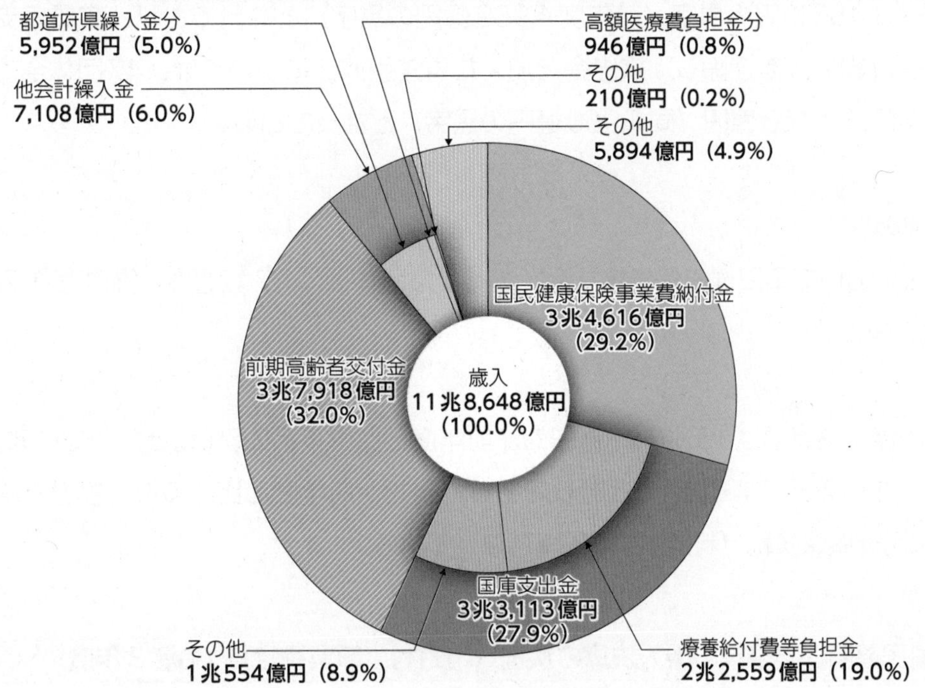

（イ）歳出

歳出決算額は11兆5,156億円で、前年度と比べると4.8%増となっている。

歳出の内訳をみると、**第67図**のとおりである。また、前年度と比べると、保険給付費等交付金が4.1%増、後期高齢者支援金等が0.4%減となっている。

第67図　国民健康保険事業の歳出決算の状況（都道府県）（令和３年度）

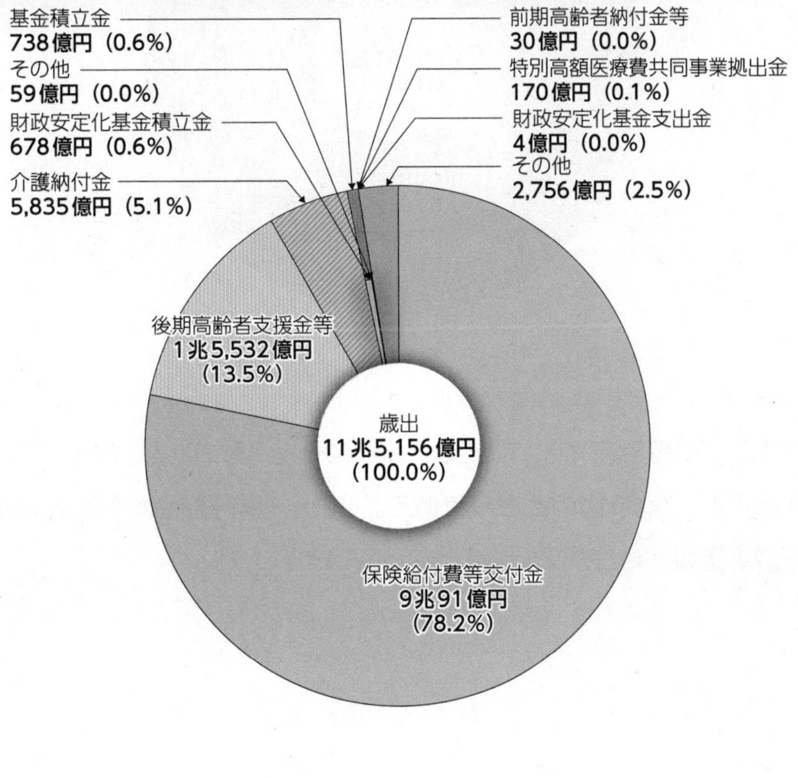

（ウ）収支

実質収支は3,463億円の黒字（前年度4,959億円の黒字）となっており、実質収支から財源補塡的な他会計繰入金を控除し、繰出金を加えた再差引収支については、47団体全てにおいて黒字で、黒字額は3,463億円（同4,960億円の黒字）となっている。

イ 市町村（事業勘定）

令和３年度末において国民健康保険事業会計を有する団体は、1,742団体（前年度1,743団体）となっている。

（ア）歳入

事業勘定の歳入決算額は13兆121億円で、前年度と比べると2.7％増となっている。

歳入の内訳をみると、**第68図**のとおりである。また、前年度と比べると、都道府県支出金が4.1％増、国民健康保険税（料）が1.6％減となっている。

第68図　国民健康保険事業の歳入決算の状況（市町村（事業勘定））（令和３年度）

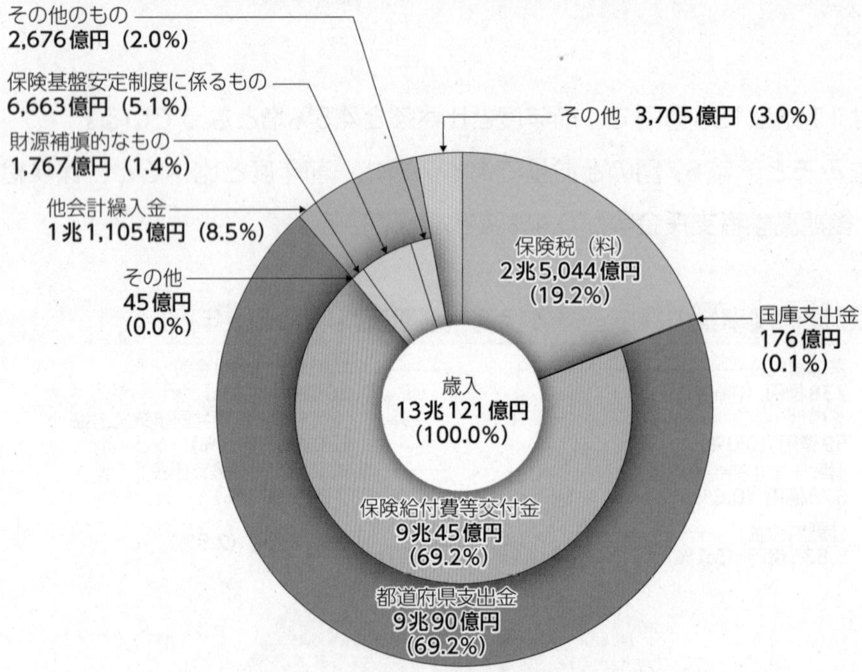

（イ）歳出

歳出決算額は12兆7,228億円で、前年度と比べると2.7％増となっている。

歳出の内訳をみると、**第69図**のとおりである。また、前年度と比べると、保険給付費が4.3％増、国民健康保険事業費納付金が2.1％減となっている。

第69図　国民健康保険事業の歳出決算の状況（市町村（事業勘定））（令和３年度）

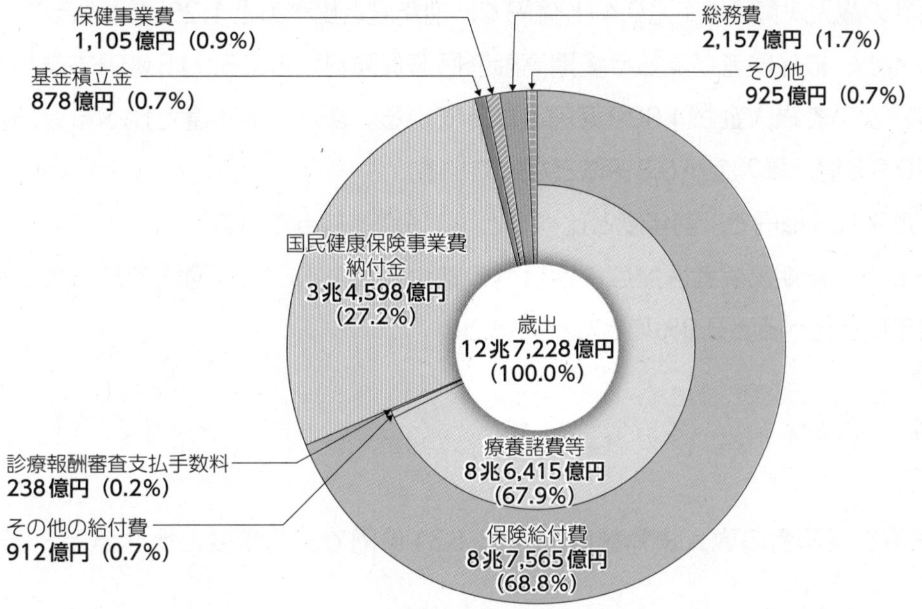

（ウ）収支

実質収支は2,873億円の黒字（前年度2,762億円の黒字）であり、昭和40年度以降黒字傾向が続いている。

実質収支から財源補塡的な他会計繰入金及び都道府県支出金を控除し、繰出金を加えた再差引収支については、1,157億円の黒字（前年度1,026億円の黒字）となっている。

再差引収支を黒字・赤字団体別にみると、黒字団体数は1,304団体（前年度1,274団体）で、その黒字額は1,919億円（同1,813億円）となっている。

一方、赤字団体数は438団体（前年度469団体）で、その赤字額は762億円（同787億円）となっている。

ウ　市町村（直診勘定）

令和３年度末において直営診療所を設置している団体は、359団体（前年度同数）となっている。

直診勘定の歳入決算額は610億円で、前年度と比べると1.0%増となっている。

直診勘定の歳出決算額は577億円で、前年度と比べると0.1%減となっている。

実質収支は31億円の黒字（前年度25億円の黒字）となっているが、この実質収支から他会計繰入金を控除し、繰出金を加えた再差引収支は、129億円の赤字（同148億円の赤字）となっている。

(3)　後期高齢者医療事業

後期高齢者医療事業では、保険料の徴収や後期高齢者医療広域連合へ保険料等の納付を行う団体（1,739団体（前年度同数））及び後期高齢者医療事業を実施する都道府県区域ごとの後期高齢者医療広域連合（47団体（前年度同数））に特別会計が設けられている。

ア 市町村

市町村の特別会計の歳入決算額は１兆9,415億円で、前年度と比べると1.2%増となっている。

歳入の内訳をみると、被保険者が支払う後期高齢者医療保険料が１兆3,915億円で最も大きな割合を占めており、次いで繰入金が4,809億円となっている。また、前年度と比べると、後期高齢者医療保険料が0.9%増、繰入金が0.8%増となっている。

歳出決算額は１兆9,103億円で、前年度と比べると1.1%増となっている。

歳出の内訳をみると、後期高齢者医療広域連合への納付金が１兆8,124億円で最も大きな割合を占めており、前年度と比べると0.9%増となっている。

イ 後期高齢者医療広域連合

（ア）歳入

後期高齢者医療広域連合の歳入決算額は17兆1,831億円で、前年度と比べると3.8%増となっている。

歳入の内訳をみると、**第70図**のとおりである。また、前年度と比べると、支払基金交付金が2.5%増、国庫支出金が1.1%減、市町村支出金が0.9%増となっている。

第70図　後期高齢者医療事業の歳入決算の状況（令和３年度）

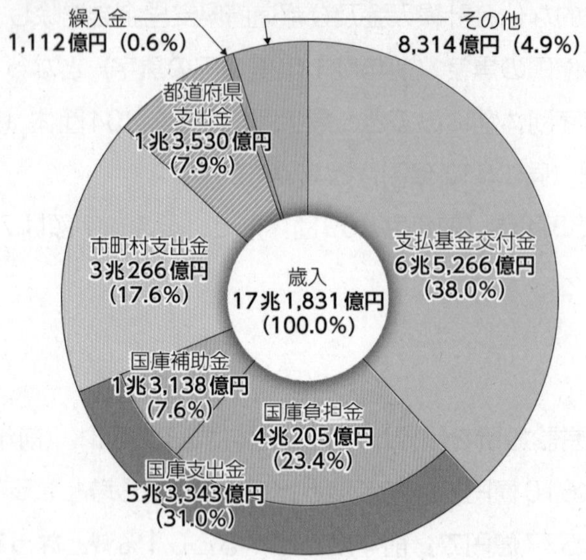

（イ）歳出

歳出決算額は16兆6,037億円で、前年度と比べると5.6%増となっている。

歳出の内訳をみると、**第71図**のとおりである。また、前年度と比べると、保険給付費は3.1%増となっている。

第71図　後期高齢者医療事業の歳出決算の状況（令和３年度）

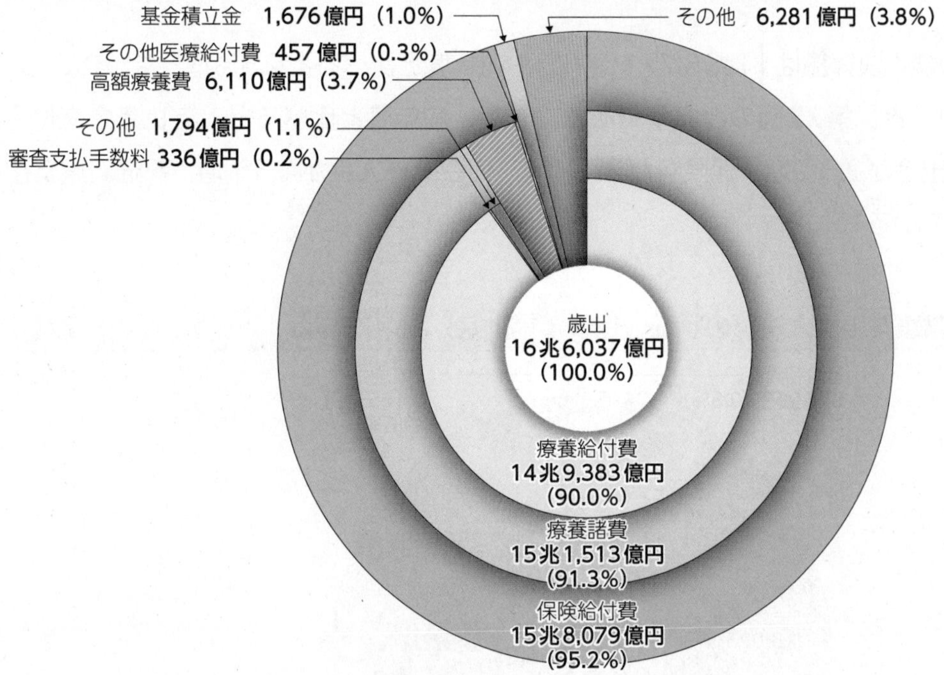

（ウ）収支

実質収支は47団体全て黒字となっており、その黒字額は5,794億円（前年度8,189億円の黒字）となっている。

(4) 介護保険事業

介護保険制度を実施する保険者である市町村が設ける介護保険事業会計は、第１号被保険者（65歳以上の者）からの保険料や、支払基金交付金（第２号被保険者（40歳以上65歳未満の医療保険加入者）の介護納付金分に係る社会保険診療報酬支払基金からの交付金）等を財源として保険給付等を行う保険事業勘定と、介護給付の対象となる居宅サービス及び施設サービス等を実施する介護サービス事業勘定とに区分される。

なお、市町村が実施する指定介護老人福祉施設、介護老人保健施設、老人短期入所施設、老人デイサービスセンター、指定訪問看護ステーションの５施設により介護サービスを提供する事業は、介護サービス事業として公営企業会計の対象とされている。

令和３年度末において、介護保険事業の保険者は、1,571団体（前年度同数）となっている。

また、介護サービス事業勘定を設置している団体は、617団体（前年度635団体）となっている。

ア 保険事業勘定

（ア）歳入

保険事業勘定の歳入決算額は11兆8,771億円で、前年度と比べると2.5％増となっている。

歳入の内訳をみると、**第72図**のとおりである。また、前年度と比べると、支払基金交付金が1.9％増、国庫支出金が2.3％増、保険料が3.1％増、他会計繰入金が1.5％増、都道府県支出金が1.9％増となっている*15。

第72図　介護保険事業の歳入決算の状況（保険事業勘定）（令和３年度）

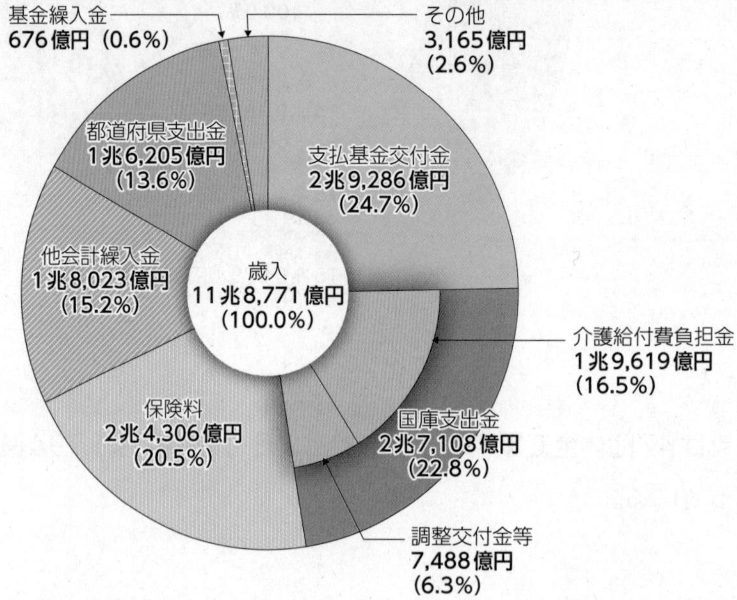

（イ）歳出

歳出決算額は11兆5,326億円で、前年度と比べると2.5％増となっている。

歳出の内訳をみると、**第73図**のとおりである。また、前年度と比べると、保険給付費が2.0％増となっている。

＊15　国庫支出金　　：・介護給付費負担金（介護給付及び予防給付に要する費用の額（以下「介護・予防給付額」という。）の100分の20（施設等給付費にあっては100分の15）に相当する額）
・調整交付金（介護・予防給付額の100分の5に相当する額）等

都道府県支出金：都道府県の法定負担（※1）を含む
（※1）介護・予防給付額の100分の12.5（施設等給付費にあっては100分の17.5）に相当する額

他会計繰入金　：市町村の法定負担分（※2）を含む
（※2）介護・予防給付額の100分の12.5に相当する額

第73図　介護保険事業の歳出決算の状況（保険事業勘定）（令和３年度）

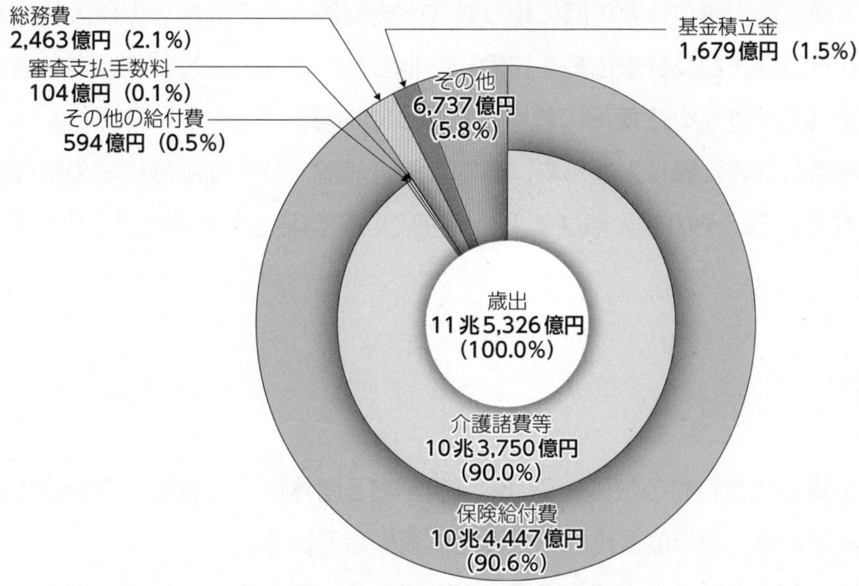

（ウ）収支

実質収支は3,363億円の黒字（前年度3,180億円の黒字）となっており、実質収支から財源補填的な他会計繰入金及び都道府県支出金を控除し、繰出金を加えた再差引収支についても、3,345億円の黒字（同3,161億円の黒字）となっている。

再差引収支を黒字・赤字団体別にみると、黒字団体数は1,565団体（前年度1,562団体）で、その黒字額は3,366億円（同3,187億円）となっている。

一方、赤字団体数は6団体（前年度9団体）で、その赤字額は21億円（同26億円）となっている。

イ　介護サービス事業勘定

介護サービス事業勘定の歳入決算額は173億円で、前年度と比べると2.8%減となっている。

歳出決算額は163億円で、前年度と比べると2.5%減となっている。

なお、実質収支は9億円の黒字（前年度10億円の黒字）となっており、再差引収支は67億円の赤字（同72億円の赤字）となっている。

(5) その他の事業

ア　収益事業

収益事業を実施した地方公共団体の数は、延べ278団体（前年度280団体）となっている。

これを事業別にみると、公営競技についてはモーターボート競走事業を施行した団体が103団体と最も多く、以下、自転車競走事業55団体、競馬事業48団体、小型自動車競走事業5団体の順となっている。

また、宝くじは、47都道府県及び20政令指定都市の67団体で発売されている。

収益事業の決算額は歳入5兆4,106億円、歳出5兆1,585億円で、前年度と比べると、歳入は

15.1%増、歳出は15.4%増となっている。

実質上の収支（歳入歳出差引額から翌年度に繰り越すべき財源、他会計からの繰入金、過去の収益を積み立てた基金からの繰入金及び未払金を控除し、他会計への繰出金及び未収金を加えた額）は、6,157億円の黒字（前年度5,452億円の黒字）となっている。

収益金の大部分は普通会計等に繰り入れられ、道路、教育施設、社会福祉施設等の整備事業などの財源として活用されている。その繰入額は4,181億円で、前年度と比べると10.9%増となっている。

イ 共済事業

（ア）農業共済事業

農業共済事業を実施した市町村の数は、2団体（前年度5団体）で、農業共済組合による共済事業への移行が進んだため、前年度と比べると3団体減少している。

農業共済事業会計の決算額は歳入26億円、歳出26億円で、前年度と比べると、歳入は19.0%増、歳出は19.6%増となっている。

なお、実質上の収支（歳入歳出差引額から支払準備金積立額、責任準備金積立額、繰入金及び未払金を控除し、繰出金及び未収金を加えた額）は、3億円の赤字（前年度2億円の赤字）となっている。

（イ）交通災害共済事業

直営方式により交通災害共済事業を実施した地方公共団体の数は、56団体（前年度58団体）となっている。

交通災害共済事業会計の決算額は歳入51億円、歳出40億円で、前年度と比べると、歳入は9.5%増、歳出は15.9%増となっている。

なお、実質上の収支（歳入歳出差引額から未経過共済掛金、繰入金及び未払金を控除し、繰出金及び未収金を加えた額）は、13億円の黒字（前年度14億円の黒字）となっている。

ウ 公立大学附属病院事業

公立大学附属病院事業を実施した地方公共団体の数は、1団体（前年度同数）である。

公立大学附属病院事業会計の決算額は、収益的収支では総収益24億円、総費用25億円となり、前年度と比べると、総収益は4.3%増、総費用は1.4%増となっている。

また、資本的収支では資本的収入5億円、資本的支出5億円で、前年度と比べると、資本的収入は6.2%減、資本的支出は5.6%減となっている。

実質収支は0.3億円の黒字（前年度0.5億円の黒字）となっている。

(6) 第三セクター等

第三セクター等＊16は、地域住民の暮らしを支える事業を行う重要な役割を担う一方で、経営が著しく悪化した場合には、地方公共団体の財政に深刻な影響を及ぼすことが懸念される。

特に地方公共団体に相当程度の財政的なリスクが存在する第三セクター等については、「第三セクター等の経営健全化方針の策定と取組状況の公表について」（令和元年7月23日付け総務省自治財政局公営企業課長通知）により、地方公共団体に対し、経営健全化方針の策定と、それに基づく取組の着実な実施を要請している。

第三セクター等に係る財政的リスクの状況は**第35表**のとおりである。

第35表　経営健全化方針の策定要件に該当する第三セクター等

法人分類	調査対象の第三セクター等（※1）	経営健全化方針の策定要件に該当する第三セクター等					
			Ⅱ　実質的に債務超過である法人				
		Ⅰ 債務超過法人	a 事業の内容に応じて時価で評価した場合に債務超過になる法人	b 土地開発公社のうち、債務保証等の対象となっている保有期間が5年以上の土地の簿価総額が、当該地方公共団体の標準財政規模の10％以上の公社	Ⅲ 当該地方公共団体の標準財政規模に対する損失補償、債務保証及び短期貸付けの合計額の比率が、実質赤字比率（＊）の早期健全化基準（※2）相当以上の法人	合計 （Ⅰ～Ⅲの重複を除く。）	（参考） 前年度調査 合計 （Ⅰ～Ⅲの重複を除く。）
	法人数	法人数	法人数	法人数	法人数	法人数	法人数
第三セクター	665	213	2	0	10	224	233
社団・財団法人	258	21	0	0	9	30	32
会社法法人	407	192	2	0	1	194	201
地方三公社	417	30	3	14	23	57	69
地方住宅供給公社	26	6	0	0	0	6	6
地方道路公社	22	1	0	0	3	4	5
土地開発公社	369	23	3	14	20	47	58
合計	1,082	243	5	14	33	281	302
調査対象に対する割合	100.0%	22.5%	0.5%	1.3%	3.0%	26.0%	26.8%

（※1）地方公共団体が一定の関与をしている次の①又は②の第三セクター等をいう。
　①　地方公共団体が損失補償、債務保証又は貸付け（長期・短期）を行っている法人
　②　債務超過法人（事業の内容に応じて時価で評価した場合に債務超過になる法人を含む。）であって、当該地方公共団体の出資割合が25％以上の法人
　（①と②の法人は重複する場合がある。）
（※2）令和3年度決算に基づく実質赤字比率の早期健全化基準は、道府県は3.75％、東京都は5.72％、市区町村は11.25％～15％。
注1：同じ法人に対して複数の地方公共団体が財政的支援や出資を行っている場合、法人1件として計上している。
注2：表中Ⅰ～Ⅲは、経営健全化方針の策定要件である。一つの法人がⅠ～Ⅲの複数に該当する場合、Ⅰ～Ⅲそれぞれに1件として計上している。

＊16　第三セクター等とは、次の法人をいう。
（ア）第三セクター
a　社団法人・財団法人（「一般社団法人及び一般財団法人に関する法律」（平成18年法律第48号）等の規定に基づいて設立されている一般社団法人及び一般財団法人（公益社団法人及び公益財団法人を含む。）並びに特例民法法人）のうち、地方公共団体が出えんを行っている法人
b　会社法法人（「会社法」（平成17年法律第86号）等の規定に基づいて設立されている株式会社、合名会社、合資会社、合同会社及び特例有限会社）のうち、地方公共団体が出資を行っている法人
（イ）地方三公社
地方住宅供給公社、地方道路公社及び土地開発公社

8　東日本大震災の影響

平成23年3月11日に発生した東日本大震災は、死者19,759人、行方不明者2,553人（令和4年3月8日、総務省消防庁発表）、被害総額（推計）約16兆9千億円（平成23年6月24日、内閣府（防災担当）発表）にのぼる被害をもたらすとともに、全国的にも生産、消費、物流等の経済活動に大きな影響を与えた。

政府は、東日本大震災発生直後から、被災者の生活の支援や被災地の復旧・復興対策に当たってきており、令和3年度においても前年度に引き続き、被災地の地方公共団体を中心に復旧・復興事業などの東日本大震災関連経費が支出された。その状況は次のとおりである。

(1)　普通会計

ア　東日本大震災分の決算の状況

普通会計における東日本大震災分の決算の状況は、**第36表**のとおりである。

第36表　普通会計における東日本大震災分の決算の状況（純計）　（単位　億円・%）

区分	令和3年度		令和2年度		比較	
	決算額	構成比	決算額	構成比	増減額	増減率
歳入	11,480	100.0	18,589	100.0	△7,109	△38.2
一般財源	1,668	14.5	4,720	25.4	△3,053	△64.7
うち震災復興特別交付税	964	8.4	4,007	21.6	△3,043	△75.9
国庫支出金	3,429	29.9	4,291	23.1	△861	△20.1
地方債	284	2.5	334	1.8	△50	△15.1
その他	6,098	53.1	9,243	49.7	△3,145	△34.0
うち繰入金	1,929	16.8	4,929	26.5	△3,001	△60.9
歳出（目的別）	9,677	100.0	15,203	100.0	△5,526	△36.4
総務費	1,465	15.1	1,804	11.9	△339	△18.8
民生費	403	4.2	604	4.0	△201	△33.3
商工費	1,225	12.7	2,046	13.5	△821	△40.1
災害復旧費	926	9.6	2,054	13.5	△1,128	△54.9
その他	5,658	58.4	8,695	57.1	△3,037	△34.9
歳出（性質別）	9,677	100.0	15,203	100.0	△5,526	△36.4
義務的経費	914	9.4	763	5.0	151	19.8
うち扶助費	28	0.3	33	0.2	△6	△16.7
投資的経費	4,834	49.9	9,155	60.2	△4,321	△47.2
うち普通建設事業費	3,907	40.4	7,101	46.7	△3,194	△45.0
うち災害復旧事業費	926	9.6	2,054	13.5	△1,128	△54.9
その他の経費	3,929	40.6	5,285	34.8	△1,356	△25.7
うち補助費等	1,115	11.5	1,674	11.0	△558	△33.4
うち積立金	1,258	13.0	1,131	7.4	127	11.2

歳入決算額は1兆1,480億円で、震災復興特別交付税の減少等による一般財源の減少、東日本大震災復興関連基金からの繰入金の減少等により、前年度と比べると38.2%減となっている。

歳出決算額は9,677億円で、性質別歳出では、補助事業費の減少等による普通建設事業費の減少、補助事業費の減少等による災害復旧事業費の減少等により、前年度と比べると36.4％減となっている。

なお、東日本大震災分の決算規模は、平成24年度以降減少傾向にある。

イ 特定被災地方公共団体等の決算の状況

（ア）特定被災県

a　歳入歳出

特定被災県（「東日本大震災に対処するための特別の財政援助及び助成に関する法律」（平成23年法律第40号）第２条第２項に定める特定被災地方公共団体である県をいう。以下同じ。）である９県（青森県、岩手県、宮城県、福島県、茨城県、栃木県、千葉県、新潟県、長野県）の歳入総額は、11兆9,616億円で、前年度と比べると4.5％増（全国では10.4％増）となっている。

このうち通常収支分は11兆3,055億円で、前年度と比べると9.4％増（全国では11.3％増）、東日本大震災分は6,561億円で、前年度と比べると40.9％減（同40.5％減）となっている。

特定被災県の歳出総額は11兆5,864億円で、前年度と比べると5.9％増（全国では11.1％増）となっている。

このうち通常収支分は11兆92億円で、前年度と比べると9.8％増（全国では11.8％増）、東日本大震災分は5,772億円で、前年度と比べると36.8％減（同36.5％減）となっている。なお、特定被災県の東日本大震災分の歳出は、全国の都道府県における東日本大震災分の歳出の98.2％を占めている。

b　地方債現在高等の状況

特定被災県の地方債現在高は15兆7,867億円で、前年度と比べると0.0％増（全国では0.1％増）となっている。債務負担行為額は9,172億円で、前年度と比べると0.2％減（同3.0％増）となっている。積立金現在高は１兆8,386億円で、前年度と比べると17.4％増（同21.4％増）となっている。

（イ）特定被災市町村等

a　歳入歳出

特定被災市町村等（「東日本大震災に対処するための特別の財政援助及び助成に関する法律第二条第二項及び第三項の市町村を定める政令」（平成23年政令第127号）の別表第１に定める特定被災地方公共団体である市町村並びに同令の別表第２及び別表第３に定める市町村のうち特定被災地方公共団体以外のものをいう。以下同じ。）である227市町村の歳入総額は８兆2,357億円で、前年度と比べると13.4％減（全国では9.7％減）となっている。

このうち通常収支分は７兆7,384億円で、前年度と比べると10.9％減（全国では9.3％減）、東日本大震災分は4,974億円で、前年度と比べると40.0％減（同37.3％減）となっている。

特定被災市町村等の歳出総額は７兆8,047億円で、前年度と比べると14.1％減（全国では10.6％減）となっている。

このうち通常収支分は７兆3,849億円で、前年度と比べると12.2％減（全国では10.4％

減）、東日本大震災分は4,199億円で、前年度と比べると37.6％減（同34.2％減）となっている。なお、特定被災市町村等の東日本大震災分の歳出は、全国の市町村における東日本大震災分の歳出の91.2％を占めている。

b　地方債現在高等の状況

特定被災市町村等の地方債現在高は６兆6,016億円で、前年度と比べると0.2％減（全国では0.2％減）、債務負担行為額は１兆3,715億円で、前年度と比べると1.8％増（同5.0％増）、積立金現在高は２兆1,256億円で、前年度と比べると8.4％増（同11.0％増）となっている。

(2) 公営企業会計等

公営企業等については、特定被災県及び「東日本大震災に対処するための特別の財政援助及び助成に関する法律第二条第二項及び第三項の市町村を定める政令」の別表第１に定める特定被災地方公共団体である178市町村（当該団体が加入する一部事務組合等を含む。以下「特定被災地方団体」という。）を対象として、東日本大震災の災害復旧事業に係る一般会計からの繰出基準の特例等を講じている。

特定被災地方団体における法適用企業と法非適用企業（建設中のものを除く。）を合わせた収支の状況は、黒字事業が794事業（事業数全体の90.0％）で、前年度と比べると1.9％増、黒字額は1,503億円で、前年度と比べると19.6％増となっている。また、赤字事業は88事業（事業数全体の10.0％）で、前年度と比べると22.1％減、赤字額は114億円で、前年度と比べると55.2％減となっている。

この結果、特定被災地方団体における公営企業等の総収支は1,389億円の黒字で、前年度と比べると38.5％増となっている。

9 令和３年度決算に基づく健全化判断比率等の状況

「地方公共団体の財政の健全化に関する法律」（平成19年法律第94号。以下「地方公共団体財政健全化法」という。）に基づき、健全化判断比率（＊）又は資金不足比率（＊）が、早期健全化基準、財政再生基準又は経営健全化基準以上となった場合には、これらの健全化判断比率等を公表した年度の末日までに、財政健全化計画、財政再生計画又は経営健全化計画を定めなければならないこととされている。

令和３年度決算に基づく健全化判断比率が早期健全化基準以上である団体数の状況は、**第37表**のとおりである。団体区分別の合計（純計）は、前年度と同数の市区１団体で、当該団体は財政再生基準以上となっており、新たに早期健全化基準以上となった団体はない。このため、令和３年度に財政健全化計画等を策定した団体はなく、財政再生計画について実施状況報告を行った団体は、市区１団体である。

第37表　健全化判断比率が早期健全化基準以上である団体数の状況（令和３年度）

	実質赤字比率	連結実質赤字比率(＊)	実質公債費比率	将来負担比率(＊)	合計	合計（純計）
都道府県（47団体）	0	0	0	0	0	0
政令指定都市（20団体）	0	0	0	0	0	0
市区（795団体）	0	0	1 (1)	0	1 (1)	1 (1)
町村（926団体）	0	0	0	0	0	0
合計（1,788団体）	0	0	1 (1)	0	1 (1)	1 (1)

（注）1　（　）内の数値は、財政再生基準以上である団体数であり、内数である。
　　　2　将来負担比率には、財政再生基準はない。

また、令和３年度決算に基づく資金不足比率が経営健全化基準以上である会計数は７会計である。

令和３年度決算に基づく健全化判断比率等のそれぞれの状況は、以下のとおりである。

(1) 実質赤字比率

実質赤字比率における早期健全化基準については、市区町村は財政規模に応じ11.25％～15％、道府県は3.75％となっている。また、財政再生基準については、市区町村は20％、道府県は5％となっている。

令和３年度決算において、実質赤字額がある（実質赤字比率が0％超である）団体はない（前年度市区１団体）。

(2) 連結実質赤字比率

連結実質赤字比率における早期健全化基準については、市区町村は財政規模に応じ16.25%～20%、道府県は8.75%となっている。また、財政再生基準については、市区町村は30%、道府県は15%となっている。

令和３年度決算において、連結実質赤字額がある（連結実質赤字比率が0%超である）団体はない（前年度町村１団体）。

(3) 実質公債費比率

ア 実質公債費比率の段階別分布状況

実質公債費比率の段階別分布状況は、**第74図**のとおりである。

実質公債費比率における早期健全化基準については25%、財政再生基準については35%となっている。実質公債費比率が早期健全化基準以上財政再生基準未満である団体はなく、財政再生基準以上である団体数は、市区１団体（構成比0.1%）となっている。

なお、実質公債費比率が18%以上の場合、地方債の発行に総務大臣等の許可が必要となっており、これらの団体数は、財政再生基準以上である団体を含め、都道府県１団体（構成比2.1%）、市区１団体（同0.1%）の合計２団体（同0.1%）となっている。

第74図　実質公債費比率の段階別分布状況（令和３年度）

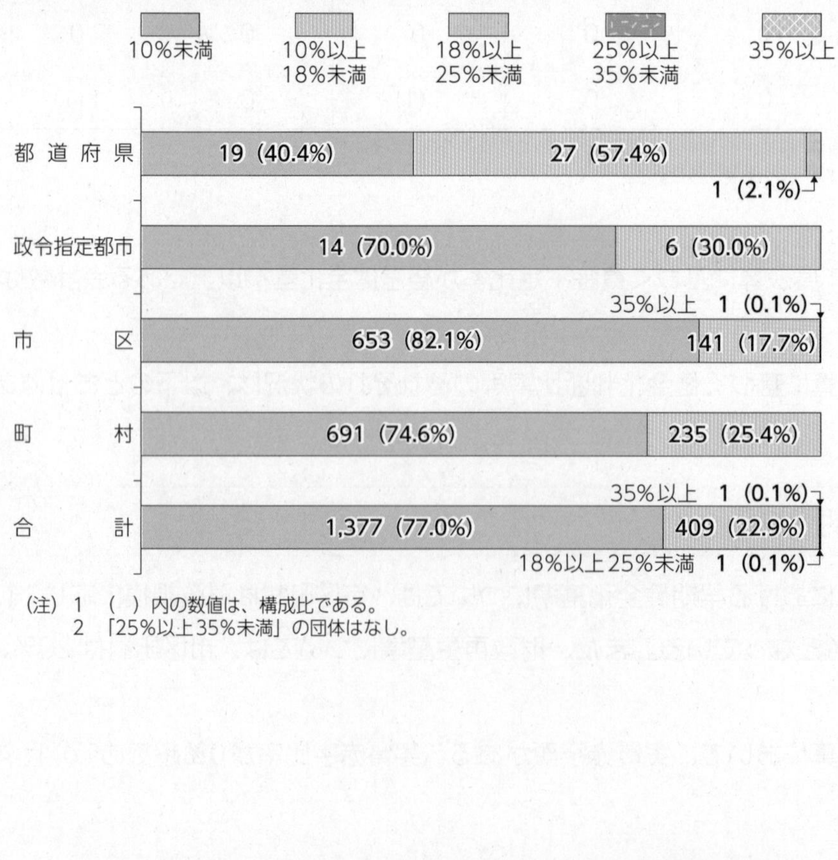

（注）1　（　）内の数値は、構成比である。
　　　2　「25%以上35%未満」の団体はなし。

イ　団体区分別実質公債費比率の状況

団体区分別の実質公債費比率の状況は、**第38表**のとおりであり、実質公債費比率の平均は、都道府県10.1％、政令指定都市7.1％、市区4.7％、町村7.5％となっている。

また実質公債費比率の推移は**第75図**のとおりである。

第38表　団体区分別実質公債費比率の状況　（単位　％）

区　分	都道府県	政令指定都市	市　区	町　村	市区町村合計
令和３年度	10.1	7.1	4.7	7.5	5.5

（注）１　比率は、加重平均である。
２　「市区町村合計」には、政令指定都市を含んでいる。

第75図　団体区分別実質公債費比率の推移

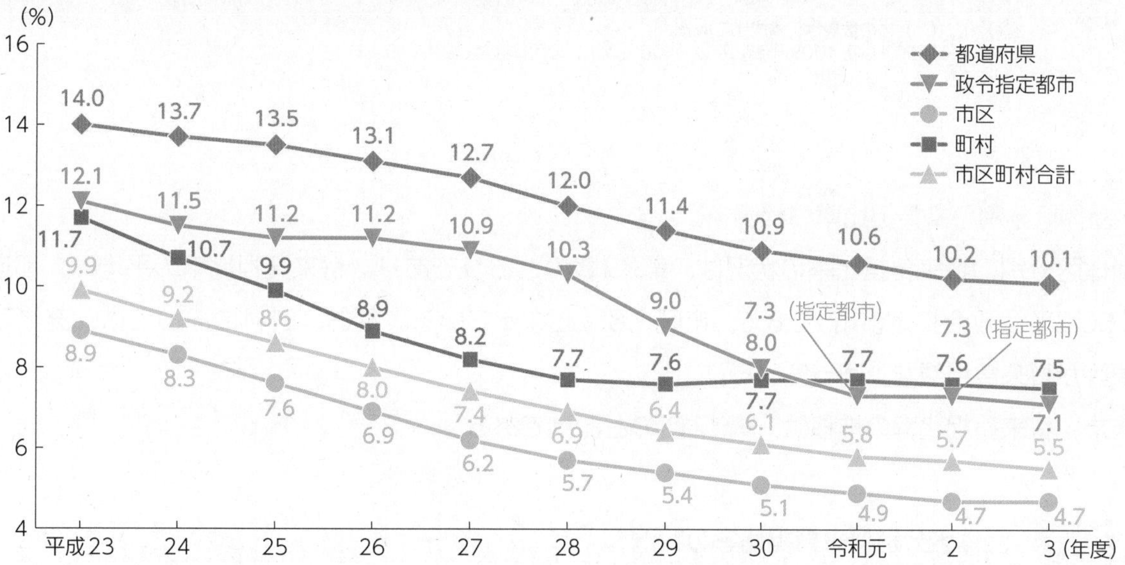

(4)　将来負担比率

ア　将来負担比率の段階別分布状況

将来負担比率の段階別分布状況は、**第76図**のとおりである。

将来負担比率における早期健全化基準については、市区町村（政令指定都市を除く。）は350％、都道府県及び政令指定都市は400％となっており、財政再生基準の設定はない。

将来負担比率が早期健全化基準以上である団体はなく、都道府県においては100％以上200％未満の区分、政令指定都市、市区及び町村においては100％未満の区分における団体数が最も多くなっている。

第76図　将来負担比率の段階別分布状況（令和３年度）

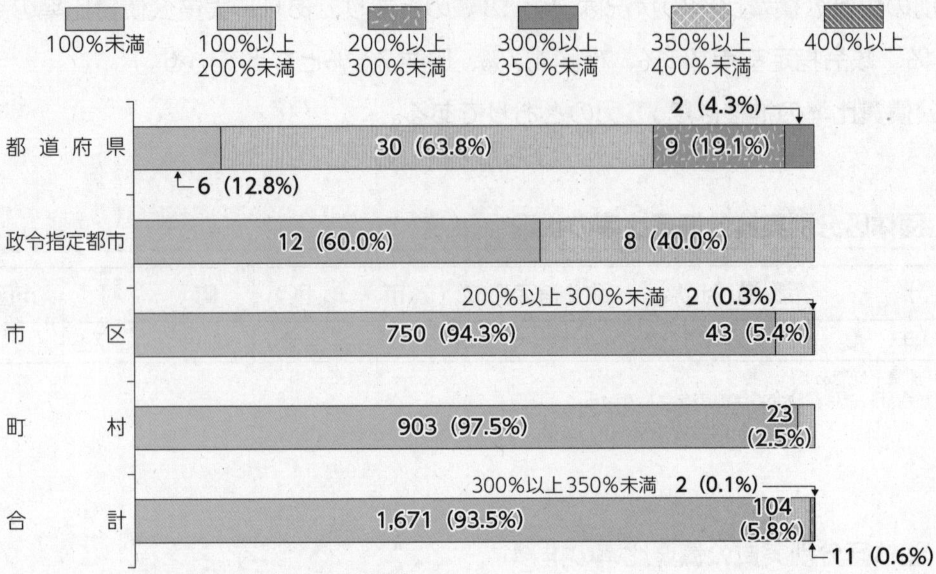

（注）1　（　）内の数値は、構成比である。
2　「350%以上400%未満」及び「400%以上」の団体はなし。

イ　団体区分別将来負担比率の状況

団体区分別の将来負担比率の状況は、**第39表**のとおりであり、将来負担比率の平均は、都道府県160.3%、政令指定都市72.8%、市区0.6%となっている。なお、町村においては、充当可能財源等が将来負担額を上回っている。

また、将来負担比率の推移は、**第77図**のとおりである。

第39表　団体区分別将来負担比率の状況　（単位　%）

区　分	都道府県	政令指定都市	市　区	町　村	市区町村合計
令和３年度	160.3	72.8	0.6	−	15.4

（注）1　比率は、加重平均である。
2　「市区町村合計」には、政令指定都市を含んでいる。
3　町村においては、充当可能財源等が将来負担額を上回ったことから、「−」で表記している。

第77図　団体区分別将来負担比率の推移

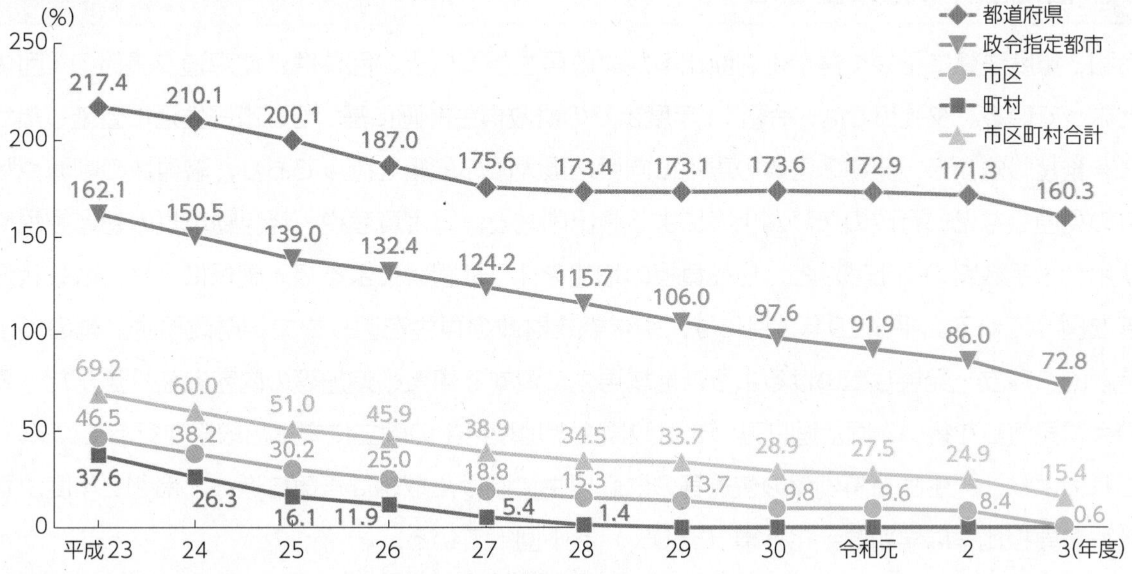

(注) 町村においては、平成29年度から充当可能財源等が将来負担額を上回っている。

(5) 資金不足比率

令和３年度決算において資金不足額がある公営企業会計数を事業種類別にみたものが**第40表**である。資金不足額がある公営企業会計数は44会計であり、前年度より６会計減少している。このうち資金不足比率が経営健全化基準（20%）以上である公営企業会計数は７会計であり、前年度より３会計減少している。その内訳は、令和３年度決算で新たに経営健全化基準以上となった会計が５会計あり、令和３年度決算で経営健全化基準未満となった会計が８会計ある。

第40表　資金不足額の状況

事業種類	資金不足額がある公営企業会計数	左記のうち資金不足比率が経営健全化基準以上である公営企業会計数
水道事業　(1,312会計)	0	0
簡易水道事業　(477会計)	3	1
工業用水道事業　(150会計)	0	0
交通事業　(79会計)	7	3
電気事業　(97会計)	1	0
ガス事業　(21会計)	0	0
港湾整備事業　(87会計)	0	0
病院事業　(562会計)	20	1
市場事業　(150会計)	0	0
と畜場事業　(37会計)	0	0
宅地造成事業　(394会計)	3	0
下水道事業　(2,233会計)	7	1
観光施設事業　(221会計)	2	1
その他事業　(97会計)	1	0
計　(5,917会計)	44	7

※(　)内は、事業種類別の公営企業会計数（法適用企業（地方公営企業法第２条の規定により同法の規定の全部又は一部を適用する企業）に係る特別会計及び法非適用企業（地方財政法第６条に規定する政令で定める公営企業のうち法適用企業以外のもの）に係る特別会計の会計数）である。

(6) 個別団体の財政健全化

令和3年度決算に基づく健全化判断比率が財政再生基準以上の団体は、北海道夕張市の1団体のみとなっている。夕張市では、令和11年度までの財政再生計画に基づき、市民生活に直結したサービスを維持しながら、早期の財政の再生に向けた最大限の取組を行っており、職員数の削減や職員給与の見直しなど、行政のスリム化等による歳出削減と、固定資産税・軽自動車税の超過課税や各種使用料・手数料の引上げなど、住民負担の増加を伴う取組等による歳入確保により、財政状況の改善を図っている。平成29年3月には、引き続き財政の再生を図りつつ、財政再生計画の終了後も持続的に存立・発展していけるよう、地域再生に資する事業の追加等の内容を盛り込んだ、同計画の大幅見直しを行い、同計画に基づき財政再生と地域再生の両立に向けた取組を行っている。

これにより、再生振替特例債の償還等の財政再生に向けた取組は着実に進み、令和2年度決算以降、将来負担比率は早期健全化基準（350%）を下回っている。

また、地域再生への取組として、令和2年3月に支所、図書館、多目的ホール等の機能を持った拠点複合施設が供用を開始し、令和3年4月に認定こども園が開園したほか、市立診療所の移転改築が進められている。

資金不足比率が経営健全化基準以上の公営企業会計について、平成29年度決算に基づく資金不足比率が経営健全化基準以上となった1会計の公営企業は、平成30年度に経営健全化計画を策定し、資金不足額が減少するよう、収益の増加や経費の節減などの取組を行った結果、公営企業の経営の健全化が完了したため、地方公共団体財政健全化法に基づいて令和4年度中に完了報告を行った。

令和2年度決算に基づく資金不足比率が経営健全化基準以上となった10会計のうち、3会計（法適用企業であって繰越欠損金がない2会計及び資金不足比率が経営健全化基準以上の期間が令和2年度限りであった5会計については、経営健全化計画の策定を要しない。）については、経営健全化計画を策定し、同計画に基づいて、収益の増加や経費の節減などの取組を行っている。

令和3年度決算に基づく資金不足比率が経営健全化基準以上となったのは7会計であった。既に経営健全化計画を策定済みである2会計を除く5会計のうち、令和4年度決算に基づく資金不足比率が経営健全化基準以上となる見込みである会計については、同年度末までに同計画を策定し、経営健全化のための取組を行うこととしている。

10 市町村の規模別財政状況

市町村（特別区及び一部事務組合等を除く。以下この節において同じ。）を団体規模別（政令指定都市、中核市、施行時特例市、中都市（人口10万人以上の市）、小都市（人口10万人未満の市）、人口１万人以上の町村及び人口１万人未満の町村）にグループ化を行い、人口１人当たりの決算額等を中心に財政状況を分析すると、以下のとおりである。

(1) 人口１人当たりの決算規模等

人口１人当たりの決算額をみると、**第41表**のとおりである。

これをみると、政令指定都市、中核市及び施行時特例市については、行政権能が異なっており、人口１人当たりの決算額にも差が生じている。その他の市町村については、規模が小さな団体ほど人口１人当たり決算額が大きくなる傾向がある。

第41表　団体規模別人口１人当たり決算額の状況　（単位　千円）

区分	令和３年度 人口１人当たり		令和２年度 人口１人当たり		増減 人口１人当たり	
	歳入	歳出	歳入	歳出	歳入	歳出
市町村合計	560	537	616	598	△56	△61
政令指定都市	617	607	658	649	△41	△42
中核市	476	459	539	525	△63	△66
施行時特例市	428	407	490	474	△62	△67
中都市	478	455	540	520	△62	△65
小都市	590	561	654	630	△64	△69
町村（人口1万人以上）	614	581	675	649	△61	△68
町村（人口1万人未満）	1,249	1,182	1,274	1,217	△25	△35

(2) 人口１人当たりの歳入

歳入決算の主な内訳は、**第78図**のとおりである。

地方税の構成比の高い順にみると、施行時特例市、政令指定都市、中核市の順となっており、団体規模が大きいほど地方税の歳入総額に占める割合が高い傾向となっている。

一方、地方交付税の構成比の高い順にみると、人口１万人未満の町村、人口１万人以上の町村、小都市の順となっており、団体規模が小さいほど地方交付税の歳入総額に占める割合が高い傾向となっている。

また、国庫支出金の構成比の高い順にみると、中核市、政令指定都市、施行時特例市の順となっており、団体規模が大きいほど国庫支出金の歳入総額に占める割合が高い傾向となっている。

地方税の歳入総額に占める割合の分布状況を団体規模別にみると、**第79図**のとおりであり、団体規模が小さいほど地方税の歳入総額に占める割合が低い団体の構成比が大きくなっている。

第78図　団体規模別歳入決算の状況（人口１人当たり額及び構成比）（令和３年度）

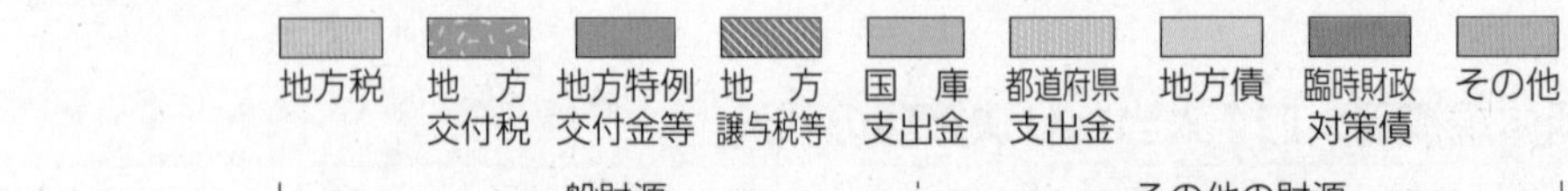

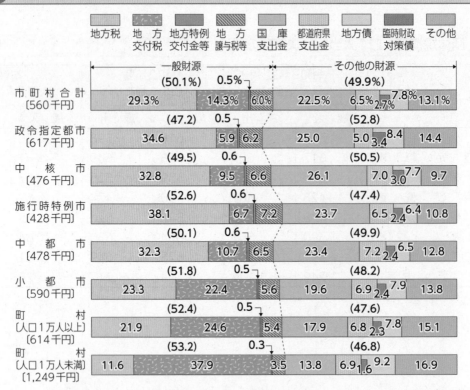

（注）1　「市町村合計」は、政令指定都市、中核市、施行時特例市、中都市、小都市及び町村の合計である。
2　「国庫支出金」には、国有提供施設等所在市町村助成交付金を含み、交通安全対策特別交付金を除く。
3　「地方譲与税等」には、地方消費税交付金等の各種交付金を含む。
4　〔　〕内の数値は、人口１人当たりの歳入決算額である。

第79図　団体規模別地方税の歳入総額に占める割合の状況

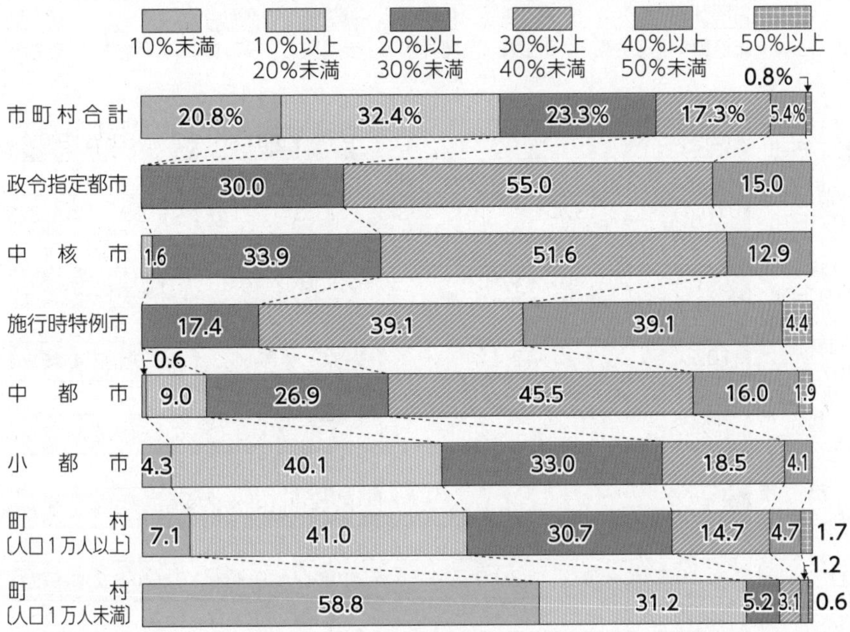

（注）「市町村合計」は、政令指定都市、中核市、施行時特例市、中都市、小都市及び町村の合計である。

(3) 人口１人当たりの歳出

目的別歳出決算の主な内訳は、**第80図**のとおりである。

民生費の構成比については、町村（福祉事務所を設置する町村を除く。）における生活保護費等を都道府県が負担していることなどから、町村が低くなっている。

教育費の構成比については、義務教育諸学校の人件費を負担していることなどから、政令指定都市が高くなっている。

農林水産業費の構成比については、団体規模が小さいほど高い傾向となっている。

性質別歳出決算の主な内訳は、**第81図**のとおりである。

義務的経費の構成比については、団体規模が大きいほど高い傾向となっている。人件費の構成比については、義務教育諸学校の人件費を負担していることなどから、政令指定都市が高くなっている。扶助費の構成比については、町村（福祉事務所を設置する町村を除く。）における生活保護費等を都道府県が負担していることなどから、町村が低くなっている。

投資的経費の構成比については、団体規模が小さいほど高い傾向となっている。

第80図　団体規模別歳出（目的別）決算の状況（人口1人当たり額及び構成比）（令和3年度）

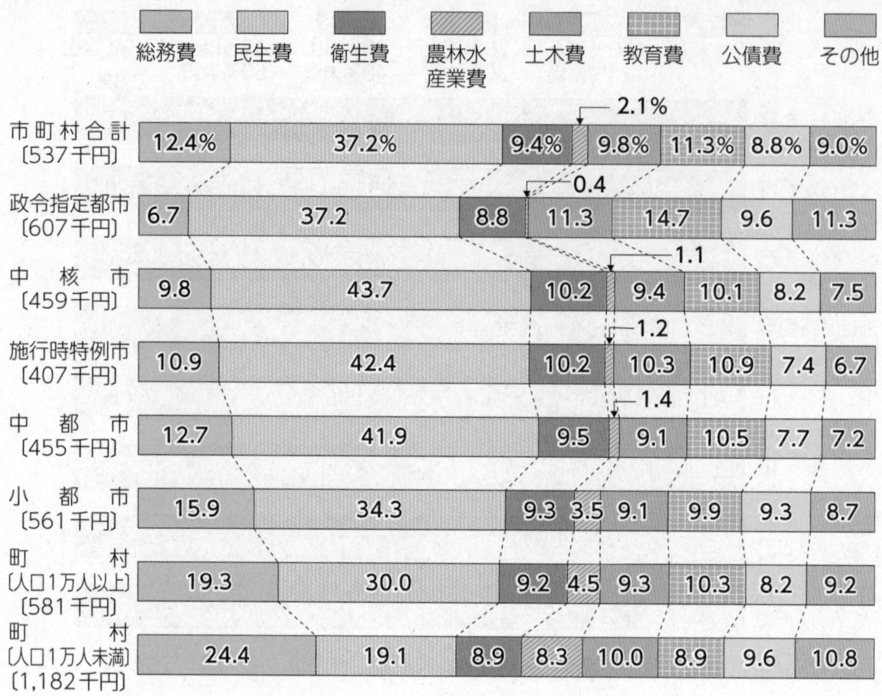

（注）1 「市町村合計」は、政令指定都市、中核市、施行時特例市、中都市、小都市及び町村の合計である。
2 〔 〕内の数値は、人口1人当たりの歳出決算額である。

第81図　団体規模別歳出（性質別）決算の状況（人口1人当たり額及び構成比）（令和3年度）

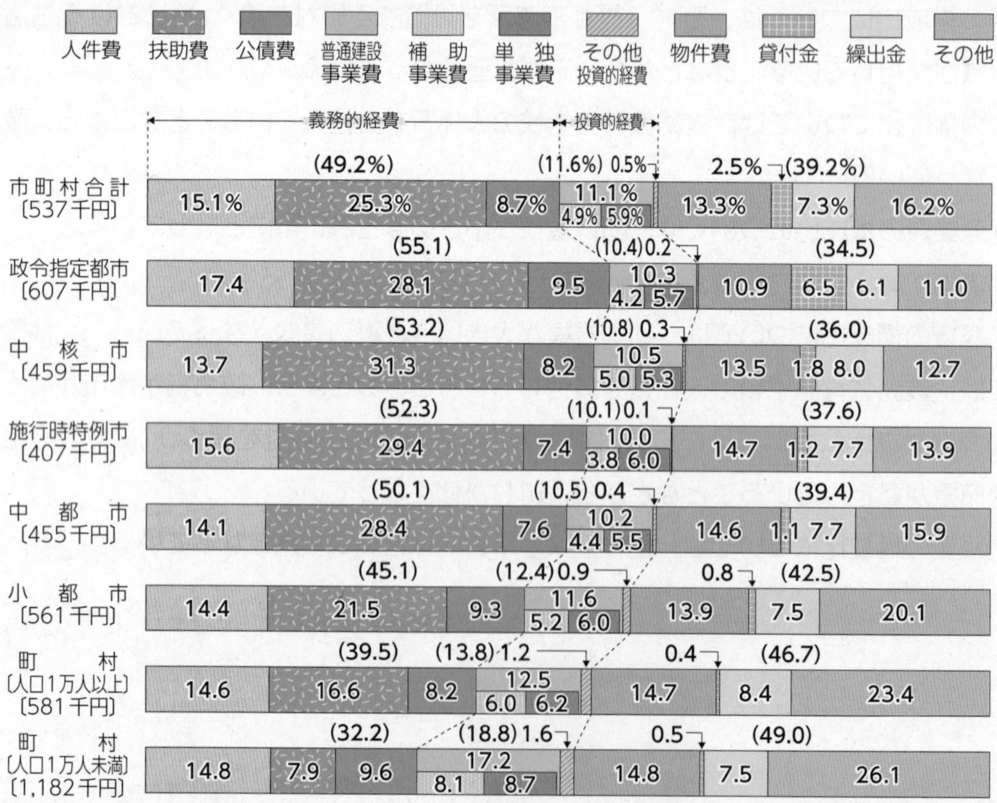

（注）1 「市町村合計」は、政令指定都市、中核市、施行時特例市、中都市、小都市及び町村の合計である。
2 〔 〕内の数値は、人口1人当たりの歳出決算額である。

(4) 財政構造の弾力性

ア 経常収支比率

団体規模別経常収支比率の状況は、**第42表**のとおりである。団体規模が大きいほど経常収支比率が高い傾向にある。政令指定都市の経常収支比率が高いのは、経常経費に占める人件費及び公債費の割合が大きいことなどによるものである。また、町村の経常収支比率が比較的低いのは、主として、福祉事務所を設置する町村を除き、生活保護費等を都道府県が負担していること等により、経常経費に占める扶助費の割合が小さいことなどによるものである。

第42表 団体規模別経常収支比率の状況（令和３年度）（単位　％）

区分	経常収支比率	うち						
		人件費	物件費	扶助費	補助費等	公債費	繰出金	その他
政令指定都市	92.7	29.8	11.6	15.6	7.4	17.6	8.8	1.9
中核市	88.7	23.5	14.5	14.6	8.3	14.9	11.2	1.7
施行時特例市	88.8	25.4	16.0	12.6	9.1	13.1	10.5	2.1
中都市	88.6	23.8	16.0	12.7	10.2	13.7	10.7	1.5
小都市	88.1	23.7	13.8	9.4	12.6	16.3	10.5	1.8
町村（人口1万人以上）	84.6	23.1	14.0	6.7	13.9	14.1	11.2	1.6
町村（人口1万人未満）	81.7	23.8	13.3	3.4	13.3	16.5	9.3	2.1

(注) 比率は、加重平均である。

イ 実質公債費比率

団体規模別実質公債費比率の状況は、**第43表**のとおりである。

これをみると、政令指定都市、中核市、施行時特例市は団体規模が大きいほど高くなる傾向にあり、中都市、人口１万人以上の町村、人口１万人未満の町村では、団体規模が小さいほど高くなる傾向にある。

第43表 団体規模別実質公債費比率の状況（令和３年度）（単位　％）

区分	実質公債費比率
政令指定都市	7.1
中核市	5.2
施行時特例市	3.6
中都市	4.5
小都市	7.4
町村（人口1万人以上）	7.3
町村（人口1万人未満）	7.8

(注) 比率は、加重平均である。

2

第2部

令和４年度及び令和５年度の地方財政

1　令和４年度の地方財政

(1)　国の予算

「令和４年度予算編成の基本方針」（令和３年12月３日閣議決定）及び「令和４年度の経済見通しと経済財政運営の基本的態度」（令和３年12月23日閣議了解、令和４年１月17日閣議決定）に基づいて、令和３年12月24日、令和４年度一般会計歳入歳出概算が閣議決定された。

令和４年度予算は、以下のような基本的な考え方により編成された。

ア　令和４年度予算の基本的な考え方

（ア）　我が国経済は、新型コロナウイルス感染症による厳しい状況が徐々に緩和されつつあるものの、引き続き持ち直しの動きに弱さがみられる。先行きについては、経済社会活動が正常化に向かう中で、各種政策の効果や海外経済の改善もあって、景気が持ち直していくことが期待される。ただし、供給面での制約や原材料価格の動向による下振れリスクに十分注意する必要がある。また、足元では新たな変異株の出現による感染拡大への懸念が生じていることから、新型コロナウイルス感染症による内外経済への影響や金融資本市場の変動等の影響を注視する必要がある。

（イ）　このように先行き不透明な中、岸田内閣では、最悪の事態を想定しつつ水際対策を行うなど、喫緊かつ最優先の課題である新型コロナウイルス感染症対応に万全を期し、感染症により大きな影響を受ける方々の支援等を速やかに行うべく必要な対策を講じるとともに、「成長と分配の好循環」と「コロナ後の新しい社会の開拓」をコンセプトとした新しい資本主義を実現すべく精力的に取り組んでいるところである。

（ウ）　まず、新型コロナウイルス感染症対応については、これまでも、感染状況や、企業や暮らしに与える影響に十分に目配りを行い、予備費なども活用して必要な対策を柔軟に行ってきているが、今般、新型コロナウイルス感染症の拡大防止、「ウィズコロナ」下での社会経済活動の再開と次なる危機への備え、未来社会を切り拓く「新しい資本主義」の起動、防災・減災、国土強靱化の推進など安全・安心の確保を柱とする「コロナ克服・新時代開拓のための経済対策」（令和３年11月19日閣議決定）を策定したところであり、これを速やかに実行に移していく。

（エ）　経済財政運営に当たっては、最大の目標であるデフレからの脱却を成し遂げる。危機に対する必要な財政支出は躊躇なく行い、万全を期する。経済あっての財政であり、順番を間違えてはならない。まずは、経済をしっかり立て直す。そして、財政健全化に向けて取り組んでいく。

（オ）　その上で、岸田内閣が目指すのは、「成長と分配の好循環」と「コロナ後の新しい社会の開拓」をコンセプトとする新しい資本主義の実現である。

成長を目指すことは極めて重要であり、その実現に全力で取り組む。しかし、分配なくして次の成長なし。成長の果実をしっかりと分配することで、初めて次の成長が実現する。

具体的には、科学技術立国の実現、地方を活性化し、世界とつながる「デジタル田園都市国家構想」、経済安全保障の推進を3つの柱とした大胆な投資により、ポストコロナ社会を見据えた成長戦略を国主導で推進し、経済成長を図る。また、賃上げの促進等による働く人への分配機能の強化、看護・介護・保育等に係る公的価格の在り方の抜本的な見直し、少子化対策等を含む全ての世代が支え合う持続可能な全世代型社会保障制度の構築を柱とした分配戦略を推進する。

(カ)　加えて、東日本大震災からの復興・創生、高付加価値化と輸出力強化を含む農林水産業の振興、老朽化対策を含む防災・減災、国土強靱化や交通、物流インフラの整備等の推進、観光や文化・芸術への支援など、地方活性化に向けた基盤づくりに積極的に投資する。年代・目的に応じた、デジタル時代にふさわしい効果的な人材育成、質の高い教育の実現を図る。2050年カーボンニュートラルを目指し、グリーン社会の実現に取り組む。

これまでにない速度で厳しさを増す国際情勢の中で、国民を守り抜き、地球規模の課題解決に向けて国際社会を主導するため、外交力や防衛力を強化する等、安全保障の強化に取り組む。

これまでの政府・与党の決定を踏まえた取組を着実に進めるとともに、財政の単年度主義の弊害を是正し、科学技術の振興、経済安全保障、重要インフラの整備などの国家課題に計画的に取り組む。

イ　令和4年度予算編成についての考え方

(ア)　令和4年度予算編成に当たっては、新型コロナウイルス感染症への対応に万全を期すとともに、成長と分配の好循環による新しい資本主義の実現に向けて、上記の基本的な考え方を踏まえる。

(イ)　具体的には、新型コロナウイルス感染症の克服に向け、国民を守る医療提供体制や検査体制の確保、変異株を含む新たなリスクに対する万全の備えのためのワクチン・治療薬等の研究開発、雇用・事業・生活に対する支援等を推進する。

(ウ)　また、「コロナ後の新しい社会」を見据え、成長と分配の好循環を実現するため㋐(オ)に掲げる成長戦略、分配戦略などに基づき予算を重点配分する。また、㋐(カ)のとおり、東日本大震災を始め各地の災害からの復興・創生や防災・減災、国土強靱化等に対応するとともに、現下の国際情勢に的確に対応し、国家の安全保障をしっかりと確保する。

(エ)　あわせて、「経済財政運営と改革の基本方針2021」(令和3年6月18日閣議決定。以下「骨太方針2021」という。)における令和4年度予算編成に向けた考え方に基づいて、新型コロナウイルス感染症の状況を踏まえつつ、メリハリの効いた予算とする。また、いわゆる「16か月予算」の考え方で、令和3年度補正予算と、令和4年度当初予算を一体として編成する。その中で、単年度主義の弊害是正のため必要に応じ新たに基金を創設する等の措置を講じていく。加えて、EBPMの仕組み等を活用し、適切かつ効果的な支出を推進する。

このような方針に基づいて編成された令和4年度一般会計歳入歳出概算の規模は107兆5,964億円で、前年度当初予算と比べると9,867億円増(0.9%増)となった。

財政投融資計画の規模は18兆8,855億円で、前年度計画額と比べると22兆201億円減(53.8%減)となっている。

なお、令和４年度予算は、令和４年１月17日に第208回通常国会に提出され、同年３月22日に成立した。

また、「令和４年度の経済見通しと経済財政運営の基本的態度」においては、令和４年度の国内総生産は564.6兆円程度、名目成長率は3.6％程度、実質成長率は3.2％程度となるものと見込まれた。

(2) 地方財政計画

令和４年度においては、通常収支分について、極めて厳しい地方財政の現状及び現下の経済情勢等を踏まえ、歳出面においては、地域社会のデジタル化や公共施設の脱炭素化の取組等の推進、消防・防災力の一層の強化等に対応するために必要な経費を計上するとともに、地方公共団体が行政サービスを安定的に提供できるよう、社会保障関係費の増加を適切に反映した計上等を行う一方、国の取組と基調を合わせた歳出改革を行うこととする。また、歳入面においては、骨太方針2021等を踏まえ、交付団体を始め地方の安定的な財政運営に必要となる地方の一般財源総額について、令和３年度地方財政計画の水準を下回らないよう実質的に同水準を確保することを基本として、引き続き生じることとなった大幅な財源不足について、地方財政の運営上支障が生じないよう適切な補填措置を講じることとする。

また、東日本大震災分については、復旧・復興事業及び全国防災事業について、通常収支とはそれぞれ別枠で整理し、所要の事業費及び財源を確保することとする。

なお、地方財政審議会からは、令和３年５月21日に「感染症を乗り越えて活力ある地域社会を実現するための地方税財政改革についての意見」及び同年12月10日に「今後目指すべき地方財政の姿と令和４年度の地方財政への対応等についての意見」が提出された。

以上を踏まえ、次の方針に基づき令和４年度の地方財政計画を策定している。

㋐ 通常収支分

（ア）地方税制については、令和４年度地方税制改正では、商業地等に係る令和４年度分の固定資産税等の税負担の調整、法人事業税の付加価値割における給与等の支給額が増加した場合の特例措置の拡充等、個人住民税における住宅借入金等特別税額控除の延長等の税制上の措置を講じることとしている。

（イ）地方財源不足見込額については、地方財政の運営に支障が生じることのないよう、次の措置を講じることとし、所要の法律改正を行う。

a　令和４年度の地方財源不足見込額２兆5,559億円については、令和２年度に講じた令和４年度までの間の制度改正に基づき、従前と同様の例により、次の補填措置を講じる。その結果、国と地方が折半して補填すべき額は生じないこととなる。

(a) 建設地方債（財源対策債）を7,600億円増発する。

(b) 地方交付税については、国の一般会計加算（「地方交付税法」（昭和25年法律第211号）附則第４条の２第１項の加算）により154億円増額する。

(c) 地方財政法第５条の特例となる地方債（臨時財政対策債）を１兆7,805億円発行する。

b　交付税特別会計借入金については、令和4年度から令和6年度までは各年度5,000億円を償還、令和7年度から令和10年度までは償還額を1,000億円ずつ増額し、令和11年度から令和36年度までは各年度1兆円を基本に償還するよう、償還計画の見直しを実施する。

c　上記の結果、令和4年度の地方交付税については、18兆538億円（前年度比6,153億円、3.5%増）を確保する。

(ウ) 地方債については、引き続き厳しい地方財政の状況の下で、地方財源の不足に対処するための措置を講じ、また、地方公共団体が緊急に実施する防災・減災対策、公共施設等の適正管理及び地域の活性化への取組等を着実に推進できるよう、所要の地方債資金を確保する。

この結果、地方債計画（*）（通常収支分）の規模は、10兆1,799億円（普通会計分7兆6,077億円、公営企業会計等分2兆5,722億円）とする。

(エ) 地域社会のデジタル化や公共施設の脱炭素化の取組等の推進、消防・防災力の一層の強化、地方創生の推進、地域社会の維持・再生、住民に身近な社会資本の整備、総合的な地域福祉施策の充実、農山漁村地域の活性化等を図ることとし、財源の重点的配分を行う。

a「地域デジタル社会推進費」については、引き続き2,000億円（前年度同額）計上する。

b「まち・ひと・しごと創生事業費」については、引き続き1兆円（前年度同額）計上する。

c「地域社会再生事業費」については、引き続き4,200億円（前年度同額）計上する。

d　投資的経費に係る地方単独事業費については、公共施設の脱炭素化の取組等を推進するため、「公共施設等適正管理推進事業費」について対象事業を拡充した上で、5,800億円（前年度比1,000億円、20.8%増）を計上することとしており、全体で前年度に比し1.6%増額し、引き続き、地域の自立や活性化につながる基盤整備を重点的・効率的に推進する。

e「人づくり革命」として、幼児教育・保育の無償化、待機児童の解消、高等教育の無償化、介護人材の処遇改善に係る措置を講じることとしており、当該措置に係る地方負担について所要の財政措置を講じる。

f　社会保障・税一体改革による「社会保障の充実」として、子ども・子育て支援、医療・介護サービスの提供体制改革、医療・介護保険制度改革等に係る措置を講じることとしており、当該措置に係る地方負担について所要の財政措置を講じる。

g　一般行政経費（*）に係る地方単独事業費については、社会保障関係費の増加等を適切に反映した計上を行うことにより、財源の重点的配分を図るとともに、地域において必要な行政課題に対して適切に対処する。

h　消防力の充実、防災・減災、国土強靱化の推進及び治安維持対策等住民生活の安心安全を確保するための施策に対し所要の財政措置を講じる。

i　過疎地域の持続的発展のための施策等に対し所要の財政措置を講じる。

(オ) 地方公営企業の経営基盤の強化を図るとともに、水道、下水道、交通、病院等住民生活に密接に関連した社会資本の整備の推進、公立病院における医療の提供体制の整備をはじめとする社会経済情勢の変化に対応した事業の展開等を図るため、経費負担区分等に基づき、一般会計から公営企業会計に対し所要の繰出しを行うこととする。

(カ) 地方行財政運営の合理化を図ることとし、行政のデジタル化、適正な定員管理、事務事業の見直しや民間委託など引き続き行財政運営全般にわたる改革を推進する。

イ 東日本大震災分

（ア）復旧・復興事業

a　東日本大震災に係る復旧・復興事業等の実施のための特別の財政需要等を考慮して交付することとしている震災復興特別交付税については、直轄・補助事業に係る地方負担分等を措置するため、1,069億円を確保する。また、一般財源充当分として４億円を計上する。

b　地方債については、復旧・復興事業を円滑に推進できるよう、所要額についてその全額を公的資金で確保する。

この結果、地方債計画（東日本大震災分）における復旧・復興事業の規模は、15億円（普通会計分９億円、公営企業会計等分６億円）とする。

c　直轄事業負担金及び補助事業費、「地方自治法」（昭和22年法律第67号）に基づく職員の派遣、投資単独事業等の地方単独事業費並びに地方税法等に基づく特例措置分等の地方税等の減収分見合い歳出等について所要の事業費2,987億円を計上する。

（イ）全国防災事業

全国防災事業については、地方税の臨時的な税制上の措置（平成25年度～令和５年度）による地方税の収入見込額として768億円を計上するとともに、一般財源充当分として254億円を計上する。

以上のような方針に基づいて策定した令和４年度の地方財政計画は、**第44表**のとおりとなっており、その規模は、通常収支分は90兆5,918億円で、前年度と比べると7,858億円増（0.9％増）となり、東日本大震災分は、復旧・復興事業が2,987億円で、前年度と比べると341億円減（10.2％減）、全国防災事業が1,023億円で、前年度と比べると67億円減（6.1％減）となっている。

また、令和４年度の地方債計画の規模は、通常収支分が10兆1,799億円（普通会計分７兆6,077億円、公営企業会計等分２兆5,722億円）で、前年度と比べると３兆4,574億円減（25.4％減）となっている。東日本大震災分は、復旧・復興事業が15億円（普通会計分９億円、公営企業会計等分６億円）で、前年度と比べると４億円増（36.4％増）となっている。

第44表　令和4年度地方財政計画歳入歳出一覧（その1　通常収支分）　（単位　億円・%）

区分		令和4年度 (A)	令和3年度 (B)	増減額 (A)−(B) (C)	増減率 (C)/(B)
歳入	地方税	412,305	382,704	29,601	7.7
	（猶予特例分除き）	412,305	380,802	31,503	8.3
	地方譲与税	25,978	18,462	7,516	40.7
	（猶予特例分除き）	25,978	18,219	7,759	42.6
	地方特例交付金等	2,267	3,577	△ 1,310	△36.6
	地方交付税	180,538	174,385	6,153	3.5
	国庫支出金	148,826	147,631	1,195	0.8
	地方債	76,077	112,407	△36,331	△32.3
	うち臨時財政対策債	17,805	54,796	△36,992	△67.5
	うち財源対策債	7,600	7,700	△ 100	△ 1.3
	使用料及び手数料	15,729	15,487	242	1.6
	雑収入	44,456	43,754	702	1.6
	復旧・復興事業一般財源充当分	△ 4	△ 2	△ 2	100.0
	全国防災事業一般財源充当分	△254	△345	91	△26.4
	計	905,918	898,060	7,858	0.9
	一般財源	638,635	633,577	5,058	0.8
	（猶予特例分除き）	638,635	631,432	7,203	1.1
	（水準超経費を除く交付団体ベース）	620,135	622,077	△ 1,942	△ 0.3
	（猶予特例分除き）	620,135	619,932	203	0.0
歳出	給与関係経費	199,644	201,540	△ 1,896	△ 0.9
	退職手当以外	185,283	186,816	△ 1,533	△ 0.8
	退職手当	14,361	14,724	△ 363	△ 2.5
	一般行政経費	414,433	408,824	5,609	1.4
	補助	234,578	229,416	5,162	2.3
	単独	148,667	148,296	371	0.3
	国民健康保険・後期高齢者医療制度関係事業費	14,988	14,912	76	0.5
	まち・ひと・しごと創生事業費	10,000	10,000	0	0.0
	地域社会再生事業費	4,200	4,200	0	0.0
	地域デジタル社会推進費	2,000	2,000	0	0.0
	公債費	114,259	117,799	△ 3,540	△ 3.0
	（猶予特例債除き）	114,259	115,654	△ 1,395	△ 1.2
	維持補修費	14,948	14,694	254	1.7
	うち緊急浚渫推進事業費	1,100	1,100	0	0.0
	投資的経費	119,785	119,273	512	0.4
	直轄・補助	56,648	57,136	△ 488	△ 0.9
	単独	63,137	62,137	1,000	1.6
	うち緊急防災・減災事業費	5,000	5,000	0	0.0
	うち公共施設等適正管理推進事業費	5,800	4,800	1,000	20.8
	うち緊急自然災害防止対策事業費	4,000	4,000	0	0.0
	公営企業繰出金	24,349	24,430	△ 81	△ 0.3
	企業債償還費普通会計負担分	14,398	14,718	△ 320	△ 2.2
	その他	9,951	9,712	239	2.5
	不交付団体水準超経費	18,500	11,500	7,000	60.9
	計	905,918	898,060	7,858	0.9
	（水準超経費を除く交付団体ベース）	887,418	886,560	858	0.1
	地方一般歳出（＊）	758,761	754,043	4,718	0.6

第44表　令和４年度地方財政計画歳入歳出一覧（その２　東日本大震災分）

（単位　億円・%）

（1）復旧・復興事業

区分		令和４年度 (A)	令和３年度 (B)	増減額 (A)−(B) (C)	増減率 (C)/(B)
歳入	震災復興特別交付税	1,069	1,326	△ 257	△ 19.4
	一般財源充当分	4	2	2	100.0
	国庫支出金	1,822	1,913	△ 91	△ 4.8
	地方債	9	8	1	12.5
	雑収入	83	79	4	5.1
	計	2,987	3,328	△ 341	△ 10.2
歳出	給与関係経費	58	65	△ 7	△ 10.8
	一般行政経費	1,418	1,686	△ 268	△ 15.9
	補助	921	1,003	△ 82	△ 8.2
	単独	497	683	△ 186	△ 27.2
	公債費	83	79	4	5.1
	投資的経費	1,428	1,497	△ 69	△ 4.6
	直轄・補助	1,426	1,410	16	1.1
	単独	2	87	△ 85	△ 97.7
	公営企業繰出金	0	1	△ 1	△100.0
	計	2,987	3,328	△ 341	△ 10.2

（2）全国防災事業

区分		令和４年度 (A)	令和３年度 (B)	増減額 (A)−(B) (C)	増減率 (C)/(B)
歳入	地方税	768	744	24	3.2
	一般財源充当分	254	345	△91	△26.4
	雑収入	1	1	0	0.0
	計	1,023	1,090	△67	△ 6.1
歳出	公債費	1,023	1,090	△67	△ 6.1
	計	1,023	1,090	△67	△ 6.1

(3) 令和4年度一般会計予備費等の使用及び補正予算

ア 令和4年度一般会計新型コロナウイルス感染症対策予備費等の使用とそれに伴う財政措置等

（ア）予備費の使用

令和4年度一般会計新型コロナウイルス感染症対策予備費及び令和4年度一般会計予備費の使用が令和4年4月28日に閣議決定された。

各予備費の使用額は、一般会計新型コロナウイルス感染症対策予備費において1兆1,170億円、一般会計予備費において3,940億円が計上された。

（イ）一般会計新型コロナウイルス感染症対策予備費の使用に係る財政措置

この予備費の使用による歳出の追加に伴い地方負担の増加が生じることから、当該地方負担については、新型コロナウイルス感染症対応地方創生臨時交付金により措置することとした。

（ウ）一般会計予備費の使用に係る財政措置

この予備費の使用により追加される中小企業等グループ施設等復旧整備補助事業（なりわい再建支援事業）については、地方負担額の95%を特別交付税により措置することとした。

（エ）新型コロナウイルス感染症対応地方創生臨時交付金（コロナ禍における原油価格・物価高騰対応分）の創設等

地方公共団体が、コロナ禍において原油価格や電気・ガス料金を含む物価の高騰の影響を受けた生活者や事業者の負担の軽減を、地域の実情に応じ、きめ細やかに実施できるよう、令和3年度補正予算で計上された新型コロナウイルス感染症対応地方創生臨時交付金のうち留保されていた2,000億円及びこの予備費で計上された8,000億円の合計1兆円の活用により「コロナ禍における原油価格・物価高騰対応分」を創設することとされた。また、このうち、8,000億円を先行交付し、残りの2,000億円については、今後のコロナ禍における原油価格・物価、感染状況や地域経済の状況等を踏まえて追加交付することとされた。

このほか、全額国費により、子育て世帯生活支援特別給付金の給付（2,043億円）等に係る事業を計上することとされた。

イ 令和4年度一般会計予備費の使用とそれに伴う財政措置

（ア）予備費の使用

令和4年度一般会計予備費について、令和4年8月26日に84億円の使用が閣議決定された。

（イ）予備費の使用に係る財政措置

この予備費の使用により追加される中小企業等グループ施設等復旧整備補助事業（なりわい再建支援事業）については、地方負担額の95%を特別交付税により措置することとした。

ウ 令和4年度一般会計新型コロナウイルス感染症及び原油価格・物価高騰対策予備費の使用

令和4年度一般会計新型コロナウイルス感染症及び原油価格・物価高騰対策予備費について、令和4年9月20日に3兆4,847億円の使用が閣議決定された。

この予備費で計上された4,000億円及び令和4年4月28日付で閣議決定された令和4年度一般会計新型コロナウイルス感染症対策予備費8,000億円のうち留保されていた2,000億円の合計

6,000億円の活用により、新型コロナウイルス感染症対応地方創生臨時交付金に「電力・ガス・食料品等価格高騰重点支援地方交付金」を創設することとされた。

このほか、全額国費により、住民税非課税世帯等に対する給付金の支給等（8,540億円）、新型コロナウイルス感染症緊急包括支援交付金の増額（8,266億円（医療分））等に係る事業を計上することとされた。

エ 令和４年度補正予算（第２号）とそれに伴う財政措置等

（ア）令和４年度補正予算（第２号）

令和４年度補正予算（第２号）は、令和４年11月８日に閣議決定、同年11月21日に第210回臨時国会に提出され、同年12月２日に成立した。

この補正予算においては、歳出面で、物価高騰・賃上げへの取組７兆8,170億円、円安を活かした地域の「稼ぐ力」の回復・強化３兆4,863億円、「新しい資本主義」の加速５兆4,956億円、防災・減災、国土強靱化の推進、外交・安全保障環境の変化への対応など、国民の安全・安心の確保７兆5,472億円、今後への備え４兆7,400億円等が追加計上されたほか、既定経費の減額１兆774億円の修正減少額が計上された。また、歳入面で、税収３兆1,240億円、税外収入6,731億円、前年度剰余金受入２兆2,732億円、公債金22兆8,520億円（建設公債２兆4,760億円及び特例公債20兆3,760億円）が追加計上された。

この結果、一般会計予算の規模は、歳入歳出とも令和４年度補正予算（第１号）による補正後予算に対し、28兆9,222億円増加し、139兆2,196億円となった。

（イ）令和４年度補正予算（第２号）に係る財政措置等

この補正予算においては、国税収入の補正等に伴い地方交付税が増額されるとともに、歳出の追加に伴う地方負担の増加が生じること等から、以下のとおり措置を講じることとした。

a　地方交付税

この補正予算において、地方交付税法第６条第２項の規定に基づき増額される令和４年度分の地方交付税の額１兆9,211億円（令和３年度国税決算に伴う地方交付税法定率分の増額１兆67億円及び令和４年度国税収入の補正に伴う地方交付税法定率分の増額9,144億円）については、以下のとおり措置する。

(a) 普通交付税の調整額を復活するとともに、地方公共団体が「物価高克服・経済再生実現のための総合経済対策」（令和４年10月28日閣議決定）の事業や同経済対策に合わせた独自の地域活性化策等を円滑に実施できるよう、令和４年度の地方交付税を4,970億円（普通交付税4,671億円及び特別交付税298億円）増額交付する。

この普通交付税の増額交付に対応して、令和４年度に限り、基準財政需要額の費目に「臨時経済対策費」を創設するとともに、調整額を復活する。

これに伴い、普通交付税の再算定を行う。

(b) 残余の額１兆4,242億円については、令和５年度分として交付すべき地方交付税の総額に加算して交付する措置を講じる。

以上の措置を講じるため、「地方交付税法の一部を改正する法律案」を第210回臨時国会に提出し、令和４年12月２日に成立した（令和４年法律第95号）。

b　追加の財政需要

この補正予算においては、歳出の追加に伴う地方負担が生じることから、これに対しては以下のとおり財政措置を講じる。

(a) この補正予算により令和4年度に追加されることとなる投資的経費に係る地方負担については、原則として、その100％まで地方債を充当できることとし、以下に掲げるものを除き、後年度における元利償還金の50％を公債費方式により基準財政需要額に算入する。

① 災害復旧事業債

Ⅰ　補助災害復旧事業債

補助災害復旧事業債の後年度における元利償還金については、その95％を公債費方式により基準財政需要額に算入する。

Ⅱ　災害対策債

（Ⅰ）なりわい再建支援事業（地方公共団体が補助する経費の2/3を国が補助する場合）に係る災害対策債の後年度における元利償還金については、その95％を公債費方式により基準財政需要額に算入する。

（Ⅱ）災害廃棄物処理事業については、地方負担額の80％を特別交付税により措置した上で、残余について、災害対策債の発行要件を満たす地方公共団体においては、災害対策債の後年度における元利償還金の57％を特別交付税により措置する。

Ⅲ　一般単独災害復旧事業債

一般単独災害復旧事業債の後年度における元利償還金については、地方公共団体の財政力に応じ、その47.5％～85.5％を公債費方式により基準財政需要額に算入する。

Ⅳ　地方公営企業災害復旧事業債

地方公営企業災害復旧事業債の後年度における元利償還金については、一般会計からの繰出額に応じ、その最大50％までを特別交付税により措置する。

② 公営企業債

当初における一般会計からの繰出額の一部に対する算定と同様の方式により措置する。

(b) この補正予算により令和4年度に追加されることとなる地方債の対象とならない経費については、以下のとおり財政措置を講じる。

① ウィズコロナ下での感染症対応の強化として実施する事業に係る地方負担については、新型コロナウイルス感染症対応地方創生臨時交付金により措置する。

② 上記①以外の事業に係る地方負担については、上記a (a) の地方交付税の増額交付等の中で対応する。

c　新型コロナウイルス感染症対応地方創生臨時交付金の増額等

この補正予算においては、ウィズコロナ下での感染症対応の強化を図るため、新型コロナウイルス感染症対応地方創生臨時交付金を7,500億円（うち国庫補助事業の地方負担分4,500億円、検査促進枠分3,000億円）増額することとされた。

このほか、全額国費により、新型コロナウイルス感染症緊急包括支援交付金の増額（1兆5,189億円（医療分））、新型コロナウイルスワクチンの接種体制の整備・接種の実施（7,322億円）等に係る事業を計上することとされた。

(4) 公営企業等に関する財政措置

ア 公営企業

（ア）通常収支分

公営企業については、経営基盤の強化を図るとともに、水道、下水道、交通、病院等住民生活に密接に関連した社会資本の整備の推進、公立病院における医療の提供体制の整備をはじめとする社会経済情勢の変化に対応した事業の展開等を図る必要がある。

このため、令和４年度においては、次のような措置を講じることとした。

公営企業会計と一般会計との間における経費負担区分の原則等に基づく公営企業繰出金については、地方財政計画において２兆4,349億円（前年度２兆4,430億円）を計上する。

公営企業の建設改良等に要する地方債については、地方債計画において公営企業会計等分２兆5,722億円（前年度２兆3,965億円）を計上する。

各事業における地方財政措置のうち主なものは以下のとおりである。

a　公営企業会計の更なる適用の推進について、重点事業としている下水道事業及び簡易水道事業について、人口３万人未満の地方公共団体においても令和５年度までに公営企業会計に移行するなど、公営企業会計の適用が円滑に実施されるよう、適用に要する経費や、市町村に対して都道府県が行う支援に要する経費について、引き続き地方財政措置を講じる。

なお、簡易水道事業における高料金対策及び下水道事業における高資本費対策に係る地方交付税措置について、人口３万人以上の地方公共団体は令和３年度から公営企業会計の適用を要件に加えている。

b　水道事業については、多様な広域化を推進するため、各都道府県において令和４年度末までに「水道広域化推進プラン」を策定するよう要請しており、同プランの策定に要する経費や、広域化に伴う施設の整備費等について、引き続き地方財政措置を講じる。

c　下水道事業については、施設の統廃合をはじめとした広域化を推進するため、各都道府県において令和４年度末までに「広域化・共同化計画」を策定するよう要請しており、公共下水道・集落排水の流域下水道への統合や同一下水道事業内の処理区の統合に係る施設の整備費等に対する地方財政措置を拡充するとともに、事業統合を行なった下水道事業に対する高資本費対策に係る地方交付税措置について、統合後の激変緩和措置の適用期間を拡充する。このほか、「広域化・共同化計画」の策定に要する経費について、引き続き地方交付税措置を講じる。

d　病院事業については、地方公共団体が、「持続可能な地域医療提供体制を確保するための公立病院経営強化ガイドライン」（令和４年３月29日付け総務省自治財政局長通知別添）を踏まえて策定する「公立病院経営強化プラン」に基づき、公立病院の経営強化に取り組めるよう、公立病院の機能分化・連携強化に伴う施設・設備の整備費等に係る病院事業債（特別分）を拡充・延長するとともに、公立病院等の医師派遣等に係る特別交付税措置について、看護師等医療従事者の派遣及び診療所への派遣の追加、派遣元病院に対する措置の拡充を行う。

また、公立病院等の施設整備費に対する地方交付税措置の対象となる建築単価の上限を引き上げるとともに、令和３年度に講じた不採算地区病院等に対する特別交付税措置の拡充を令和４年度においても継続する。

（イ）東日本大震災分

公営企業に係る復旧・復興事業については、一般会計から公営企業会計への繰出基準の特例を設け、一般会計から公営企業会計に対し所要の繰出しを行うこととし、当該繰出金に対しては、その全額を震災復興特別交付税により措置することとしており、地方財政計画において0.33億円を計上する。また、復旧・復興事業に係る地方債については、地方債計画において公営企業会計等分６億円を計上する。

イ　国民健康保険事業

国民健康保険制度については、「持続可能な医療保険制度を構築するための国民健康保険法等の一部を改正する法律」に基づき、都道府県が国民健康保険の財政運営の責任主体となったが、国民健康保険事業の厳しい財政状況に配意し、財政基盤の強化のための支援措置を次のとおり講じることとした。

（ア）都道府県が、都道府県内の市町村の財政の状況その他の事情に応じた財政調整を行うため、「国民健康保険法」（昭和33年法律第192号）第72条の２に基づき、一般会計から当該都道府県の国民健康保険に関する特別会計（以下「都道府県国保」という。）に繰り入れられる都道府県繰入金（給付費等の9%分）については、その所要額（6,187億円）について地方交付税措置を講じる。

（イ）国保被保険者のうち低所得者に係る保険料負担の緩和を図る観点から、市町村（一部事務組合等を除く。）が保険料軽減相当額に応じて、一般会計から国民健康保険特別会計への繰入れを行う際に、当該費用に対し、都道府県が一部（都道府県3/4、市町村1/4）を負担することとし、その所要額（4,389億円）について地方交付税措置を講じる。

（ウ）国保被保険者のうち未就学児に係る保険料負担の緩和を図る観点から、市町村（一部事務組合等を除く。）が保険料軽減相当額に応じて、一般会計から国民健康保険特別会計への繰入れを行う際に、当該費用に対し、国及び都道府県が一部（国1/2、都道府県1/4、市町村1/4）を負担することとし、地方負担（40億円）について地方交付税措置を講じる。

（エ）低所得者を多く抱える保険者を支援する観点から、市町村（一部事務組合等を除く。）が低所得者数に応じて、一般会計から国民健康保険特別会計への繰入れを行う際に、当該費用に対し、国及び都道府県が一部（国1/2、都道府県1/4、市町村1/4）を負担することとし、地方負担（1,295億円）について地方交付税措置を講じる。

（オ）高額医療費負担金（3,682億円）については、都道府県国保に対し、国及び都道府県が一部（国1/4、都道府県1/4、都道府県国保1/2）を負担することとし、地方負担（920億円）について地方交付税措置を講じる。

（カ）国保財政安定化支援事業については、国保財政の健全化に向けた市町村一般会計から国民健康保険特別会計への繰入れについて、所要の地方交付税措置（1,000億円）を講じる。

（キ）国民生活の質の維持・向上を確保しつつ、医療費の適正化を図ることを目的として、40歳から74歳までの国保被保険者に対して糖尿病等の予防に着目した健診及び保健指導を行うため、特定健康診査・保健指導事業（476億円）に対して、国及び都道府県が一部（国1/3、都道府県1/3、都道府県国保1/3）を負担することとし、地方負担（159億円）について地方交付税措置を講じる。

ウ 後期高齢者医療制度

後期高齢者医療制度については、実施主体である後期高齢者医療広域連合の財政基盤の強化のための支援措置を次のとおり講じることとした。

（ア）保険料軽減制度については、低所得者に対する配慮として、後期高齢者の被保険者の保険料負担の緩和を図る（均等割２割・５割・７割軽減）ため、都道府県及び市町村（一部事務組合等を除く。）が負担（都道府県3/4、市町村1/4）することとし、その所要額（3,412億円）について地方交付税措置を講じる。

（イ）高額医療費負担金（3,723億円）については、後期高齢者医療広域連合の拠出金に対し、国及び都道府県が一部（国1/4、都道府県1/4、後期高齢者医療広域連合1/2）を負担することとし、地方負担（931億円）について地方交付税措置を講じる。

（ウ）財政安定化基金については、保険料未納や給付増リスク等による後期高齢者医療広域連合の財政影響に対応するため、都道府県に基金を設置しその拠出金（201億円）に対して国及び都道府県が一部（国1/3、都道府県1/3、後期高齢者医療広域連合1/3）を負担することとし、地方負担（67億円）について地方交付税措置を講じる。

（エ）後期高齢者医療広域連合に対する市町村分担金、市町村（一部事務組合等を除く。）の事務経費及び都道府県の後期高齢者医療審査会関係経費等について所要の地方交付税措置を講じる。

2　令和5年度の地方財政

(1)　令和5年度の国の予算

「令和5年度予算編成の基本方針」（令和4年12月2日閣議決定）及び「令和5年度の経済見通しと経済財政運営の基本的態度」（令和4年12月22日閣議了解、令和5年1月23日閣議決定）に基づいて、令和4年12月23日、令和5年度一般会計歳入歳出概算が閣議決定された。

令和5年度予算は、以下のような基本的な考え方により編成された。

ア　令和5年度予算の基本的な考え方

（ア）我が国経済は、コロナ禍からの社会経済活動の正常化が進みつつある中、緩やかな持ち直しが続いている。その一方で、ロシアによるウクライナ侵略を背景とした国際的な原材料価格の上昇や円安の影響等によるエネルギー・食料価格の高騰、欧米各国の金融引締めによる世界的な景気後退懸念など、我が国経済を取り巻く環境には厳しさが増している。

（イ）こうした状況から国民生活と事業活動を守り抜くとともに、景気の下振れリスクに先手を打ち、我が国経済を民需主導の持続的な成長経路に乗せていくため、「物価高・円安への対応」、「構造的な賃上げ」、「成長のための投資と改革」を重点分野とする財政支出39.0兆円・事業規模71.6兆円の「物価高克服・経済再生実現のための総合経済対策」を策定した。

これを速やかに実行に移し、経済対策の効果が最大限に発揮されるよう万全の経済財政運営を行う。

（ウ）足元の物価高を克服しつつ、新しい資本主義の旗印の下、社会課題の解決に向けた取組を成長のエンジンへと転換し、我が国経済を持続可能で一段高い成長経路に乗せていくため、以下の重点分野について、計画的で大胆な投資を官民連携の下で推進する。

まず、民主導での成長力の強化と「構造的な賃上げ」を目指し、リスキリング支援も含む「人への投資」の抜本強化と成長分野への労働移動の円滑化、地域の中小企業も含めた賃上げ等を進める。

また、科学技術・イノベーション、スタートアップ、グリーントランスフォーメーション（GX）、デジタルトランスフォーメーション（DX）といった成長分野への大胆な投資を、令和4年内に取りまとめられるスタートアップ育成5か年計画やGX促進に向けた今後10年間のロードマップ等に基づき促進する。

（エ）コロナ禍において、婚姻件数・出生数が急激に減少するなど我が国の少子化は危機的な状況にある。こうした中、「こども家庭庁」を創設し、出産育児一時金の大幅増額を始めとする結婚・妊娠・出産・子育てに至るまで切れ目ないこども・若者・子育て世帯への支援など、少子化対策を含むこどもに関する必要な政策の充実を図り、強力に進めていく。

全ての人が生きがいを感じられ、多様性のある包摂社会を目指し、全世代型社会保障の構築、女性活躍、孤独・孤立対策、就職氷河期世代への支援等に取り組む。

（オ）ロシアによるウクライナ侵略も含め、国際情勢・安全保障環境が激変する中、令和5年の

G7広島サミットや日本ASEAN友好協力50周年特別首脳会議の開催、国連安保理非常任理事国を務めることも見据え、機動的で力強い新時代リアリズム外交を展開するとともに、防衛力を５年以内に抜本的に強化する。防衛力の抜本的強化については、必要となる防衛力の内容の検討、そのための予算規模の把握及び財源の確保を一体的かつ強力に進め、令和４年末に改定される新たな「国家安全保障戦略」等に基づいて計画的に整備を進める。

（カ）国際情勢の変化に対応したサプライチェーンの再構築・強靱化が急務となる中、円安のメリットもいかし、企業の国内回帰など国内での「攻めの投資」、輸出拡大の推進により、我が国の経済構造の強靱化を図るとともに、半導体を始めとする重要な物資の安定供給の確保や先端的な重要技術の育成等による経済安全保障の推進、食料安全保障及びエネルギー安全保障の強化を図る。

（キ）新型コロナウイルス感染症対策について、ウィズコロナの下、国民の命と健康を守りながら、感染拡大防止と社会経済活動の両立を図る。次の感染症危機に備え、司令塔機能の強化に取り組む。

（ク）防災・減災、国土強靱化の取組を強力に推進するとともに、これまでの成果や経験をいかし、更なる取組を推進するための次期国土強靱化基本計画の検討を進め、中長期的かつ継続的に取り組む。

　東日本大震災からの復興・創生、交通・物流インフラの整備、農林水産業の振興、質の高い教育の実現、観光や文化・芸術・スポーツの振興、2050年カーボンニュートラルを目指したグリーン社会の実現等に取り組み、デジタル田園都市国家構想の実現に向けた取組と併せて地方活性化に向けた基盤づくりを推進する。

（ケ）経済財政運営に当たっては、経済の再生が最優先課題である。経済あっての財政であり、順番を間違えてはならない。必要な政策対応に取り組み、経済をしっかり立て直す。そして、財政健全化に向けて取り組む。政策の長期的方向性や予見可能性を高めるよう、単年度主義の弊害を是正し、国家課題に計画的に取り組む。

イ　令和５年度予算編成についての考え方

（ア）令和５年度予算編成に当たっては、令和４年度第２次補正予算と一体として、上記の基本的な考え方及び「経済財政運営と改革の基本方針2022」（令和４年６月７日閣議決定。以下「骨太方針2022」という。）に沿って、足元の物価高を克服しつつ、経済再生の実現に向け、人への投資、科学技術・イノベーション、スタートアップ、GX、DXといった成長分野への大胆な投資、少子化対策・こども政策の充実等を含む包摂社会の実現等による新しい資本主義の加速や、外交・安全保障環境の変化への対応、防災・減災、国土強靱化等の国民の安全・安心の確保を始めとした重要な政策課題について必要な予算措置を講じるなど、メリハリの効いた予算編成を行い、その政策効果を国民や地方の隅々まで速やかに届け、我が国経済を持続可能で一段高い成長経路に乗せていくことを目指す。

（イ）その際、骨太方針2022で示された「本方針及び骨太方針2021に基づき、経済・財政一体改革を着実に推進する。ただし、重要な政策の選択肢をせばめることがあってはならない」との方針を踏まえる。

（ウ）歳出の中身をより結果につながる効果的なものとするため、骨太方針2022を踏まえ、新経済・財政再生計画の改革工程表を策定し、EBPMやPDCAの取組を推進し、効果的・効率的な支出（ワイズスペンディング）を徹底する。

このような方針に基づいて編成された令和5年度一般会計歳入歳出概算の規模は114兆3,812億円で、前年度当初予算と比べると6兆7,848億円増（6.3%増）となった。

財政投融資計画の規模は16兆2,687億円で、前年度計画額と比べると2兆6,168億円減（13.9%減）となっている。

また、「令和5年度の経済見通しと経済財政運営の基本的態度」においては、令和5年度の国内総生産は571.9兆円程度、名目成長率は2.1%程度、実質成長率は1.5%程度となるものと見込まれている。

(2) 地方財政計画

令和5年度においては、通常収支分について、極めて厳しい地方財政の現状及び現下の経済情勢等を踏まえ、歳出面においては、地域のデジタル化や脱炭素化の推進等に対応するために必要な経費を充実して計上するとともに、地方公共団体が住民のニーズに的確に応えつつ、行政サービスを安定的に提供できるよう、社会保障関係費の増加を適切に反映した計上等を行う一方、国の取組と基調を合わせた歳出改革を行うこととする。また、歳入面においては、骨太方針2022等を踏まえ、交付団体を始め地方の安定的な財政運営に必要となる地方の一般財源総額について、令和4年度地方財政計画の水準を下回らないよう実質的に同水準を確保することを基本として、引き続き生じることとなった大幅な財源不足について、地方財政の運営上支障が生じないよう適切な補填措置を講じることとする。

また、東日本大震災分については、復旧・復興事業及び全国防災事業について、通常収支とはそれぞれ別枠で整理し、所要の事業費及び財源を確保することとする。

なお、地方財政審議会からは、令和4年5月25日に「活力ある持続可能な地域社会を実現するための地方税財政改革についての意見」及び同年12月9日に「今後目指すべき地方財政の姿と令和5年度の地方財政への対応等についての意見」が提出された。

以上を踏まえ、次の方針に基づき令和5年度の地方財政計画を策定している。

ア 通常収支分

（ア）地方税制については、令和5年度地方税制改正では、自動車税及び軽自動車税の環境性能割の税率区分の見直し、航空機燃料譲与税の譲与割合の特例措置の見直し等の税制上の措置を講じることとしている。

（イ）地方財源不足見込額については、地方財政の運営に支障が生じることのないよう、次の措置を講じることとし、所要の法律改正を行う。

a　地方交付税法第6条の3第2項に基づく制度改正として、令和5年度から令和7年度までの間は、令和4年度までと同様、財源不足が建設地方債（財源対策債）の増発等によってもなお残る場合には、この残余を国と地方が折半して補塡することとし、国負担分については、国の一般会計からの加算により、地方負担分については、地方財政法第５条の特例となる地方債（臨時財政対策債）により補塡措置を講じる。臨時財政対策債の元利償還金相当額については、その全額を後年度地方交付税の基準財政需要額に算入する。

b　令和５年度の地方財源不足見込額１兆9,900億円については、上記の考え方に基づき、従前と同様の例により、次の補塡措置を講じる。その結果、国と地方が折半して補塡すべき額は生じないこととなる。

(a) 建設地方債（財源対策債）を7,600億円増発する。

(b) 地方交付税については、国の一般会計加算（地方交付税法附則第４条の２第１項の加算）により154億円増額する。

また、交付税特別会計剰余金1,200億円を活用するとともに、「地方公共団体金融機構法」（平成19年法律第64号）附則第14条の規定により財政投融資特別会計に帰属させる地方公共団体金融機構の公庫債権金利変動準備金1,000億円を財政投融資特別会計から交付税特別会計に繰り入れる。

(c) 地方財政法第５条の特例となる地方債（臨時財政対策債）を9,946億円発行する。

c　交付税特別会計借入金の償還については、令和３年度の償還計画の見直しに伴い償還を繰り延べたものの一部8,000億円を増額し、１兆3,000億円の償還を実施する。

d　上記の結果、令和５年度の地方交付税については、18兆3,611億円（前年度比3,073億円、1.7％増）を確保する。

（ウ）地方債については、引き続き厳しい地方財政の状況の下で、地方財源の不足に対処するための措置を講じ、また、地方公共団体が緊急に実施する防災・減災対策、公共施設等の適正管理、地域の脱炭素化及び地域の活性化への取組等を着実に推進できるよう、所要の地方債資金を確保する。

この結果、地方債計画（通常収支分）の規模は、９兆4,981億円（普通会計分６兆8,163億円、公営企業会計等分２兆6,818億円）とする。

（エ）地域のデジタル化や地方創生の推進、地域社会の維持・再生、地域の脱炭素化の推進、住民に身近な社会資本の整備、社会保障施策の充実、地方公共団体の施設の光熱費高騰への対応、消防力の充実、防災・減災、国土強靱化の推進、過疎地域の持続的発展等を図ることとし、財源の重点的配分を行う。

a　「地域デジタル社会推進費」については、マイナンバーカード利活用特別分として500億円増額し、2,500億円を計上する。

また、「まち・ひと・しごと創生事業費」については、「地方創生推進費」に名称変更し、引き続き１兆円（前年度同額）計上した上で、これと「地域デジタル社会推進費」を内訳として、「デジタル田園都市国家構想事業費」を１兆2,500億円計上する。

b　「地域社会再生事業費」については、引き続き4,200億円（前年度同額）計上する。

c　投資的経費に係る地方単独事業費については、地方公共団体が、地域脱炭素の取組を計画的に実施できるよう、新たに「脱炭素化推進事業費」を1,000億円計上することとし、全体で前年度同額を計上し、引き続き、地域の自立や活性化につながる基盤整備を重点的・効率的に推進する。

d 「人づくり革命」として、幼児教育・保育の無償化、待機児童の解消、高等教育の無償化、介護人材の処遇改善に係る措置を講じることとしており、当該措置に係る地方負担について所要の財政措置を講じる。

e 社会保障・税一体改革による「社会保障の充実」として、子ども・子育て支援、医療・介護サービスの提供体制改革、医療・介護保険制度改革等に係る措置を講じることとしており、当該措置に係る地方負担について所要の財政措置を講じる。

f 一般行政経費に係る地方単独事業費については、社会保障関係費の増加や地方公共団体の施設の光熱費高騰に伴う経費の増加等を適切に反映した計上を行うことにより、財源の重点的配分を図るとともに、地域において必要な行政課題に対して適切に対処する。

g 消防力の充実、防災・減災、国土強靱化の推進及び治安維持対策等住民生活の安心安全を確保するための施策に対し所要の財政措置を講じる。

h 過疎地域の持続的発展のための施策等に対し所要の財政措置を講じる。

（オ）地方公営企業の経営基盤の強化を図るとともに、水道、下水道、交通、病院等住民生活に密接に関連した社会資本の整備の推進、公立病院における医療の提供体制の整備をはじめとする社会経済情勢の変化に対応した事業の展開等を図るため、経費負担区分等に基づき、一般会計から公営企業会計に対し所要の繰出しを行うこととする。

（カ）地方行財政運営の合理化を図ることとし、行政のデジタル化、適正な定員管理、事務事業の見直しや民間委託など引き続き行財政運営全般にわたる改革を推進する。

イ 東日本大震災分

（ア）復旧・復興事業

a 東日本大震災に係る復旧・復興事業等の実施のための特別の財政需要等を考慮して交付することとしている震災復興特別交付税については、直轄・補助事業に係る地方負担分等を措置するため、935億円を確保する。また、一般財源充当分として3億円を計上する。

b 地方債については、復旧・復興事業を円滑に推進できるよう、所要額についてその全額を公的資金で確保する。

この結果、地方債計画（東日本大震災分）における復旧・復興事業の規模は、13億円（普通会計分9億円、公営企業会計等分4億円）とする。

c 直轄事業負担金及び補助事業費、地方自治法に基づく職員の派遣、投資単独事業等の地方単独事業費並びに地方税法等に基づく特例措置分等の地方税等の減収分見合い歳出等について所要の事業費2,647億円を計上する。

（イ）全国防災事業

全国防災事業については、地方税の臨時的な税制上の措置（平成25年度～令和5年度）による地方税の収入見込額として646億円を計上するとともに、一般財源充当分として60億円を減額計上する。

以上のような方針に基づいて策定した令和5年度の地方財政計画は、**第45表**のとおりとなっており、その規模は、通常収支分は92兆350億円で、前年度と比べると1兆4,432億円増（1.6％増）となり、東日本大震災分は、復旧・復興事業が2,647億円で、前年度と比べると340億円減（11.4％減）、全国防災事業が587億円で、前年度と比べると436億円減（42.6％減）となっている。

また、令和５年度の地方債計画の規模は、通常収支分が９兆4,981億円（普通会計分６兆8,163億円、公営企業会計等分２兆6,818億円）で、前年度と比べると6,818億円減（6.7％減）となっている。東日本大震災分は、復旧・復興事業が13億円（普通会計分９億円、公営企業会計等分４億円）で、前年度と比べると２億円減（13.3％減）となっている。

第45表　令和5年度地方財政計画歳入歳出一覧（その1　通常収支分）

（単位　億円・%）

区分		令和5年度 (A)	令和4年度 (B)	増減額 (A)−(B) (C)	増減率 (C)/(B)
歳入	地方税	428,751	412,305	16,446	4.0
	地方譲与税	26,001	25,978	23	0.1
	地方特例交付金等	2,169	2,267	△ 98	△ 4.3
	地方交付税	183,611	180,538	3,073	1.7
	国庫支出金	150,085	148,826	1,259	0.8
	地方債	68,163	76,077	△7,914	△ 10.4
	うち臨時財政対策債	9,946	17,805	△7,859	△ 44.1
	うち財源対策債	7,600	7,600	0	0.0
	使用料及び手数料	15,646	15,729	△ 83	△ 0.5
	雑収入	45,867	44,456	1,411	3.2
	復旧・復興事業一般財源充当分	△ 3	△ 4	1	△ 25.0
	全国防災事業一般財源充当分	60	△254	314	△123.6
	計	920,350	905,918	14,432	1.6
	一般財源	650,535	638,635	11,900	1.9
	(水準超経費を除く交付団体ベース)	621,635	620,135	1,500	0.2
歳出	給与関係経費	199,053	199,644	△ 591	△ 0.3
	退職手当以外	187,724	185,283	2,441	1.3
	退職手当	11,329	14,361	△3,032	△ 21.1
	一般行政経費	420,841	414,433	6,408	1.5
	補助	239,731	234,578	5,153	2.2
	単独	149,684	148,667	1,017	0.7
	国民健康保険・後期高齢者医療制度関係事業費	14,726	14,988	△ 262	△ 1.7
	デジタル田園都市国家構想事業費	12,500	12,000	500	4.2
	地方創生推進費	10,000	10,000	0	0.0
	地域デジタル社会推進費	2,500	2,000	500	25.0
	地域社会再生事業費	4,200	4,200	0	0.0
	公債費	112,614	114,259	△1,645	△ 1.4
	維持補修費	15,237	14,948	289	1.9
	うち緊急浚渫推進事業費	1,100	1,100	0	0.0
	投資的経費	119,731	119,785	△ 54	△ 0.0
	直轄・補助	56,594	56,648	△ 54	△ 0.1
	単独	63,137	63,137	0	0.0
	うち緊急防災・減災事業費	5,000	5,000	0	0.0
	うち公共施設等適正管理推進事業費	4,800	5,800	△1,000	△ 17.2
	うち緊急自然災害防止対策事業費	4,000	4,000	0	0.0
	うち脱炭素化推進事業費	1,000	−	1,000	皆増
	公営企業繰出金	23,974	24,349	△ 375	△ 1.5
	企業債償還費普通会計負担分	13,997	14,398	△ 401	△ 2.8
	その他	9,977	9,951	26	0.3
	不交付団体水準超経費	28,900	18,500	10,400	56.2
	計	920,350	905,918	14,432	1.6
	(水準超経費を除く交付団体ベース)	891,450	887,418	4,032	0.5
	地方一般歳出	764,839	758,761	6,078	0.8

(注) 1　デジタル田園都市国家構想事業費の令和4年度の額は、令和4年度地方財政計画の歳出に計上された「まち・ひと・しごと創生事業費」（1兆円）及び「地域デジタル社会推進費」（2,000億円）の合算額である。
2　地方創生推進費の令和4年度の額は、令和4年度地方財政計画の歳出に計上された「まち・ひと・しごと創生事業費」（1兆円）の額である。

第45表　令和５年度地方財政計画歳入歳出一覧（その２　東日本大震災分）

（単位　億円・％）

(1) 復旧・復興事業

区分		令和５年度 (A)	令和４年度 (B)	増減額 (A)−(B) (C)	増減率 (C)/(B)
歳入	震災復興特別交付税	935	1,069	△134	△12.5
	一般財源充当分	3	4	△1	△25.0
	国庫支出金	1,632	1,822	△190	△10.4
	地方債	9	9	0	0.0
	雑収入	68	83	△15	△18.1
	計	2,647	2,987	△340	△11.4
歳出	給与関係経費	54	58	△4	△6.9
	一般行政経費	1,288	1,418	△130	△9.2
	補助	902	921	△19	△2.1
	単独	386	497	△111	△22.3
	公債費	68	83	△15	△18.1
	投資的経費	1,237	1,428	△191	△13.4
	直轄・補助	1,235	1,426	△191	△13.4
	単独	2	2	△0	△0.0
	公営企業繰出金	0	0	△0	△0.0
	計	2,647	2,987	△340	△11.4

(2) 全国防災事業

区分		令和５年度 (A)	令和４年度 (B)	増減額 (A)−(B) (C)	増減率 (C)/(B)
歳入	地方税	646	768	△122	△15.9
	一般財源充当分	△60	254	△314	△123.6
	雑収入	1	1	0	0.0
	計	587	1,023	△436	△42.6
歳出	公債費	587	1,023	△436	△42.6
	計	587	1,023	△436	△42.6

(3) 公営企業等に関する財政措置

ア 公営企業

（ア）通常収支分

公営企業については、経営基盤の強化を図るとともに、水道、下水道、交通、病院等住民生活に密接に関連した社会資本の整備の推進、公立病院における医療の提供体制の整備をはじめとする社会経済情勢の変化に対応した事業の展開等を図る必要がある。

このため、令和5年度においては、次のような措置を講じることとしている。

公営企業会計と一般会計との間における経費負担区分の原則等に基づく公営企業繰出金については、地方財政計画において2兆3,974億円（前年度2兆4,349億円）を計上する。

公営企業の建設改良等に要する地方債については、地方債計画において公営企業会計等分2兆6,818億円（前年度2兆5,722億円）を計上する。

各事業における地方財政措置のうち主なものは以下のとおりである。

a　公営企業会計の更なる適用の推進について、重点事業としている下水道事業及び簡易水道事業について、人口3万人未満の地方公共団体においても令和5年度までに公営企業会計に移行するなど、公営企業会計の適用が円滑に実施されるよう、適用に要する経費や、市町村に対して都道府県が行う支援に要する経費について、引き続き地方財政措置を講じる。

　なお、簡易水道事業における高料金対策及び下水道事業における高資本費対策に係る地方交付税措置について、人口3万人以上の地方公共団体は令和3年度から公営企業会計の適用を要件に加えている。

b　水道事業については、多様な広域化を推進し、持続的な経営を確保するため、都道府県が実施する広域化の推進のための調査検討に要する経費について、新たに地方交付税措置を講じるとともに、広域化に伴う施設の整備費等について、引き続き地方財政措置を講じる。

c　下水道事業については、広域化・共同化を推進し、持続的な経営を確保するため、都道府県が実施する広域化・共同化の推進のための調査検討に要する経費について、新たに地方交付税措置を講じるとともに、広域化・共同化に伴う施設の整備費等について、事務を共同で処理する際に必要なシステム整備費を対象に追加した上で、引き続き地方財政措置を講じる。

d　病院事業については、公立病院等の経営強化を推進し、持続可能な地域医療提供体制を確保するため、機能分化・連携強化、医師・看護師等の確保の取組等の支援について、引き続き地方財政措置を講じる。

　また、公立病院等の施設整備費に対する地方交付税措置の対象となる建築単価の上限を引き上げるとともに、令和3年度に講じた不採算地区病院等に対する特別交付税措置の拡充を令和5年度においても継続する。

（イ）東日本大震災分

公営企業に係る復旧・復興事業については、一般会計から公営企業会計への繰出基準の特例を設け、一般会計から公営企業会計に対し所要の繰出しを行うこととし、当該繰出金に対しては、その全額を震災復興特別交付税により措置することとしており、地方財政計画において0.19億円を計上する。また、復旧・復興事業に係る地方債については、地方債計画において公営企業会計等分４億円を計上する。

イ 国民健康保険事業

国民健康保険制度については、「持続可能な医療保険制度を構築するための国民健康保険法等の一部を改正する法律」に基づき、都道府県が国民健康保険の財政運営の責任主体となったが、国民健康保険事業の厳しい財政状況に配意し、財政基盤の強化のための支援措置を次のとおり講じることとしている。

（ア）都道府県が、都道府県内の市町村の財政の状況その他の事情に応じた財政調整を行うため、国民健康保険法第72条の２に基づき、一般会計から当該都道府県国保に繰り入れられる都道府県繰入金（給付費等の９%分）については、その所要額（5,910億円）について地方交付税措置を講じる。

（イ）国保被保険者のうち低所得者に係る保険料負担の緩和を図る観点から、市町村（一部事務組合等を除く。）が保険料軽減相当額に応じて、一般会計から国民健康保険特別会計への繰入れを行う際に、当該費用に対し、都道府県が一部（都道府県3/4、市町村1/4）を負担することとし、その所要額（4,271億円）について地方交付税措置を講じる。

（ウ）国保被保険者のうち未就学児に係る保険料負担の緩和を図る観点から、市町村（一部事務組合等を除く。）が保険料軽減相当額に応じて、一般会計から国民健康保険特別会計への繰入れを行う際に、当該費用に対し、国及び都道府県が一部（国1/2、都道府県1/4、市町村1/4）を負担することとし、地方負担（40億円）について地方交付税措置を講じる。

（エ）国保被保険者のうち子育て世代の負担軽減、次世代育成支援及び負担能力に応じた負担とする観点から、市町村（一部事務組合等を除く。）が産前産後期間の保険料免除相当額に応じて、一般会計から国民健康保険特別会計への繰入れを行う際に、当該費用に対し、国及び都道府県が一部（国1/2、都道府県1/4、市町村1/4）を負担することとし、地方負担（２億円）について地方交付税措置を講じる。

（オ）低所得者を多く抱える保険者を支援する観点から、市町村（一部事務組合等を除く。）が低所得者数に応じて、一般会計から国民健康保険特別会計への繰入れを行う際に、当該費用に対し、国及び都道府県が一部（国1/2、都道府県1/4、市町村1/4）を負担することとし、地方負担（1,344億円）について地方交付税措置を講じる。

（カ）高額医療費負担金（4,043億円）については、都道府県国保に対し、国及び都道府県が一部（国1/4、都道府県1/4、都道府県国保1/2）を負担することとし、地方負担（1,011億円）について地方交付税措置を講じる。

（キ）国保財政安定化支援事業については、国保財政の健全化に向けた市町村一般会計から国民健康保険特別会計への繰入れについて、所要の地方交付税措置（1,000億円）を講じる。

（ク）出産に直接要する費用や出産前後の健診費用等の出産に要すべき費用の経済的負担の軽減を図るための出産育児一時金については、令和５年４月から50万円に引き上げられるとともに、引き続き市町村が一部（市町村2/3、市町村国保1/3）を負担することとし、地方負担（187億円）について地方交付税措置を講じる。

（ケ）国民生活の質の維持・向上を確保しつつ、医療費の適正化を図ることを目的として、40歳から74歳までの国保被保険者に対して糖尿病等の予防に着目した健診及び保健指導を行うため、特定健康診査・保健指導事業（388億円）に対して、国及び都道府県が一部（国1/3、都道府県1/3、都道府県国保1/3）を負担することとし、地方負担（129億円）について地方交付税措置を講じる。

ウ 後期高齢者医療制度

後期高齢者医療制度については、実施主体である後期高齢者医療広域連合の財政基盤の強化のための支援措置を次のとおり講じることとしている。

（ア）保険料軽減制度については、低所得者に対する配慮として、後期高齢者の被保険者の保険料負担の緩和を図る（均等割２割・５割・７割軽減）ため、都道府県及び市町村（一部事務組合等を除く。）が負担（都道府県3/4、市町村1/4）することとし、その所要額（3,545億円）について地方交付税措置を講じる。

（イ）高額医療費負担金（4,103億円）については、後期高齢者医療広域連合の拠出金に対し、国及び都道府県が一部（国1/4、都道府県1/4、後期高齢者医療広域連合1/2）を負担することとし、地方負担（1,026億円）について地方交付税措置を講じる。

（ウ）財政安定化基金については、保険料未納や給付増リスク等による後期高齢者医療広域連合の財政影響に対応するため、都道府県に基金を設置しその拠出金（201億円）に対して国及び都道府県が一部（国1/3、都道府県1/3、後期高齢者医療広域連合1/3）を負担することとし、地方負担（67億円）について地方交付税措置を講じる。

（エ）後期高齢者医療広域連合に対する市町村分担金、市町村（一部事務組合等を除く。）の事務経費及び都道府県の後期高齢者医療審査会関係経費等について所要の地方交付税措置を講じる。

（オ）出産育児一時金に係る費用を全世代で分かち合う観点から、その費用（公費負担部分を除く。）の一部について、後期高齢者が負担する仕組みを導入することとしており、後期高齢者医療の保険料改定のタイミングである令和６年４月から導入することとしている。

3

第3部

最近の地方財政をめぐる諸課題への対応

1 新型コロナウイルス感染症への対応

新型コロナウイルス感染症への対応については、国民の生命と生活を守るため、医療提供体制の確保、ワクチン接種の推進、検査の環境整備、地域経済・住民生活の支援などを、国・地方の総力を挙げて実施する必要があり、その現場を担う地方公共団体が財源面での心配なく感染症対策に取り組むことができるよう、国において必要な財源を確保することが重要である。こうしたことから、国においては、累次の補正予算の編成や予備費の使用により財政措置を講じるとともに、新型コロナウイルス感染症の影響による地方税の減収に対する措置などを講じてきた。

(1) 令和3年度における対応等

ア 令和3年度における対応

令和3年度においても、令和2年度と同様、新型コロナウイルス感染症緊急包括支援交付金による医療機関等への支援に関する事業や、新型コロナウイルスワクチンの接種体制の整備・接種の実施に関する事業（以下「ワクチン接種事業」という。）など、ほとんどの事業を全額国費対応とした。

また、地方公共団体が地域の実情に応じてきめ細やかに効果的・効率的で必要な事業を実施できるよう、令和2年度に創設された新型コロナウイルス感染症対応地方創生臨時交付金について、感染拡大の防止や医療提供体制の確保、地域経済・住民生活の支援等を行うための地方単独事業分や国庫補助事業等の地方負担分、営業時間短縮要請等に応じた事業者に対する協力金等の給付のための協力要請推進枠等分が引き続き措置されたことに加え、令和3年度においては、新たに、感染拡大の影響を受ける事業者の支援のための事業者支援分や、登録事業者が無料で行うPCR等検査への支援のための検査促進枠分が措置された（令和3年度補正予算（第1号）で6.8兆円、令和3年度一般会計新型コロナウイルス感染症対策予備費で0.5兆円の合計7.3兆円）。

また、地方公共団体が新型コロナウイルス感染症対策に取り組む中、財政運営に支障が生じないよう、当面の資金繰り対策として、①特別減収対策債及び公営企業における特別減収対策企業債の延長、②臨時財政対策債に対する財政融資資金等の公的資金の大幅な増額確保、③共同発行市場公募地方債の発行額の増額といった措置を講じた。

イ 令和3年度の地方公共団体における新型コロナウイルス感染症対策関連経費

総務省において、令和3年度の地方公共団体における普通会計の新型コロナウイルス感染症対策関連経費を調査した結果は、**第82図**のとおりである。新型コロナウイルス感染症対策関連経費の歳出については、純計額は21兆1,009億円となっており、特別定額給付金事業の終了等により、前年度と比べると17.7%減となっている。

第82図 新型コロナウイルス感染症対策関連経費の状況

歳出額　21.1兆円	（財源内訳）
（主な事業）	国庫支出金　15.0兆円
・営業時間短縮等に係る協力金　5.4兆円	・地方創生臨時交付金
・制度融資等の貸付金　4.5兆円	・緊急包括支援交付金
・子育て世帯等臨時特別支援事業　2.8兆円	・子育て世帯等臨時特別支援事業費補助金　等
・病床確保支援事業　2.0兆円	地方債　0.2兆円
・ワクチン接種事業　1.5兆円　等	貸付金元利収入等　5.0兆円
	一般財源　0.9兆円

新型コロナウイルス感染症対策関連経費の性質別歳出内訳の状況は、**第46表**のとおりであり、補助費等が最も大きな割合を占め、以下、貸付金、扶助費、物件費の順となっている。前年度と比べると、特別定額給付金事業の終了等により補助費等が44.8％減、制度融資の減少等により貸付金が6.1％減、子育て世帯等臨時特別支援事業の実施等により扶助費が592.8％増、ワクチン接種事業の増加等により物件費が96.8％増となっている。

第46表 新型コロナウイルス感染症対策関連経費の状況（性質別歳出内訳）　（単位　億円・％）

区　分	令和3年度						令和2年度		比較	
	都道府県		市町村		純計額		純計額		増減額	増減率
	決算額	構成比	決算額	構成比	決算額	構成比	決算額	構成比		
義務的経費	1,077	0.7	31,446	45.5	32,523	15.4	5,138	2.0	27,385	533.0
うち人件費	188	0.1	767	1.1	955	0.5	591	0.2	364	61.6
うち扶助費	817	0.6	30,677	44.4	31,493	14.9	4,546	1.8	26,947	592.8
投資的経費（普通建設事業費）	1,674	1.1	2,169	3.1	3,763	1.8	2,705	1.1	1,058	39.1
その他の経費	143,733	98.2	35,526	51.4	174,722	82.8	248,493	96.9	△ 73,771	△ 29.7
うち物件費	10,416	7.1	16,444	23.8	26,860	12.7	13,645	5.3	13,215	96.8
うち補助費等	96,068	65.6	10,446	15.1	101,979	48.3	184,636	72.0	△ 82,657	△ 44.8
うち積立金	252	0.2	50	0.1	303	0.1	1,353	0.5	△ 1,050	△ 77.6
うち貸付金	36,370	24.8	8,451	12.2	44,820	21.2	47,707	18.6	△ 2,887	△ 6.1
合計	146,484	100.0	69,141	100.0	211,009	100.0	256,336	100.0	△ 45,327	△ 17.7

（注）市町村には、特別区及び一部事務組合等を含む。第47表において同じ。

都道府県の主な事業は、営業時間短縮要請等に応じた事業者に対する協力金の給付事業、制度融資等の貸付事業、病床確保支援事業、生活福祉資金貸付事業等であった。市町村（特別区及び一部事務組合等を含む。）の主な事業は、子育て世帯等臨時特別支援事業、ワクチン接種事業、制度融資等の貸付事業、中小企業等への支援事業等であった。

また、新型コロナウイルス感染症対策関連経費の財源内訳の状況については、**第47表**のとおりである。純計額についてみると、国庫支出金が最も大きな割合を占め、次いで貸付金元利収入等のその他の収入となっており、これらで95.2％を占めている。一方、一般財源については、4.1％と低い割合となっている。

第47表　新型コロナウイルス感染症対策関連経費の状況（財源内訳）　（単位　億円・%）

区分	令和3年度						令和2年度		比較	
	都道府県		市町村		純計額		純計額		増減額	増減率
	決算額	構成比	決算額	構成比	決算額	構成比	決算額	構成比		
国庫支出金	97,654	66.7	52,696	76.2	150,350	71.3	200,606	78.3	△ 50,256	△ 25.1
都道府県支出金	－	－	2,823	4.1	－	－	－	－	－	－
地方債	1,025	0.7	490	0.7	1,516	0.7	3,110	1.2	△ 1,594	△ 51.3
その他の収入	42,969	29.3	9,269	13.4	50,445	23.9	45,451	17.7	4,994	11.0
一般財源	4,836	3.3	3,862	5.6	8,698	4.1	7,169	2.8	1,529	21.3
合計	146,484	100.0	69,141	100.0	211,009	100.0	256,336	100.0	△ 45,327	△ 17.7

(2) 令和4年度における対応

令和4年度においても、新型コロナウイルス感染症緊急包括支援交付金による医療機関等への支援に関する事業や、ワクチン接種事業など、ほとんどの事業を引き続き全額国費対応とした。

また、新型コロナウイルス感染症対応地方創生臨時交付金については、国庫補助事業等の地方負担分、検査促進枠分が引き続き措置された（令和4年度補正予算（第2号）で7,500億円）。

また、令和4年度においても、新型コロナウイルス感染症の影響により料金収入が減少する公営企業の資金繰りに支障が生じないよう、公営企業における特別減収対策企業債を延長し、令和5年度も引き続き措置することとしている。

(3) 保健所等の恒常的な人員体制の強化

新型コロナウイルス感染症への対応を踏まえ、保健所の恒常的な人員体制強化を図るため、保健所において感染症対応業務に従事する保健師を令和3年度と令和4年度の2年間でコロナ禍前の約1,800名から1.5倍の約2,700名に約900名増員できるよう、地方財政計画に必要な職員数を計上するとともに、地方交付税措置を講じた。

また、令和5年度においては、次の感染症危機に備えた「感染症の予防及び感染症の患者に対する医療に関する法律」（平成10年法律第114号）等の改正等を踏まえ、保健所において感染症対応業務に従事する保健師を約450名（令和5年度約3,150名）、保健所及び地方衛生研究所の職員をそれぞれ約150名増員できるよう、地方財政計画に必要な職員数を計上するとともに、地方交付税措置を講じることとしている。

これらを踏まえ、地方公共団体においては引き続き保健所等の体制強化に取り組むことが求められている。

2 物価高騰への対応

ロシアによるウクライナ侵略を背景とした国際的な原材料価格の上昇に加え、円安の影響などから、日常生活に密接なエネルギー・食料品等の価格が上昇しており、日本経済を取り巻く環境には厳しさが増している。こうした中、地方公共団体においては、物価高騰の影響を受けた生活者や事業者に対し、地域の実情に合わせて必要な支援を実施しており、国においても、そうした取組に補正予算の編成や予備費の使用により財政措置を講じてきた。また、地方公共団体の公共施設等における光熱費の高騰や建設事業費の上昇を踏まえた対応も必要となっている。

(1) 令和4年度における予備費・補正予算等の対応

原油や穀物等の価格が高い水準で推移し、食料、飼料、肥料原料、化石燃料や半導体原材料等の物資の安定供給が滞り、コロナ禍からの経済社会活動の回復の足取りが大きく阻害されかねない状況を踏まえ、令和4年4月26日に「コロナ禍における「原油価格・物価高騰等総合緊急対策」」（令和4年4月26日原油価格・物価高騰等に関する関係閣僚会議決定）が取りまとめられた。これを踏まえ、地方公共団体が、コロナ禍において原油価格や電気・ガス料金を含む物価の高騰の影響を受けた生活者や事業者の負担の軽減を、地域の実情に応じ、きめ細やかに実施できるよう、新型コロナウイルス感染症対応地方創生臨時交付金に、「コロナ禍における原油価格・物価高騰対応分」（0.8兆円）が創設される等の対応がとられた。

また、令和4年9月には、地方公共団体の取組に、より重点的・効果的に活用される仕組みへと見直しを図りつつ、対策を一層強化するため、新型コロナウイルス感染症対応地方創生臨時交付金に、「電力・ガス・食料品等価格高騰重点支援地方交付金」（0.6兆円）が創設される等の対応がとられた。

さらに、令和4年10月28日に「物価高克服・経済再生実現のための総合経済対策」が閣議決定され、令和4年度補正予算（第2号）において、電気料金及び都市ガス料金の値引き原資の支援を行うための「電気・ガス価格激変緩和対策事業」（3.1兆円）、燃料油の小売価格急騰の抑制を図るための「燃料油価格激変緩和対策事業」（3.0兆円）等が計上された。

(2) 公共施設等に関する対応

令和5年度の地方財政計画においては、学校、福祉施設、図書館、文化施設など地方公共団体の施設の光熱費の高騰を踏まえ、一般行政経費（単独）を700億円増額して計上している。

また、資材価格等の高騰による建設事業費の上昇を踏まえ、緊急防災・減災事業債の津波浸水想定区域からの庁舎移転事業と病院事業債の公立病院等の新設・建替等事業における建築単価の上限を引き上げることとし、いずれも令和4年度事業債から新単価を適用することとしている。

3 デジタル田園都市国家構想等の推進

国においては、「デジタル社会の実現に向けた改革の基本方針」（令和２年12月25日閣議決定）が策定され、令和３年９月にデジタル庁が発足した。また、目指すべきデジタル社会の実現に向けて、政府が迅速かつ重点的に実施すべき施策を明記した「デジタル社会の実現に向けた重点計画」（令和３年12月24日閣議決定）が策定されるとともに、「デジタル田園都市国家構想」の実現に向け、目指すべき中長期的な方向等について示した令和５年度を初年度とする５か年の「デジタル田園都市国家構想総合戦略」（令和４年12月23日閣議決定）が策定された。今後、地域社会全体のデジタル変革を加速させ、活力ある地方を創るためには、デジタル技術を活用して地方の社会課題解決や魅力向上を図るとともに、地方公共団体のデジタル・トランスフォーメーション（以下「DX」という。）等を推進していく必要がある。

(1) デジタル田園都市国家構想の推進

ア これまでの動き

将来にわたる活力ある地域社会の実現と、東京圏への一極集中の是正を目的として、平成26年に国の第１期「まち・ひと・しごと創生総合戦略」（平成26年12月27日閣議決定）が策定され、これを受け、地方公共団体が「地方版総合戦略」を策定し、地方創生の取組が進められてきた。こうした取組の結果、地方の若者の雇用の改善など、一定の成果が現れてきたものの、依然として東京圏への一極集中の傾向は続いていることから、第１期の成果と課題の検証を踏まえ、第２期（令和２年度から令和６年度まで）の「まち・ひと・しごと創生総合戦略」（令和元年12月20日閣議決定）が策定され、その後、新型コロナウイルス感染症の影響等を踏まえ、第２期「まち・ひと・しごと創生総合戦略」の2020改訂版（令和２年12月21日閣議決定）が策定された。

イ デジタル田園都市国家構想の実現

新型コロナウイルス感染症の影響により、テレワークの普及や地方移住への関心の高まりなど、社会情勢がこれまでとは大きく変化している中、国においては、「全国どこでも誰もが便利で快適に暮らせる社会」を目指す「デジタル田園都市国家構想」の実現に向け、デジタルの力を活用しつつ、地域の個性を生かしながら地方の社会課題解決や魅力向上の取組を加速化・深化することとしており、令和４年12月に第２期「まち・ひと・しごと創生総合戦略」を抜本的に改訂し、「デジタル田園都市国家構想総合戦略」が策定された。同戦略においては、同構想の実現に向け、地方はそれぞれが抱える社会課題等を踏まえ、地域の個性や魅力を生かした地域ビジョンを再構築し、地方版総合戦略の改訂に努めることとされ、国は政府一丸となって総合的・効果的に支援する観点から、必要な施策間の連携をこれまで以上に強化することとされている。

ウ 地方の取組への支援等

このような中、国においては、地方公共団体の取組の支援等を行っている。

令和４年度補正予算（第２号）においては、同構想の実現による地方の社会課題解決や魅力向上の取組の加速化・深化を図る観点から、「デジタル田園都市国家構想交付金」が創設され800億円が計上されるとともに、令和５年度予算においても1,000億円が計上された。

また、同交付金の移住・起業・就業型のうち、一定の条件下で東京23区に在住又は通勤する者が東京圏外に移住した場合に支給される移住支援金について、子育て世帯の移住を強力に後押しするため、「子育て世帯加算」を従来の子ども一人当たり最大30万円から、最大100万円に増額することとされている。

さらに、地域が抱える課題のデジタル実装を通じた解決の取組等を一層推進するため、地方財政計画の歳出において、「地域デジタル社会推進費」（令和４年度2,000億円）について、事業期間を令和７年度まで延長するとともに、マイナンバーカードを利活用した住民サービス向上のための取組に係る事業費をマイナンバーカード利活用特別分として、令和５年度及び令和６年度に500億円増額することとしている。また、少子化や人口減少などの課題に対応し、自主的・主体的に地方創生に取り組むための「まち・ひと・しごと創生事業費」（令和４年度１兆円）について、「地方創生推進費」に名称変更した上で、これと「地域デジタル社会推進費」（令和５年度2,500億円）を内訳として、「デジタル田園都市国家構想事業費」（令和５年度１兆2,500億円）を創設することとしている。

このほか、総務省においては、地方公共団体が地域社会のデジタル化に係る取組を検討・実施する際の参考となるよう、「地域社会のデジタル化に係る参考事例集【第2.0版】」（令和４年９月２日）（**第83図**）を策定しており、引き続き、地方公共団体における取組状況を踏まえつつ事例の追加等の充実を図ることとしている。

第83図　「地域社会のデジタル化に係る参考事例集【第2.0版】」概要

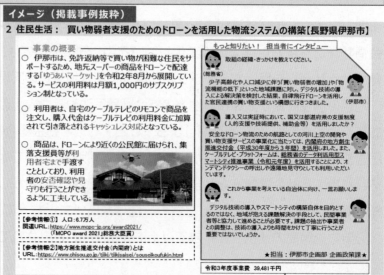

地域の個性を活かした地方活性化を図り、地方から国全体へのボトムアップの成長を実現する「デジタル田園都市国家構想」の推進には、各自治体の創意工夫を活かしたデジタル実装の取組を促す必要

○　各自治体の事業担当部局が、地域社会のデジタル化に係る事業を検討・実施する際に参考となるような事例を掲載した「地域社会のデジタル化に係る参考事例集」を公表し、各団体に周知（令和３年12月）
○　更なるデジタル実装の取組を促すため、**取組に至った経緯や課題認識、同様の取組を検討する他団体へのアドバイス**等の追記など事例の深掘りを行い、「地域社会のデジタル化に係る参考事例集【第2.0版】」（**20**分野、**200**事例）としてバージョンアップ（令和４年９月）

事業分野一覧（20分野）

1	地域活性化	11	観光
2	住民生活	12	交通
3	消防・防災	13	土木・インフラ
4	医療・福祉・健康	14	文化・スポーツ
5	子育て	15	教育
6	公衆衛生	16	デジタルデバイド対策
7	環境	17	地域における デジタル人材の育成
8	労働	18	孤独・孤立対策
9	農林水産業	19	キャッシュレス
10	商業・工業	20	ローカル５Ｇ

イメージ（掲載事例抜粋）

2　住民生活：　買い物弱者支援のためのドローンを活用した物流システムの構築【長野県伊那市】

事業の概要
○　伊那市は、免許返納等で買い物が困難な住民をサポートするため、地元スーパーの商品をドローンで配達する「ゆうあいマーケット」を令和2年8月から展開している。サービスの利用料は月額1,000円のサブスクリプション制となっている。
○　利用者は、自宅のケーブルテレビのリモコンで商品を注文し、購入代金はケーブルテレビの利用料金に加算されて引き落とされるキャッシュレス対応となっている。
○　商品は、ドローンにより近くの公民館に届けられ、集落支援員等が利用者宅まで手渡すこととしており、利用者の安否確認や見守りも行うことができるように工夫している。

【参考情報①】人口：6.7万人
関連URL：https://www.mcpc-jp.org/award2021/
（「MCPC award 2021」総務大臣賞）

【参考情報②】地方創生推進交付金（内閣府）とは
URL：https://www.chisou.go.jp/tiiki/tiikisaisei/souseikoufukin.html

もっと知りたい！　担当者にインタビュー

（総務省）取組の経緯・きっかけを教えてください。

（伊那市）少子高齢化や人口減少に伴う「買い物弱者の増加」や「物流機能の低下」といった地域課題に対し、デジタル技術の導入による解決策を検討した結果、自律飛行ドローンを活用した官民連携の買い物支援という構想に行きつきました。

導入又は実証時において、国又は都道府県の支援制度（人的支援や技術提供、補助金等）を活用しましたか？

安全なドローン物流のための航路としての河川上空の開発や買い物支援サービスの事業化に当たっては、内閣府の地方創生推進交付金（平成30年度から３年間）を活用しました。また、ケーブルテレビ・プラットフォームは、総務省のデータ利活用型スマートシティ推進事業（令和元年度）を活用することにより、オンデマンドタクシーの呼出しや遠隔地見守りとしても利用いただいています。

これから事業を考えている自治体に向け、一言お願いします。

デジタル技術の導入やスマートシティの構築自体を目的とするのではなく、地域が抱える課題解決の手段として、民間事業者等と協力して進めることが必要です。課題の抽出や事業者との調整は、技術の導入よりも時間をかけて丁寧に行うことが重要ではないでしょうか。

★担当：伊那市企画部 企画政策課★

令和3年度事業費　39,481千円

(2) 地方公共団体のDXの推進・マイナンバー制度の利活用の推進等

ア 地方公共団体のDXの推進

総務省では、国の取組と歩調を合わせた地方公共団体の取組を強力に推進するため、地方公共団体の情報システムの標準化・共通化等の地方公共団体が重点的に取り組むべき事項や国による支援策等を取りまとめた「自治体デジタル・トランスフォーメーション（DX）推進計画【第2.0版】」（令和4年9月2日。以下「自治体DX推進計画」という。）、自治体DX推進計画を踏まえ地方公共団体が着実にDXに取り組めるよう一連の手順を示した「自治体DX全体手順書【第2.1版】」（令和5年1月20日）をそれぞれ策定しており、引き続き、国の取組の進捗等を踏まえて見直しを行っていくこととしている。

また、こうした取組を一層推進するため、都道府県や連携中枢都市等における市町村支援のためのデジタル人材の確保や地方公共団体におけるデジタル化の取組の中核を担う職員（DX推進リーダー）の育成に要する経費について、令和5年度から新たに特別交付税措置を講じるとともに、令和3年度から実施している市町村がCIO補佐官等として外部人材の任用等を行うための経費に対する特別交付税措置について、拡充することとしている。

さらに、後述する「経営・財務マネジメント強化事業」において、新たにDXの取組を支援するための専門アドバイザーを派遣するとともに、地方公共団体情報システム機構、自治大学校等における研修メニューの充実も図ることとしている。

イ 地方公共団体の情報システムの標準化・共通化

地方公共団体の情報システムの標準化・共通化については、「地方公共団体情報システムの標準化に関する法律」（令和3年法律第40号）に基づき、基幹業務システムを利用する原則全ての地方公共団体が、目標時期である令和7年度を目指し、同法第5条に基づく基本方針の下で所管府省が作成する標準化基準に適合した「ガバメントクラウド」上に構築されるシステムへ移行することができるよう、その環境を整備することとし、その取組に当たっては、地方公共団体の意見を丁寧に聴いて進めることとされている。

また、各地方公共団体がシステムの移行の際に必要となる準備経費や移行経費について、令和7年度まで国が補助を行うこととしている。

ウ マイナンバー制度及びマイナンバーカードの普及・利活用の推進

（ア）マイナンバー制度の意義

マイナンバー制度は、行政の効率化、国民の利便性の向上及び公平・公正な社会を実現するデジタル社会の基盤である。

今後、各地方公共団体において業務のICT化などを進め、質の高い行政サービスを効果的・効率的に提供する業務改革に取り組んでいくに当たっては、マイナンバー制度を積極的に利活用していくことが不可欠である。

（イ）マイナンバーを活用した情報連携の円滑な運用

「行政手続における特定の個人を識別するための番号の利用等に関する法律」（平成25年法律

第27号）に基づきデジタル庁が設置・管理する情報提供ネットワークシステムを用いて、国の行政機関や地方公共団体がそれぞれ管理している同一個人の情報をオンラインで情報連携し、相互に活用することが可能である。これにより、令和４年12月時点で児童手当の申請など約2,400の事務手続で情報連携による添付書類の省略が可能となっており、今後も順次、対象事務が増えていくことが予定されている。

（ウ）マイナンバーカード（公的個人認証サービス等）の普及と利活用の推進

安全・安心で利便性の高いデジタル社会をできる限り早期に実現する観点から、国はマイナンバーカードの利便性向上・利活用シーンの拡大を更に推進するとともに、市区町村における申請促進・交付体制の強化に向けた支援を行う等、マイナンバーカードの普及を強力に促進している。

また、マイナンバーカードと健康保険証の一体化を進め、令和６年秋に健康保険証の廃止を目指している。これを踏まえ、マイナンバーカードの取得の推進に取り組むとともに、マイナンバーカードの手続・様式の見直しの検討等を進めている。

地方公共団体における利便性向上の取組への支援として、好事例について情報提供を行うことで横展開を図るほか、郵便局やコンビニなどにおける証明書自動交付サービスの導入に要する経費に係る特別交付税措置を令和７年度まで講じるとともに、令和４年度補正予算（第２号）において、コンビニが無い市町村を中心とした郵便局への証明書自動交付サービス端末の導入やマイナンバーカードの広域利用促進事業のための経費、地域独自のポイント給付を行う自治体マイナポイント事業の全国展開のための経費を計上している。

（エ）マイナポータルの利用拡大

マイナポータルは、「マイナンバーカードをキーにした、わたしの暮らしと行政との入口」として、地方公共団体へのオンライン申請や、行政機関等が保有する本人情報の閲覧・取得、お知らせの通知などのサービスを提供している。

令和５年２月６日より、全市区町村において、マイナポータルを通じたオンラインによる転出届・転入予約の取組が開始された。これにより、住民の手続負担の軽減や市区町村窓口事務の効率化が期待される。

(3) 地方創生の推進

地方創生は、出生率の低下によって引き起こされる人口の減少に歯止めをかけるとともに、東京圏への人口の過度の集中を是正し、それぞれの地域で住みよい環境を確保して、将来にわたって活力ある日本社会を維持することを目的としており、主な取組は以下のとおりである。

ア 活力ある地方創り

地方は、人口減少や少子高齢化、働く場や交通への不安など、様々な課題に直面している。これらの課題を解決し、活力ある地方を創出するため、以下の施策をはじめとする様々な取組を推進することとしている。

(ア) 地方への新たな人の流れの強化

a　地域おこし協力隊による地域への人材還流の促進

地域おこし協力隊は、都市地域から過疎地域等の条件不利地域に移住し、おおむね1～3年、当該地域に居住して、地場産品の開発・販売・PRなど地域おこしの支援に向けた各種の地域協力活動に従事する取組である。令和3年度には、全国1,085の地方公共団体で6,015人の隊員が活動している。

こうした中、令和8年度までに現役隊員数を1万人とする目標の達成に向け、令和5年度から、新規採用者数を増加させるため、地方公共団体において募集の企画力やPRを強化することができるよう、隊員の募集等に要する経費について、特別交付税措置の上限を引き上げることとしている。

また、任期途中の退任者を減少させるため、市町村が隊員のサポート体制を十分に確保することができるよう、市町村における隊員の日々のサポートに要する経費について、新たに特別交付税措置を講じることとしている。

さらに、隊員等の起業・事業承継に要する経費について、隊員が早期から起業等の準備に着手することができるよう、特別交付税措置の対象期間を拡充することとしている。

b　地域活性化起業人

地域活性化起業人制度は、地方公共団体が、三大都市圏に所在する民間企業等の社員を一定期間受け入れ、そのノウハウや知見を活かしながら地域独自の魅力や価値の向上等につながる業務に従事してもらい、地域活性化を図る取組に要する経費について特別交付税措置を講じるものであり、引き続き、制度の活用を推進していくこととしている。

c　地域プロジェクトマネージャー

地域活性化に向けたプロジェクトを実施する際には、外部専門人材、地域、行政、民間などが連携して取り組むことが不可欠だが、令和3年度から、そうした関係者間を橋渡しししつつプロジェクトをマネジメントできる「ブリッジ人材」を、地方公共団体が「地域プロジェクトマネージャー」として任用するための経費について特別交付税措置を講じており、引き続き、制度の活用を推進していくこととしている。

d　関係人口の創出・拡大

特定の地域に継続的に多様な形で関わる関係人口の創出・拡大に向けて、令和3年度から、「関係人口ポータルサイト」により、先進的な取組を通じて得られた知見の横展開を図るとともに、地方公共団体の関係人口創出・拡大の取組に対して地方交付税措置を講じることにより、全国各地での取組の実装化を図ることとしている。

e　若者定着に向けた地方大学の振興等

若年層等について、地方とのつながりを築き、地方への新しい人の流れをつくるため、「奨学金を活用した若者の地方定着の促進」及び「地方公共団体と地方大学の連携による雇用創出・若者定着の促進」に要する経費について特別交付税措置を講じており、引き続き、取組の普及を推進することとしている。

（イ）地域資源を活かした自立分散型地域経済の構築

a　ローカルスタートアップ支援制度の創設

地域資源を活用し地域課題の解決に資する地域密着型事業の創業を大幅に増加させるため、令和５年度から、ローカル10,000プロジェクトや地方財政措置等を合わせて「ローカルスタートアップ支援制度」としてパッケージ化し、地域でのスタートアップを幅広く支援することとしている。

なお、ローカル10,000プロジェクトについて、日本政策金融公庫による融資及びふるさと融資を利用する場合の地方公共団体による融資を融資元に追加するとともに、ふるさと融資を利用する場合は、地方公共団体による地方債の利子負担及び連帯保証料の補助に対して、特別交付税措置を講じることとしている。

b　分散型エネルギーインフラプロジェクト

分散型エネルギーインフラプロジェクトでは、エネルギーの地産地消を進めるため、地方公共団体のマスタープラン策定を支援するとともに、関係省庁が連携して、マスタープランの策定から事業化までの徹底したアドバイス等を実施している。その推進に要する経費について、引き続き特別交付税措置を講じることとしている。

c　特定地域づくり事業の推進

「地域人口の急減に対処するための特定地域づくり事業の推進に関する法律」（令和元年法律第64号）に基づき都道府県の認定を受けた特定地域づくり事業協同組合の運営費等を支援する地方公共団体を対象に、国が補助を行うとともに、これに伴う地方負担等について、引き続き特別交付税措置を講じることとしている。令和５年２月末時点において、全国で72組合が認定を受けている。

イ　地域におけるリスキリングの推進

新しい資本主義の実現に向けて、「人への投資」は重要な課題であり、政府においては「人への投資」の施策パッケージを５年間で１兆円へ拡充するなど、リスキリングに対する公的支援を強化している。地方公共団体においても、経営者等の機運醸成やアウトリーチ支援など、地域に必要な人材確保のための独自の取組が広がりつつある。このような状況を踏まえ、地域に必要な人材確保（中小企業、農林水産、介護等）のため、デジタル・グリーン等成長分野に関するリスキリングの推進に資する経営者等の意識改革・理解促進、リスキリングの推進サポート等及び従業員の理解促進・リスキリング支援に要する経費について、令和５年度から新たに特別交付税措置を講じることとしている。

また、「地方公共団体と地方大学の連携による雇用創出・若者定着の促進」に関する特別交付税措置においても、令和５年度から、大学講師等による社会人等が対象のリスキリング講座の実施等に要する経費を対象に追加することとしている。

ウ　地域公共交通への対応

ローカル鉄道等の地域公共交通は、人口減少等による利用者の減少等により、持続可能性と利便性が低下し、地域公共交通ネットワークの維持が難しい状況となっている。

こうした中、ローカル鉄道の再構築を図るため、第211回通常国会に提出されている「地域公共交通の活性化及び再生に関する法律等の一部を改正する法律案」により、地方公共団体又は鉄道事業者からの要請に基づき国土交通大臣が組織する「再構築協議会」が創設される予定である。この再構築協議会等における鉄道事業者と地域の合意に基づくローカル鉄道の再構築に取り組む地方公共団体への支援として、社会資本整備総合交付金の基幹事業に創設される地域公共交通再構築事業等を受けて実施する、持続可能性や利便性等の向上に資する鉄道施設やバス施設等の整備事業に係る地方負担について、新たに地方財政措置を講じることとしている。

また、各公営地下鉄事業の経営が引き続き厳しい状況である中で、新型コロナウイルス感染症の影響により経営環境の変化が生じていることを踏まえ、経営戦略の改定状況に応じた発行要件を設けた上で地下鉄事業特例債を令和５年度から５年間延長し、引き続き地方財政措置を講じることとしている。

エ 過疎対策の推進

過疎地域は、食料、水及びエネルギーの安定的な供給、自然災害の発生の防止、生物の多様性の確保その他の自然環境の保全、多様な文化の継承、良好な景観の形成等の多面にわたる機能を有し、これらが発揮されることにより、国民の生活に豊かさと潤いを与え、国土の多様性を支えている。

東京圏への人口の過度の集中により大規模な災害、感染症等による被害に関する危険の増大等の問題が深刻化する中、過疎地域の担うべき役割は一層重要なものとなっている一方、人口減少、少子高齢化の進展等他の地域と比較して厳しい社会経済情勢が長期にわたり継続し、地域社会を担う人材の確保、地域経済の活性化、情報化、交通機能や医療提供体制の確保、教育環境の整備、集落の維持、農地、森林等の適正な管理等が喫緊の課題となっている。

令和３年３月、過疎地域の持続的発展に関する施策を総合的かつ計画的に推進するため、「過疎地域の持続的発展の支援に関する特別措置法」（令和３年法律第19号）が第５次過疎対策法として制定され、同年４月から施行されている。同法に基づき、「人口要件」及び「財政力要件」を満たす市町村が過疎地域とされ、過疎対策事業債や国庫補助率の嵩上げ等の特例措置が講じられている。

令和４年４月１日現在の過疎関係市町村は、令和２年国勢調査結果に基づき65市町村が追加され、885市町村となっており、過疎関係市町村の全市町村に占める割合は51.5%となっている。

令和５年度においては、過疎対策事業債について、資材価格等の高騰による建設事業費の上昇を踏まえつつ、過疎地域の持続的発展に関する施策に取り組んでいけるよう、地方債計画に対前年度200億円増の5,400億円を計上するとともに、過疎地域における人材の育成や、ICT等技術を活用した取組等を支援する過疎地域持続的発展支援交付金について、前年度同額の8.0億円を予算計上している。

4 地域の脱炭素化の推進

「地球温暖化対策計画」（令和3年10月22日閣議決定）において、2050年カーボンニュートラルの実現を目指すとともに、我が国の中期目標として、2030年度において温室効果ガスを2013年度から46％削減することを目指すこととされたことを踏まえ、地域の脱炭素化を推進していく必要がある。

(1) 公共施設等の脱炭素化の推進

「GX実現に向けた基本方針」（令和5年2月10日閣議決定）において、地域脱炭素の基盤となる重点対策（再生可能エネルギーや電動車の導入等）を率先して実施することとされるなど、地方公共団体の役割が拡大したことを踏まえ、公共施設等の脱炭素化の取組を計画的に実施できるよう、令和5年度の地方財政計画の歳出において、新たに「脱炭素化推進事業費」を1,000億円計上し、脱炭素化推進事業債を創設することとしている。対象事業は、公共施設及び公用施設における再生可能エネルギーの導入、ZEB（一定の省エネルギーを図った上で、再生可能エネルギー等の導入により、エネルギー消費量を更に削減した建築物）化、省エネルギー改修の実施及びLED照明の導入並びに電動車等の導入（EV、FCV、PHEV）としている。

あわせて、公営企業の脱炭素化の取組についても、上記の「脱炭素化推進事業費」と同様の事業のほか、新たに、公営企業の特有の取組として、水道事業及び工業用水道事業において実施する小水力発電の導入、下水道事業において実施するバイオガス発電、肥料化施設、リン回収施設、高温焼却施設等の導入並びに交通事業（バス事業）において実施する電動バス等の導入（EV、FCV、PHEV）を対象に、公営企業債（脱炭素化推進事業）を充当できることとしている。

なお、これらの事業期間については、「地球温暖化対策計画」において、令和7年度までを集中期間として、脱炭素を前提とした施策を総動員することとされたことを踏まえ、令和7年度までとしている。

(2) ESG投資の拡大への対応

カーボンニュートラルの達成や地球温暖化対策、持続可能な社会の実現といった世界的な課題への対応が急務となる中、金融市場においては、環境（Environment）・社会（Social）・ガバナンス（Governance）というESGの要素を投資方針上考慮する、いわゆる「ESG投資」が拡大しており、我が国においても、ESG投資に対する投資家の需要が高まっている。

地方公共団体は、地域の脱炭素化に向け一層の取組の実施が期待されていることに加え、風水害や土砂災害の頻発化・激甚化等、気候変動への適応に向けた対応も求められており、その資金調達手段として、SDGs地方債（ESG地方債）[*1]発行の重要性が高まっている。また、SDGs地方債

＊1　ここでは、ICMA（国際資本市場協会）により定められた原則等に準拠して発行された地方債（グリーンボンド、ソーシャルボンド、サステナビリティボンド等）を指している。

（ESG地方債）には旺盛な需要が観測され、対国債スプレッドが通常の地方債よりも小さくなる条件での発行も行われており、安定的な資金調達の観点からも、発行が重要となっている。

このような状況を踏まえ、令和５年度から新たに、脱炭素化事業や気候変動への適応事業等に資金使途を限定した債券であるグリーンボンドを、共同発行形式で発行することとしている。共同発行形式とすることにより、単独では発行ロットを確保できない団体もグリーンボンドを発行することが可能となり、また、発行に当たっての事務負担や、外部評価の取得費用等の軽減も期待することができる。こうした取組により、SDGs地方債（ESG地方債）の更なる発行拡大が期待されている。

5 防災・減災、国土強靱化及び公共施設等の適正管理の推進

近年、気候変動の影響により気象災害は激甚化・頻発化し、また大規模地震の発生が切迫している。このような中、国民の生命・財産を守るため、地方公共団体が国と連携しつつ、防災・減災、国土強靱化対策に取り組む必要がある。

また、我が国においては、高度経済成長期に大量に建設された公共施設等が一斉に更新時期を迎える中、人口減少や少子高齢化等による公共施設等の利用需要の変化や地方財政の厳しい状況等を踏まえると、各地方公共団体においては、地域における公共施設等の適正管理に向けた取組を着実に推進する必要がある。

(1) 防災・減災、国土強靱化の推進

「防災・減災、国土強靱化のための5か年加速化対策」（令和2年12月11日閣議決定。以下「5か年加速化対策」という。）に基づく直轄事業及び補助事業について、当初予算に計上される場合には、その地方負担を防災・減災・国土強靱化緊急対策事業債により措置することとし、補正予算に計上される場合には、その地方負担を補正予算債により措置することとしている。5か年加速化対策の3年目である令和5年度分については、令和4年度補正予算（第2号）（国費1兆5,341億円）を活用することとされており、その地方負担については、補正予算債等により措置することとしている。

地方公共団体が、喫緊の課題である防災・減災対策のための施設整備等に取り組んでいけるよう、「緊急防災・減災事業費」について、新たに社会福祉法人又は学校法人が行う指定避難所の生活環境改善のための取組への支援及び消防本部への水中ドローンの配備を対象事業に追加した上で、令和5年度の地方財政計画に前年度同額の5,000億円を計上している。

また、地方公共団体が、5か年加速化対策と連携しつつ、地方単独事業として緊急に自然災害を防止するための社会基盤の整備に取り組んでいけるよう、「緊急自然災害防止対策事業費」について、令和5年度の地方財政計画に前年度同額の4,000億円を計上している。

さらに、地方公共団体が、地方単独事業として緊急に河川等の浚渫を実施できるよう、「緊急浚渫推進事業費」について、令和5年度の地方財政計画に前年度同額の1,100億円を計上している。

このほか、広域化を前提として指令の共同運用に参画する消防本部が現行システムの更新時期を延長して運用する場合の割増経費や、消防学校における女性専用施設の整備について、令和5年度から、特別交付税措置の対象とすることとしている。

(2) 公共施設等の適正管理の更なる推進

総務省においては、「公共施設等の総合的かつ計画的な管理の推進について」（平成26年4月22日付け総務大臣通知）により、各地方公共団体に対し、公共施設等の総合的かつ計画的な管理を行うための中期的な取組の方向性を明らかにする計画（以下「総合管理計画」という。）を策定する

よう要請し、令和4年3月31日時点で、都道府県においては100%、市区町村においても99.9%の団体が、総合管理計画を策定している。

そのような中、総合管理計画については、その策定を要請した平成26年度以降、一定の期間が経過していることも踏まえ、総務省としては、地方公共団体に対して、個別施設ごとの長寿命化計画（個別施設計画）の内容を反映しつつ、中長期のインフラ維持管理・更新費の見通しや適正管理に取り組むことによる効果額を盛り込んだ見直しを行うよう要請してきたところであるが、「令和3年度までの公共施設等総合管理計画の見直しに当たっての留意事項について」（令和3年1月26日付け総務省自治財政局財務調査課長通知）により、総合管理計画の見直しに当たって記載すべき事項の考え方等について、改めて周知した。また、その見直しに当たっては、後述する「経営・財務マネジメント強化事業」等により、市区町村における総合管理計画の見直しのための専門家の招へいや業務委託等を支援している。

その結果、令和4年9月末時点で76.5%の団体が見直しを実施済みとなるとともに、令和5年度末までには99.8%の団体が見直し予定となっている。なお、新型コロナウイルス感染症の影響等により、見直しが完了していない地方公共団体においては、適切に見直しを進め、令和5年度末までに見直しを完了するよう要請している。

また、地方公共団体による公共施設等の適正管理の取組を推進するため、公共施設等適正管理推進事業債を平成29年度に創設し、令和4年度には、事業期間を令和8年度まで5年間継続することとした。令和5年度においては、「公共施設等適正管理推進事業費」について、地方公共団体が引き続き公共施設等の適正管理に積極的に取り組んでいけるよう、地方財政計画に4,800億円を計上している。

6 社会保障制度改革

少子高齢化など人口構成の変化が一層進んでいく中、年金、医療、介護などの社会保障を持続可能なものとするためには、社会保障制度を見直し、給付・負担両面で、人口構成の変化に対応した世代間・世代内の公平が確保された制度へと改革していくことが必要である。

また、子育て、医療、介護など社会保障分野のサービス・給付の多くが地方公共団体を通じて国民に提供されていることから、国と地方が一体となって安定的に実施していくことが重要であり、社会保障制度改革は国・地方が協力して推進していく必要がある。

(1) 社会保障の充実と人づくり革命

社会保障と税の一体改革は、社会保障の充実・安定化に向け、安定財源確保と財政健全化の同時達成を目指すものである。

消費税率の引上げ分は、「社会保障の充実」、「人づくり革命」等として、全額社会保障の財源に使われることとされている。

「社会保障の充実」では、消費税率5%から10%への引上げによる増収分の一部及び重点化・効率化による財政効果を活用して、子ども・子育て支援、医療・介護、年金の各分野について実施することとされた。

令和5年度における「社会保障の充実」の施策に係る所要額については、**第84図**のとおりである。

第84図　令和5年度における「社会保障の充実」（概要）

（単位：億円）

事項		事業内容	令和5年度予算案	（参考）令和4年度予算額
子ども・子育て支援		子ども・子育て支援新制度の着実な実施・社会的養育の充実（注3）	前年同額	7,000
		育児休業中の経済的支援の強化		17
医療・介護	医療・介護サービスの提供体制改革	病床の機能分化・連携、在宅医療の推進等		
		・地域医療介護総合確保基金（医療分）	前年同額	1,029
		・診療報酬改定における消費税増収分等の活用分	1,148	931
		うち 令和4年度における看護職員の処遇改善	(346)	(144)
		うち 不妊治療の保険適用（本体分・薬価分）	(189)	(173)
		・医療情報化支援基金	289	735
		地域包括ケアシステムの構築		
		・平成27年度介護報酬改定における消費税増収分等の活用分（介護職員の処遇改善等）	前年同額	1,196
		・在宅医療・介護連携、認知症施策の推進など地域支援事業の充実		534
		・地域医療介護総合確保基金（介護分）	734	824
		・令和4年度における介護職員の処遇改善	752	313
	医療・介護保険制度の改革	国民健康保険等の低所得者保険料軽減措置の拡充・子どもに係る国民健康保険料等の均等割額の減額措置	前年同額	693
		被用者保険の拠出金に対する支援		700
		70歳未満の高額療養費制度の改正		248
		介護保険の第1号保険料の低所得者軽減強化		1,572
		介護保険保険者努力支援交付金		200
		国民健康保険への財政支援の拡充（低所得者数に応じた財政支援、保険者努力支援制度等（注4））	3,736	3,936
		出産育児一時金支援	76	−
		国民健康保険の産前産後保険料の免除	4	−
	難病・小児慢性特定疾病への対応	難病・小児慢性特定疾病に係る公平かつ安定的な制度の運用 等	前年同額	2,089
年金		年金受給資格期間の25年から10年への短縮	前年同額	5,864
		年金生活者支援給付金の支給		
		遺族基礎年金の父子家庭への対象拡大	91	88
合計			27,972	27,968

（注1）金額は公費（国及び地方の合計額）。計数は、四捨五入の関係により、端数において合計と合致しないものがある。
（注2）消費税増収分（2.4兆円）と社会保障改革プログラム法等に基づく重点化・効率化による財政効果（▲0.4兆円）を活用し、上記の社会保障の充実（2.8兆円）の財源を確保。
（注3）「子ども・子育て支援新制度の着実な充実・社会的養育の充実」の国費分については全額こども家庭庁に計上。
（注4）平成29年度に特例的に積み立てた財政安定化基金の一部を保険者努力支援制度の財源として活用。

また、「新しい経済政策パッケージ」（平成29年12月８日閣議決定）における「人づくり革命」では、待機児童の解消・保育士の処遇改善、幼児教育・保育の無償化、高等教育の無償化、介護人材の処遇改善等の施策を推進するための安定財源として、消費税率8%から10%への引上げによる増収分の一部を活用することとされた。

令和５年度におけるこれらの施策に係る所要額については、**第85図**のとおりである。

第85図　令和５年度における「新しい経済政策パッケージ」（概要）

新しい経済政策パッケージについて（平成29年12月８日閣議決定）（抜粋）

社会保障の充実と財政健全化のバランスを取りつつ、安定財源として、2019年10月に予定される消費税率10%への引上げによる財源を活用する。消費税率の2%の引上げにより5兆円強の税収となるが、この増収分を教育負担の軽減・子育て層支援・介護人材の確保等と、財政再建とに、それぞれ概ね半分ずつ充当する。前者について、新たに生まれる1.7兆円程度を、本経済政策パッケージの幼児教育の無償化、「子育て安心プラン」の前倒しによる待機児童の解消、保育士の処遇改善、高等教育の無償化、介護人材の処遇改善に充てる。これらの政策は、2019年10月に予定されている消費税率10%への引上げを前提として、実行することとする。

（単位：億円）

事　項	事業内容	令和5年度予算案	(参考)令和４年度予算額
待機児童の解消	•「子育て安心プラン」を前倒しし、2020年度末までに32万人分の受け皿を整備。 • 保育士の確保や他産業との賃金格差を踏まえた処遇改善に更に取り組む（2019年4月から更に1%（月3,000円相当）の賃金引上げ）。(注3)	前年同額	722
幼児教育・保育の無償化	• 3歳から5歳までの全ての子供たち及び0歳～2歳までの住民税非課税世帯の子供たちの幼稚園、保育所、認定こども園等の費用を無償化（2019年10月～）。(注3)		8, 858
介護人材の処遇改善	• リーダー級の介護職員について他産業と遜色ない賃金水準を目指し、経験・技能のある介護職員に重点化を図りつつ、介護職員の更なる処遇改善を実施。この趣旨を損なわない程度で、介護職以外の職員の処遇改善も実施（2019年10月～）。		1, 003
高等教育の無償化	• 少子化に対処するため、低所得世帯であっても社会で自立し活躍できる人材を育成する大学等において修学できるよう、高等教育の修学支援（授業料等減免・給付型奨学金）を着実に実施（2020年4月～）。(注3)	5,764	5, 601
合　計		16,347	16, 184

（注1）金額は公費（国及び地方の合計額）。計数は、四捨五入の関係により、端数において合計と合致しないものがある。
（注2）「子育て安心プラン」の実現に必要な企業主導型保育事業（幼児教育・保育の無償化の実施後は、3歳から5歳までの子供たち及び0歳から2歳までの住民税非課税世帯の子供たちの企業主導型保育事業の利用者負担を助成する事業を含む。）と保育所等の運営費（0歳から2歳までの子供に相当する部分）には、別途、事業主が拠出する子ども・子育て拠出金を充てる。
（注3）「待機児童の解消」、「幼児教育・保育の無償化」及び「高等教育の無償化」の国費分については全額こども家庭庁に計上。

(2) 全世代対応型の持続可能な社会保障制度の構築

全世代対応型の持続可能な社会保障制度を構築する観点から、社会保障全般の総合的な検討を行うため、内閣総理大臣を本部長として関係閣僚による全世代型社会保障構築本部（令和４年１月設置。以下「構築本部」という。）が、全世代型社会保障改革担当大臣の下に有識者による全世代型社会保障構築会議（令和３年11月設置。以下「構築会議」という。）が設置され、令和４年12月に「全世代型社会保障構築会議 報告書 ～全世代で支え合い、人口減少・超高齢社会の課題を克服する～」（以下「報告書」という。）が取りまとめられた。

報告書においては、

・「こども・子育て支援の充実」については、少子化の危機的な状況から脱却するための更なる対策が求められており、特に現行制度で手薄な０～２歳児への支援が重要との認識の下、妊娠・出産・子育てを通じた切れ目ない包括的支援を早期に構築すべきであること。あわせて、恒久的な施策には恒久的な財源が必要であり、支援策の更なる具体化とあわせて検討すべきであること。また、令和５年度の「骨太の方針」において、将来的にこども予算の倍増を目指していく上での当面の道筋を示していくことが必要であること。

・「働き方に中立的な社会保障制度等の構築」については、働き方が多様化する中、どのような働き方をしても、誰もが安心して希望どおりに働くことができる社会保障制度等の構築が求められていること。また、少子化対策の観点からも、非正規雇用労働者を取り巻く課題の解決や、希望すれば誰もが円滑に労働移動できる環境整備が重要であること。
・「医療・介護制度の改革」については、後期高齢者の割合が急激に高まることを踏まえ、負担能力に応じて、全ての世代で、増加する医療費を公平に支え合う仕組みを早急に構築する必要があること。あわせて、医療の機能分化と連携の更なる推進、医療・介護人材の確保・育成、働き方改革や医療・介護サービス提供体制の改革を進めていく必要があること。
・「「地域共生社会」の実現」については、今後、更なる増加が見込まれる独居高齢者や孤独・孤立、生活困窮の問題に直面する方々を社会全体でどのように支えていくかが大きな課題であること。中でも、住まいについては生活の基盤であるため、その確保を社会保障の重要な課題として位置付け、必要な施策を本格的に展開することが必要であること。

などが記載されており、項目ごとに「今後の改革の工程」が示されている。報告書については、構築本部に報告されるとともに、全世代対応型の持続可能な社会保障制度の構築に向けた取組について報告書に基づき着実に進めていくものとすることが、構築本部として決定された。

(3) こども・子育て支援の強化

構築会議の報告書においては、最も緊急を要する取組は、「未来への投資」として、子育て・若者世代への支援を急速かつ強力に整備することとされている。同報告書において、足元の課題として掲げられた項目等については、以下のとおりである。

ア 出産・子育て応援交付金

「物価高克服・経済再生実現のための総合経済対策」において、「支援が手薄な０歳から２歳の低年齢期に焦点を当てて、妊娠時から出産・子育てまで一貫した伴走型相談支援の充実を図るとともに、地方自治体の創意工夫により、妊娠・出産時の関連用品の購入費助成や産前・産後ケア・一時預かり・家事支援サービス等の利用負担軽減を図る経済的支援を一体として実施する事業を創設し、継続的に実施する」こととされた。

これを踏まえて伴走型相談支援と経済的支援を一体的に実施する「出産・子育て応援交付金」が創設され、令和４年度補正予算（第２号）において必要な経費が計上された。その地方負担については、令和４年度の地方交付税の増額交付の中で対応することとされた。

令和５年度当初予算においても、「出産・子育て応援交付金」の継続実施のための経費が計上されており、その地方負担について令和５年度に所要の地方交付税措置を講じることとしている。

イ 出産育児一時金の増額

出産育児一時金については、健康保険や国民健康保険などの被保険者等が出産したときに、出産に要する経済的負担を軽減するため、一分娩当たり原則42万円が支給されているが、令和４年度の全施設の出産費用の平均額の推計等を勘案し、令和５年４月以降、出産育児一時金について現行の42万円から50万円への大幅引上げを行うこととされた。

国民健康保険の出産育児一時金については、その地方負担について地方交付税措置を講じているが、50万円への引上げ部分にも拡充し、引き続き地方交付税措置を講じることとしている。

ウ 産前産後保険料免除の創設に伴う公費による支援

国民健康保険の保険料については、国会での「全世代対応型の社会保障制度を構築するための健康保険法等の一部を改正する法律」（令和３年法律第66号）等の附帯決議において、子育て世代の負担軽減や少子化対策等の観点を踏まえ、出産に関する保険料の配慮の必要性や在り方等について検討すべきとされており、社会保障審議会医療保険部会等において議論が行われてきた。

このような状況を踏まえ、第211回通常国会に提出されている「全世代対応型の持続可能な社会保障制度を構築するための健康保険法等の一部を改正する法律案」等により、令和６年１月以降、出産する被保険者に係る産前産後期間相当分（4ヶ月分）の均等割保険料及び所得割保険料を免除することとされている。免除した保険料に係る公費負担が創設される予定であり、この地方負担について、新たに地方交付税措置を講じることとしている。

エ 児童虐待防止対策体制の強化

児童虐待防止対策の推進については、令和元年度から令和４年度までの児童相談所等の体制強化の目標を定めた「児童虐待防止対策体制総合強化プラン」（平成30年12月18日児童虐待防止対策に関する関係府省庁連絡会議決定）が令和４年度に終了すること等を踏まえ、「新たな児童虐待防止対策体制総合強化プラン」（令和４年12月15日児童虐待防止対策に関する関係府省庁連絡会議決定）が策定され、児童相談所において、児童福祉司を令和６年度までの２年間で約1,060名増員し、令和６年度に全国で約6,850名配置すること、児童心理司を令和８年度までの４年間で約950名増員し、令和８年度に全国で約3,300名配置することが目標とされた。

これを踏まえ、令和５年度に児童福祉司を約530名、児童心理司を約240名それぞれ増員できるよう、地方財政計画に必要な職員数を計上するとともに、地方交付税措置を講じることとしている。

上記のほか、こども・子育て政策の強化については、令和５年１月に、総理指示を受け、こども政策担当大臣の下に「こども政策の強化に関する関係府省会議」が開催され、目指すべき姿と当面加速化して進めるべき事項について集中的に検討し、同年３月末を目途に具体的なたたき台を取りまとめることとされている。その上で、令和５年４月以降、更に検討を深め、同年６月の「骨太の方針」までに、将来的なこども・子育て予算倍増に向けた大枠を提示することとされている。

7 財政マネジメントの強化

地方公共団体や公営企業が、中長期的な見通しに基づく持続可能な財政運営・経営を行うためには、自らの財政・経営状況、ストック情報等を的確に把握し、「見える化」することが重要であり、地方公会計の推進、地方財政の「見える化」や公営企業の経営改革等に取り組む必要がある。

(1) 地方公会計の整備・活用の推進及び地方財政の「見える化」の推進

ア 地方公会計の整備・活用の推進

地方公会計は、現金主義会計による予算・決算制度を補完するものとして、発生主義・複式簿記といった企業会計的手法を活用することにより、現金主義会計では見えにくいコスト情報（減価償却費等）やストック情報（資産等）を把握することを可能とするものである。令和4年3月31日時点において、令和2年度末時点の状況を反映した固定資産台帳については都道府県及び市区町村の94.1％に当たる1,683団体が整備済となり、令和2年度決算に係る財務書類（貸借対照表、行政コスト計算書、純資産変動計算書、資金収支計算書の財務書類4表をいう。）については都道府県及び市区町村の91.6％に当たる1,638団体が作成済となっている。

こうした状況を踏まえ、後述する「経営・財務マネジメント強化事業」も活用し、全ての地方公共団体において、決算年度の翌年度末までに固定資産台帳及び財務書類の作成・更新を行うことが求められるとともに、固定資産台帳及び財務書類から得られる情報を資産管理や予算編成等に積極的に活用していくことが重要であり、活用事例の周知を行っている。

また、総務省においては、各地方公共団体が作成した財務書類に関する情報を集約し、統一的な様式に基づく比較可能な形で公表しているところであり、令和2年度決算については、令和4年9月に公表した。

イ 地方財政の「見える化」の推進

地方財政の「見える化」については、「地方財政白書」、「決算状況調」、「財政状況資料集」等により積極的な情報開示を行ってきた。

「財政状況資料集」においては、各地方公共団体の性質別・目的別の住民一人当たりのコストや、施設類型別の有形固定資産減価償却率[*2]などのストックに関する情報について比較可能な形で公表するとともに、基金の使途・増減理由・今後の方針等について公表している。

地方公共団体においては、住民等に対する説明責任をより適切に果たし、住民サービスの向上や財政マネジメントの強化を図る観点から、住民等へのより分かりやすい財政情報の開示に取り組むとともに、公表内容の充実を図っていくことが求められる。

こうした中、地域の実情や住民のニーズを踏まえて実施されている地方単独事業（ソフト）についても、決算情報の「見える化」が進められてきた。平成29年度決算からは、総務省において、

＊2　保有する償却資産の取得価額等に対する減価償却累計額の比率であり、耐用年数に対して、資産の取得からどの程度経過しているのかを表す指標

地方単独事業（ソフト）の試行調査結果を公表しており、令和4年度決算額に関する調査（令和5年度に実施予定）からは、決算統計システムによる全数調査を実施する予定である。

(2) 公営企業の経営改革

公営企業は、料金収入をもって経営を行う独立採算制を基本原則としながら、住民生活に身近な社会資本を整備し、必要なサービスを提供する役割を果たしている。今後の本格的な人口減少等に伴うサービス需要の減少や施設の老朽化に伴う更新需要の増大など、公営企業を取り巻く経営環境が厳しさを増す中にあって、各公営企業が将来にわたってこうした役割を果たしていくためには、経営戦略の策定・改定や抜本的な改革等の取組を通じ、経営基盤の強化と財政マネジメントの向上を図るとともに、公営企業会計の適用拡大や経営比較分析表*3の活用による「見える化」を推進することが求められる。

ア 公営企業の更なる経営改革の推進

（ア）経営戦略の改定の推進

経営戦略については、令和2年度までの策定を要請してきたところであり、令和3年度末までに95.5%の事業が策定を完了している。未策定の事業においては、速やかに策定に向けた取組を進める必要がある。

今後は、策定済みの経営戦略について、経営戦略に基づく取組の進捗と成果を一定期間ごとに評価、検証した上で、今後の人口減少等を加味した料金収入の反映やストックマネジメント等の取組の充実により、中長期の収支見通し等の精緻化を図るとともに、料金改定や抜本的な改革を含め、収支均衡を図る具体的な取組の検討を行い、令和7年度までの経営戦略の改定に反映することが求められる。

また、地方公共団体においては、現下の課題である物価高騰への対応や、積極的なデジタルの活用（DX）とグリーン化（GX）の推進などが求められていることを踏まえ、各公営企業においても、これらの課題に積極的に取り組み、経営戦略に適切に反映することが必要である。

あわせて、新型コロナウイルス感染症に伴い生じている生活様式の変化が各公営企業の経営に与える影響についても、適切に反映することが重要である。

（イ）抜本的な改革の検討の推進

各公営企業が不断の経営健全化等に取り組むに当たっては、事業ごとの特性に応じて、民営化・民間譲渡、広域化等及び民間活用といった抜本的な改革等に取り組むことが求められる。令和3年度においては、**第48表**のとおり、広域化等89件、包括的民間委託37件などの取組が実施されている。

総務省においては、これらの抜本的な改革等の取組に係る先進・優良事例を取りまとめた新たな事例集を作成・公表することとしている。

＊3　各公営企業の経営及び施設の状況を主要な経営指標やその経年の推移、類似団体との比較により表し、分析を行ったもの

第48表　公営企業の抜本的な改革の取組状況（令和4年3月31日時点）

事業廃止	民営化・民間譲渡	公営企業型地方独立行政法人	広域化等	指定管理者制度	包括的民間委託	PPP/PFI
100件	11件	1件	89件	7件	37件	16件

合計
261件

（注）1　広域化等とは、事業統合をはじめ施設の共同化・管理の共同化などの広域的な連携、下水道事業における最適化などを含む概念。事業統合を行った場合は、統合される事業は事業廃止、統合する事業は広域化等として計上している。
2　民営化・民間譲渡又は広域化等に伴い他の事業に統合せずに事業廃止を行った場合は、1つの事業を事業廃止及び民営化・民間譲渡又は広域化等の2取組に計上している。

（ウ）公営企業の経営状況の「見える化」の推進

公営企業の経営状況の「見える化」については、各公営企業の経営状況の把握や財政マネジメントの向上に有用であることから、公営企業会計の適用拡大及び経営比較分析表の作成・公表を柱として推進している。

a　公営企業会計の適用拡大

公営企業会計の適用については、「公営企業会計の適用の更なる推進について」（平成31年1月25日付け総務大臣通知）及び「公営企業会計の適用の推進に当たっての留意事項について」（同日付け総務省自治財政局長通知）において、

・下水道事業及び簡易水道事業を重点事業とし、令和5年度までに公営企業会計に移行すること
・重点事業以外の事業についても、公営企業として継続的に経営を行っていく以上は、原則として公営企業会計の適用が求められること

等としている（**第86図**）。

令和4年4月時点における地方公共団体の公営企業会計適用の取組状況は**第49表**のとおりであるが、引き続き、各地方公共団体における取組状況のフォローアップや、後述する「経営・財務マネジメント強化事業」等により、更なる取組を促進することとしている。

第86図　公営企業会計の適用拡大のロードマップ

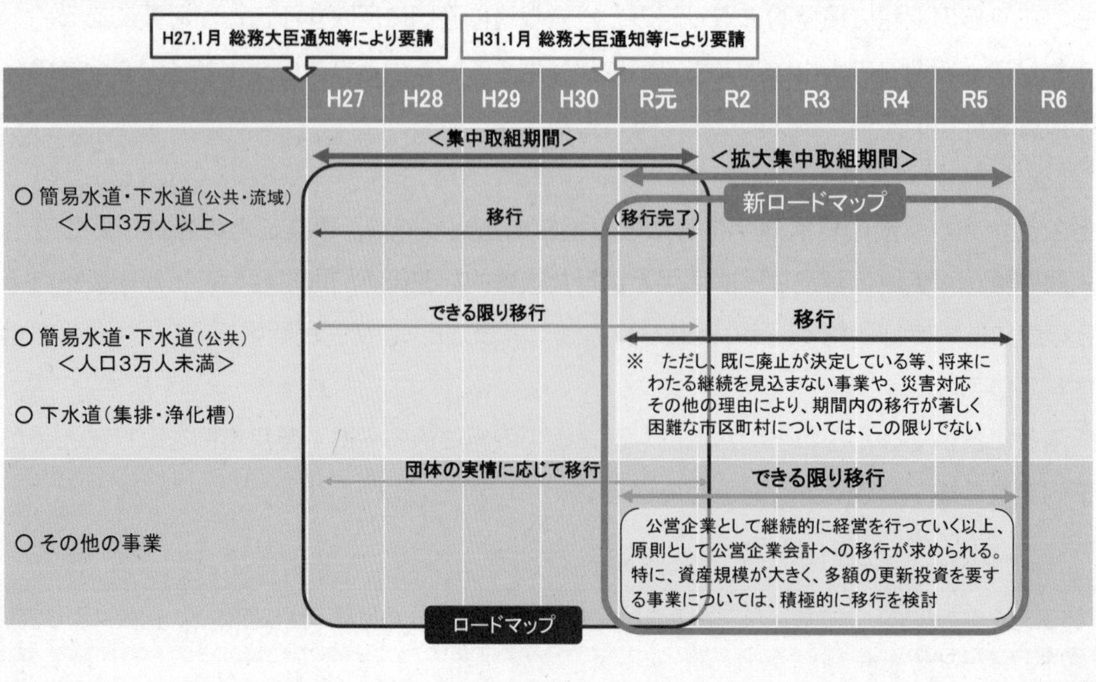

第49表　公営企業会計適用の取組状況（令和４年４月１日時点）

○ロードマップに基づき令和元年度までに公営企業会計の適用を要請してきた事業

（単位　事業）

	人口３万人以上			
	簡易水道事業		公共下水道事業及び流域下水道事業	
	令和３年４月１日時点	令和４年４月１日時点	令和３年４月１日時点	令和４年４月１日時点
①適用済及び適用に取組中	318（100%）	316（100%）	1,155（100%）	1,155（100%）
②検討中	0（0.0%）	0（0.0%）	0（0.0%）	0（0.0%）
③検討未着手	0（0.0%）	0（0.0%）	0（0.0%）	0（0.0%）
合計	318（100%）	316（100%）	1,155（100%）	1,155（100%）

○新ロードマップに基づき令和５年度までに公営企業会計の適用を要請している事業

（単位　事業）

	人口３万人未満				人口３万人以上	
	簡易水道事業		下水道事業		その他下水道事業	
	令和３年４月１日時点	令和４年４月１日時点	令和３年４月１日時点	令和４年４月１日時点	令和３年４月１日時点	令和４年４月１日時点
①適用済及び適用に取組中	523（87.8%）	566（95.6%）	1,465（90.6%）	1,582（97.7%）	651（87.0%）	688（93.0%）
②検討中	67（11.2%）	24（4.1%）	138（8.5%）	34（2.1%）	85（11.4%）	47（6.4%）
③検討未着手	6（1.0%）	2（0.3%）	14（0.9%）	3（0.2%）	12（1.6%）	5（0.7%）
合計	596（100%）	592（100%）	1,617（100%）	1,619（100%）	748（100%）	740（100%）

（注）１　その他下水道事業は、農業集落排水施設事業、漁業集落排水施設事業、林業集落排水施設事業、簡易排水施設事業、小規模集合排水処理施設事業、特定地域生活排水処理施設事業及び個別排水処理施設事業をいう。

２　構成比は小数点以下第２位を四捨五入しているため、値の合計が一致しない場合がある。

b　経営比較分析表の活用

経営比較分析表については、総務省において、水道事業、簡易水道事業、工業用水道事業、交通事業（自動車運送事業）、電気事業、病院事業、下水道事業、観光施設事業（休養宿泊施設事業）及び駐車場整備事業の９分野のひな形を作成し、各公営企業において、これを基に作成・公表が行われている。経営比較分析表が、各公営企業において経営課題の把握や経営改革の検討に活用されることが期待される。

イ　水道・下水道事業における広域化等の推進

水道・下水道事業を取り巻く経営環境が厳しさを増す中、広域化等、適切なストックマネジメント、料金収入の確保、民間活用、ICT等の利活用によるデジタル化の推進などに取り組むことで持続可能な経営を確保することが必要である。

特に、広域化等については、「「水道広域化推進プラン」の策定について」（平成31年１月25日付け総務省自治財政局長、厚生労働省大臣官房生活衛生・食品安全審議官通知）及び「汚水処理の事業運営に係る「広域化・共同化計画」の策定について」（平成30年１月17日付け総務省自治財政局準公営企業室長等通知）を発出し、都道府県に水道・下水道事業の広域化等に関する計画を令和４年度末までに策定するよう要請している。また、計画の策定後においては、都道府県のリーダーシップの下で計画に基づく広域化等の取組を着実に進めるとともに、計画の充実を図ることが重要である。このため、水道・下水道事業ともに都道府県が実施する広域化等の推進のための更なる調査検討に要する経費について、令和５年度から新たに地方財政措置を講じることとしている。さらに、下水道事業については、事務を共同で処理する際に必要なシステム整備費を下水道事業債

（広域化・共同化分）の対象に追加することとしている。このほか、引き続き広域化等に伴う施設の整備費等に対する地方財政措置を講じることとしている。

ウ 公立病院経営強化の推進

公立病院は、地域における基幹的な公的医療機関として、へき地医療、救急・小児・周産期などの不採算医療や高度・先進医療を提供する重要な役割を担っており、今般の新型コロナウイルス感染症への対応においても大きな役割を果たしている。

一方、地方公共団体においては、これまでに２回公立病院改革プランを策定し、様々な経営改革に取り組んできたが、公立病院の経営は、医師不足や人口減少等により、依然として厳しい状況が続いている。さらに、今後、新興感染症への対応や医師の時間外労働規制への対応も必要となっているところである。

そのため、総務省は令和４年3月に「持続可能な地域医療提供体制を確保するための公立病院経営強化ガイドライン」を策定し、地方公共団体に対して、「公立病院経営強化プラン」を令和５年度末までに策定し、経営強化に取り組むよう要請している。

また、地方公共団体が「公立病院経営強化プラン」に基づき公立病院の経営強化に取り組めるよう、公立病院の機能分化・連携強化に伴う施設・設備の整備費等に係る病院事業債（特別分）や、医師派遣等に係る特別交付税措置等の地方財政措置を講じている。令和５年度においては、公立病院等の施設整備費に対する地方交付税措置の対象となる建築単価の上限について、資材価格等の高騰による建設事業費の上昇を踏まえて引き上げることとし、令和４年度の病院事業債から適用することとしている。

また、不採算地区病院等については、コロナ禍においても病院機能を維持し、地域医療提供体制を確保するため、令和３年度に特別交付税措置の基準額を引き上げたところであるが、この措置を令和５年度においても継続することとしている。

(3) DX・GX等の新たな課題に対応した地方公共団体の経営・財務マネジメントの強化

令和３年度に地方公共団体金融機構との共同事業として創設した、地方公共団体の状況や要請に応じて継続的にアドバイザーを派遣する「経営・財務マネジメント強化事業」については、令和５年度も引き続き実施し、公営企業・第三セクター等の経営改革、公営企業会計の適用、地方公会計の整備・活用及び公共施設等総合管理計画の見直し・実行に加え、新たに、地方公共団体のDX、首長・管理者向けトップセミナー及び公営企業のDX・GXについてアドバイザーを派遣することとしている。

8 地方行政をめぐる動向と地方分権改革の推進

(1) 第33次地方制度調査会について

令和4年1月に第33次地方制度調査会が発足しており、内閣総理大臣の諮問に基づき、社会全体におけるデジタル・トランスフォーメーションの進展及び新型コロナウイルス感染症対応で直面した課題等を踏まえ、ポストコロナの経済社会に的確に対応する観点から、国と地方公共団体及び地方公共団体相互間の関係その他の必要な地方制度のあり方について、現在、調査審議が行われている。

このうち、地方議会のあり方については先行して審議が進められ、令和4年12月21日に開催された第3回総会において、議会の位置付け等の明確化、立候補環境の整備及び議会のデジタル化等を提言する「多様な人材が参画し住民に開かれた地方議会の実現に向けた対応方策に関する答申」が取りまとめられ、12月28日に内閣総理大臣に手交された。同答申等を踏まえた「地方自治法の一部を改正する法律案」を第211回通常国会に提出する予定である。

(2) 多様な広域連携の推進

第32次地方制度調査会答申（令和2年6月26日）を踏まえ、2040年頃にかけて顕在化する人口構造等の変化やリスクに的確に対応し、持続可能な形で行政サービスを提供していくため、地方公共団体間の多様な広域連携を推進する必要がある。そのためには、地方公共団体が、それぞれの地域における長期的・客観的な変化・課題の見通し（以下「地域の未来予測」という。）を作成し、これを踏まえ、定住自立圏・連携中枢都市圏や、相互補完的・双務的な役割分担に基づく連携など、地域の実情に応じた広域連携を検討していくことが考えられる。

ア 定住自立圏構想の推進

「定住自立圏構想」とは、人口5万人程度以上の中心市と近隣市町村が連携・協力し、「生活機能の強化」、「結びつきやネットワークの強化」及び「圏域のマネジメント能力の強化」を行うことにより、圏域全体で必要な生活機能を確保し、地方圏への人口定住を促進する政策であり、平成21年度から全国展開を行っている。

令和5年1月現在では、140市が中心市として圏域を形成する意思を宣言し、130の圏域（549市町村）が形成されるなど、全国で着実に定住自立圏構想による取組が進んでいる。

イ 連携中枢都市圏構想の推進

「連携中枢都市圏構想」とは、地域において、相当の規模と中核性を備える圏域の中心都市が近隣の市町村と連携し、コンパクト化とネットワーク化により「経済成長のけん引」、「高次都市機能の集積・強化」及び「生活関連機能サービスの向上」を行うことにより、人口減少・少子高齢社会においても一定の圏域人口を有し活力ある社会経済を維持するための拠点を形成する政策であり、平成26年度から全国展開を行っている。

令和5年1月現在では、39市を中心都市とする37の圏域（延べ362市町村）が形成されるなど、全国で着実に連携中枢都市圏構想による取組が進んでいる。

ウ 定住自立圏・連携中枢都市圏以外の市町村における広域連携の推進

核となる都市がなく、規模・能力が同程度の市町村が複数存在するような地域においても、共同で「地域の未来予測」を整理すること等を通じ、安定的・継続的な広域連携の取組によって必要な行政サービスを提供していくことが重要である。

そこで、定住自立圏・連携中枢都市圏以外の核となる都市のない地域等においても、相互補完的・双務的な役割分担に基づく広域連携を進めやすくするため、その前提となる「地域の未来予測」について、広域連携を目指す複数の地方公共団体が共同で作成するための経費や、それに基づく施設の共同利用等に向けた取組に要する経費について、令和4年度から特別交付税措置を講じている。

(3) 地方公務員行政に係る取組

ア 定年の引上げ

地方公務員の定年の引上げは、少子高齢化が進み、生産年齢人口が減少する我が国において、複雑高度化する行政課題へ的確に対応するために、能力と意欲のある高齢期の職員が、知識・経験を活かして活躍できるようにすることで、若手を含めた全ての職員が能力を存分に発揮できる環境を整えるとともに、質の高い行政サービスを維持していくことを目的に実施するものである。

地方公務員の定年については、令和3年6月に成立した「地方公務員法の一部を改正する法律」（令和3年法律第63号）により、国家公務員と同様、令和5年4月1日以降、60歳から65歳まで段階的に引き上げられることに合わせ、役職定年制や定年前再任用短時間勤務制の導入など、国家公務員と同様の措置を講じることとしている。

地方公共団体においては、定年引上げとこれに伴う諸制度の円滑な施行に向けて取り組むとともに、制度の趣旨に沿った適切な運用を行うことが必要である。また、質の高い行政サービスを安定的に提供できる体制を確保するため、職種ごとに職員の年齢構成や退職者数等を見通した上で年度ごとに必要な新規採用職員数を検討するなど、地域の実情に応じた中長期的な観点からの定員管理の取組を計画的に進める必要がある。

イ 会計年度任用職員制度

令和2年度に導入された会計年度任用職員制度に係る任用や給与決定などの施行状況については、任用根拠の明確化や勤務条件の改善など、おおむね、制度の趣旨に沿った運用が図られているが、一部にまだ対応が十分でない地方公共団体もあり、こうした団体においては、必要な適正化を図る必要がある。

さらに、国の非常勤職員の取扱いとの均衡の観点から、会計年度任用職員に対する勤勉手当の支給を可能とする「地方自治法の一部を改正する法律案」を第211回通常国会に提出する予定である。

ウ 技術職員の充実による市区町村支援・中長期派遣体制の更なる強化

令和２年度に創設した「復旧・復興支援技術職員派遣制度」について、都道府県等（市区町村間連携として、他市区町村の支援業務のために技術職員を確保・配置する市区町村を含む。）の技術職員の充実による市区町村支援・中長期派遣体制の更なる強化を図るため、令和５年度から技術職員の人件費に対する地方交付税措置の要件を緩和するとともに、各都道府県に対して、令和５年度から定年引上げが始まることも踏まえ、人事担当部局と事業担当部局が連携して「技術職員確保計画」を策定し、技術職員の確保に計画的に取り組むよう要請している。

(4) 地方分権改革の推進

ア 地方分権改革の経過と推進体制

地方分権改革については、「地方分権改革推進法」（平成18年法律第111号）による地方分権改革推進委員会の勧告に基づき、「地域の自主性及び自立性を高めるための改革の推進を図るための関係法律の整備に関する法律」（平成23年法律第37号。いわゆる「第１次地方分権一括法」）以降、地方に対する事務・権限の移譲及び規制緩和（義務付け・枠付けの見直し）について、具体的な改革が積み重ねられてきた。

平成26年には、これまでの成果を基盤とし、地方の発意に根差した新たな取組を推進することとして、地方分権改革に関する「提案募集方式」を導入し、地方に対する事務・権限移譲や規制緩和に関する地方からの提案を受け付けている。これまで、「地域の自主性及び自立性を高めるための改革の推進を図るための関係法律の整備に関する法律」（令和４年法律第44号。いわゆる「第12次地方分権一括法」）までの一括法により、地方側の長年の懸案であった農地転用許可の権限移譲や地方版ハローワークの創設をはじめとする更なる事務・権限の移譲等を行うなど、国が選ぶのではなく、地方が選ぶことができる地方分権改革が推進されている。

また、政府の地方分権改革の推進体制としては、内閣総理大臣を本部長とする地方分権改革推進本部が政策決定機能を担い、内閣府特命担当大臣の下に開催されている地方分権改革有識者会議が調査審議機能を担っている。さらに、地方分権改革有識者会議の下で、提案募集検討専門部会等を開催し、専門的な見地から検討が行われている。

イ 令和４年の地方からの提案等に関する対応方針

令和４年12月、地方分権改革推進本部及び閣議において、「令和４年の地方からの提案等に関する対応方針」（令和４年12月20日閣議決定。以下「令和４年対応方針」という。）が決定された。

令和４年対応方針においては、現場の課題に基づく地方からの提案等にきめ細かく対応し、地方公共団体への事務・権限の移譲、義務付け・枠付けの見直し等を推進することとされている。

令和４年対応方針に盛り込まれた事項のうち、主なものは**第87図**のとおりである。

第87図　令和4年の地方からの提案等に関する主な対応

重点募集テーマに関するもの

計画策定等

① 公立大学法人における年度計画の作成及び年度評価の廃止

② 市町村交通安全計画等の作成に係る努力義務の見直し

③ 地震防災緊急事業五箇年計画の策定事務の見直し

④ 日本語教育推進に関する地方公共団体の基本的な方針を柔軟に策定できることの明確化

⑤ 医療計画と関係計画を一体的に策定できることの明確化

⑥ 空き家対策総合支援事業の実施に必要な計画の整理及び記載内容の簡素化

デジタル

⑦ 住民基本台帳ネットワークシステムの利用事務の拡大（所有者不明土地法、森林法等に基づく事務）

⑧ 戸籍情報連携システムの利用事務の拡大（管理不全空家の所有者特定等に関する事務）

⑨ 固定資産評価額等の市町村から都道府県への通知方法の見直し

⑩ 国家資格等手続のオンライン化の対象資格拡大とオンライン手続時の都道府県経由事務の見直し

⑪ セーフティネット保証及び危機関連保証の認定に係る事務手続のオンライン化等

その他の事項に関するもの

＜災害対策＞

⑫ 罹災証明書の交付に必要な被害認定調査において固定資産課税台帳等の情報の利用を可能とすること

＜行政手続の効率化等＞

⑬ 建築主事の任用に必要な建築基準適合判定資格者検定の受検資格の見直し

＜医療・福祉＞

⑭ 生活保護の受給開始に伴う国民健康保険の資格喪失に係る届出を省略可能とする見直し

出典：内閣府ホームページ「令和4年の地方からの提案等に関する対応方針」（令和4年12月20日閣議決定）・主な対応方針に係る説明資料
https://www.cao.go.jp/bunken-suishin/doc/r04/k_tb_r4_setumei.pdf

令和4年対応方針に盛り込んだ事項のうち、法律の改正により措置すべき事項については、所要の一括法案等を第211回通常国会に提出することを基本とし、現行規定で対応可能な提案については、地方公共団体に対する通知等により明確化することとされている。

計画策定等による地方公共団体の事務負担の増大については、法令による新たな計画等の策定の義務付け・枠付けは必要最小限とするなど、骨太方針2022の基本原則に沿った計画行政を推進するため、内閣府において、国・地方を通じた効率的・効果的な計画行政の進め方を示したナビゲーション・ガイドの作成を行うこととされた。あわせて、各府省は、計画策定等を含む法律案等に関する内閣府への事前相談に加え、地方公共団体の全国的連合組織へ早期に情報提供を行うこととされた。

また、地方公共団体において、移譲された事務・権限を円滑に執行できるよう、地方税、地方交付税や国庫補助負担金等により、確実な財源措置を講じるとともに、マニュアルの整備や技術的助言、研修や職員の派遣などの必要な支援を実施することとされている。

今後とも、地方からの提案をいかに実現するかという基本姿勢に立って、地方分権改革を着実かつ強力に進めていくこととされている。

ウ　地方税財源の充実確保

地方公共団体が自らの発想で特色を持った地域づくりを進めていくためには、その基盤となる地方税財源の充実確保を図るとともに、税源の偏在性が小さく税収が安定的な地方税体系の構築を進めることが重要である。

なお、令和５年度税制改正については、令和４年11月15日に、地方財政審議会から、「令和５年度地方税制改正等に関する地方財政審議会意見」が提出されるとともに、同年12月23日に「令和５年度税制改正の大綱」が閣議決定された。

以上を踏まえ、地方税制の改正を行うため、第211回通常国会に地方税法等の改正法案を提出している。

用語の説明

本書における主な用語については、次のとおりである。

地方公共団体

政令指定都市

地方自治法（昭和22年法律第67号）第252条の19第1項の指定を受けた人口50万以上の市（札幌市、仙台市、さいたま市、千葉市、横浜市、川崎市、相模原市、新潟市、静岡市、浜松市、名古屋市、京都市、大阪市、堺市、神戸市、岡山市、広島市、北九州市、福岡市及び熊本市）をいう。

政令指定都市では、都道府県が処理するとされている児童福祉に関する事務、身体障害者の福祉に関する事務、生活保護に関する事務、精神保健及び精神障害者の福祉に関する事務、都市計画に関する事務などの全部又は一部を特例として処理することができる。

中核市

地方自治法第252条の22第1項の指定を受けた市（函館市、旭川市、青森市、八戸市、盛岡市、秋田市、山形市、福島市、郡山市、いわき市、水戸市、宇都宮市、前橋市、高崎市、川越市、川口市、越谷市、船橋市、柏市、八王子市、横須賀市、富山市、金沢市、福井市、甲府市、長野市、松本市、岐阜市、豊橋市、豊田市、岡崎市、一宮市、大津市、豊中市、吹田市、高槻市、枚方市、八尾市、寝屋川市、東大阪市、姫路市、尼崎市、明石市、西宮市、奈良市、和歌山市、鳥取市、松江市、倉敷市、呉市、福山市、下関市、高松市、松山市、高知市、久留米市、長崎市、佐世保市、大分市、宮崎市、鹿児島市及び那覇市）をいう。人口20万以上の市について、当該市からの申出に基づき政令で指定される。

中核市では、都道府県が処理するとされている事務の特例として政令指定都市が処理することができる事務のうち、都道府県が処理するほうが効率的な事務その他中核市において処理することが適当でない事務以外の事務、すなわち民生行政に関する事務、保健衛生行政に関する事務、環境保全行政に関する事務、都市計画等に関する事務、文教行政に関する事務などの全部又は一部を特例として処理することができる。

施行時特例市

地方自治法の一部を改正する法律（平成26年法律第42号。以下「平成26年改正法」という。）により、平成27年4月1日より特例市制度が廃止されたが、平成27年4月1日の時点において特例市である市は施行時特例市として特例の事務を引き続き処理することとされている。平成26年改正法による改正前の地方自治法第252条の26の3第1項の指定を受けた市（つくば市、伊勢崎市、太田市、熊谷市、所沢市、春日部市、草加市、平塚市、小田原市、茅ヶ崎市、厚木市、大和市、長岡市、上越市、沼津市、富士市、春日井市、四日市市、岸和田市、茨木市、加古川市、宝塚市及び佐賀市）は、都道府県が処理するとされている事務の特例として中核市が処理することができる事務のうち、都道府県が処理するほうが効率的な事務その他施行時特例市において処理することが適当でない事務以外の事務、すなわち環境保全行政に関する事務、都市計画等に関する事務などの全部又は一部を特例として処理することができる。

都市

政令指定都市、中核市及び施行時特例市以外の市をいい、中都市とは、都市のうち人口10万以上の市をいい、小都市とは、人口10万未満の市をいう。

なお、市となる時には、地方自治法第８条第１項で定める要件（人口５万以上を有すること等）を具えていなければならない。

町村

地方自治法第１条の３第２項で定める普通地方公共団体のうち、都道府県及び市以外のもの。町となる時には、同法第８条第２項の規定により、都道府県の条例で定める町としての要件を具えていなければならない。

特別区

地方自治法第281条第１項の規定による東京都の区のこと。現在、23の区が設置されている。

特別区は、基礎的な地方公共団体として、同法第281条の２第１項で都が一体的に処理することとされている事務を除き、同法第２条第３項において市町村が処理するものとされている事務を処理する。

一部事務組合

地方自治法第284条第２項の規定による、都道府県、市町村、特別区等が、その事務の一部を共同処理するために設ける団体のこと。

広域連合

地方自治法第284条第３項の規定による、都道府県、市町村、特別区等が、広域にわたり処理することが適切であると認めるものに関し、広域にわたる総合的な計画を策定し、処理するために設ける団体のこと。

会計区分等

普通会計

地方公共団体における公営事業会計以外の会計で、一般会計のほか、特別会計のうち公営事業会計に係るもの以外のものの純計額。

個々の地方公共団体ごとに各会計の範囲が異なっているため、財政状況の統一的な掌握及び比較が困難であることから、地方財政状況調査上便宜的に用いられる会計区分。

一般会計等

地方公共団体の財政の健全化に関する法律（平成19年法律第94号。以下「地方公共団体財政健全化法」という。）における実質赤字比率の対象となる会計で、地方公共団体の会計のうち、公営事業会計以外のものが該当する。これは、地方財政の統計で用いられている普通会計とほぼ同様の範囲であるが、地方財政の統計で行っているいわゆる「想定企業会計」の分別（一般会計において経理している公営事業に係る収支を一般会計と区分して特別会計において経理されたものとする取扱い）は行わないこととしている。

公営事業会計

地方公共団体の経営する公営企業、国民健康保険事業、後期高齢者医療事業、介護保険事業、収益事業、農業共済事業、交通災害共済事業及び公立大学附属病院事業に係る会計の総称。

公営企業会計

地方公共団体の経営する公営企業の経理を行う会計。

純計決算額

各地方公共団体の決算額を単純に合計して財政規模を把握すると地方公共団体相互間の出し入れ部分について重複するため、この重複部分を控除して正味の財政規模を見出すことを純計という。特に断りのない限り、決算額は普通会計に係る地方財政の純計額をいう。

なお、都道府県決算額は全ての都道府県における決算額の単純合計である。市町村決算額は、政令指定都市、中核市、施行時特例市、都市、町村、特別区、一部事務組合及び広域連合における決算額の単純合計額から、一部事務組合及び広域連合とこれを組織する市区町村との間の相互重複額を控除したものである。

都道府県決算額と市町村決算額の合計額は地方財政の純計額に一致しないことがある。

歳入

一般財源

地方税、地方譲与税、地方特例交付金等及び地方交付税の合計額。なお、これらのほか、都道府県においては、市町村から交付を受ける市町村たばこ税都道府県交付金、市町村においては、都道府県から交付を受ける利子割交付金、配当割交付金、株式等譲渡所得割交付金、分離課税所得割交付金（政令指定都市のみ）、地方消費税交付金、ゴルフ場利用税交付金、自動車取得税交付金、自動車税環境性能割交付金、軽油引取税交付金（政令指定都市のみ）及び法人事業税交付金を加算した額をいうが、これらの交付金は、地方財政の純計額においては、都道府県と市町村との間の重複額として控除される。

一般財源等

一般財源のほか、一般財源と同様に財源の使途が特定されず、どのような経費にも使用できる財源を合わせたもの。目的が特定されていない寄附金や売却目的が具体的事業に特定されない財産収入等のほか、臨時財政対策債等が含まれる。

地方譲与税

本来地方税に属すべき税源を、形式上一旦国税として徴収し、これを地方公共団体に対して譲与する税。

現在、地方譲与税としては、地方揮発油譲与税、特別とん譲与税、石油ガス譲与税、自動車重量譲与税、航空機燃料譲与税、森林環境譲与税、特別法人事業譲与税がある。

地方特例交付金等

個人住民税における住宅借入金等特別税額控除の実施に伴う地方公共団体の減収を補塡するために交付される個人住民税減収補塡特例交付金、自動車税・軽自動車税環境性能割の臨時的軽減による地方公共団体の減収を補塡するため交付される自動車税減収補塡特例交付金及び軽自動車税減収補填特例交付金、中小事業者等が所有する償却資産及び事業用家屋に係る固定資産税及び都市計画税の軽減措置、生産性革命の実現に向けた固定資産税の特例措置の拡充による地方公共団体の減収を補填するため交付される新型コロナウイルス感染症対策地方税減収補填特別交付金から構成される国から地方公共団体への交付金。

地方交付税

地方公共団体の自主性を損なわずに、地方財源の均衡化を図り、かつ地方行政の計画的な運営を保障するために、国税のうち、所得税、法人税、酒税及び消費税のそれぞれ一定割合及び地方法人税の全額を、国が地方公共団体に対して交付する税。地方交付税には、普通交付税と災害等特別の事情に応じて交付する特別交付税がある。普通交付税は、基準財政需要額が基準財政収入額を超える地方公共団体に対して、その差額（財源不足額）を基本として交付される。

基準財政需要額

普通交付税の算定基礎となるもので、各地方公共団体が、合理的かつ妥当な水準における行政を行い、又は施設を維持するための財政需要を算定するものであり、各行政項目ごとに、次の算式により算出される。

単位費用※1（測定単位1当たり費用）×測定単位※2（人口・面積等）×補正係数※3（寒冷補正等）

※1　標準的団体（人口や面積等、行政規模が道府県や市町村の中で平均的で、積雪地帯や離島等、自然的条件や地理的条件等が特異でない団体）が合理的、かつ妥当な水準において行政を行う場合等の一般財源所要額を、測定単位1単位当たりで示したもの。

※2　道府県や市町村の行政の種類（河川費や農業行政費等）ごとにその量を測定する単位。

※3　全ての道府県や市町村に費目ごとに同一の単位費用が用いられるが、実際には自然的・地理的・社会的条件の違いによって差異があるので、これらの行政経費の差を反映させるため、その差の生ずる理由ごとに測定単位の数値を割増し又は割落としている。これが測定単位の数値の補正であり、補正に用いる乗率を補正係数という。

基準財政収入額

普通交付税の算定に用いるもので、各地方公共団体の財政力を合理的に測定するために、標準的な状態において徴収が見込まれる税収入を一定の方法によって算定するものであり、次の算式により算出される。

標準的な地方税収入×原則として75/100＋地方譲与税等

震災復興特別交付税

東日本大震災に係る災害復旧事業、復興事業その他の事業の実施のため特別の財政需要があること及び東日本大震災のため財政収入の減少があることを考慮して、地方公共団体に対して交付する特別交付税。

国庫支出金

国と地方公共団体の経費負担区分に基づき、国が地方公共団体に対して支出する負担金、委託費、特定の施策の奨励又は財政援助のための補助金等。

都道府県支出金

都道府県の市町村に対する支出金。都道府県が自らの施策として単独で市町村に交付する支出金と、都道府県が国庫支出金を経費の全部又は一部として市町村に交付する支出金（間接補助金）とがある。

使用料

地方公共団体の公の施設の利用等の対価としてその利用者等から徴収するもの。

手数料

特定の者のために行う当該地方公共団体の事務に要する費用に充てるために徴収するもの。

歳出

目的別歳出

行政目的に着目した歳出の分類。地方公共団体の経費は、その行政目的によって、総務費、民生費、衛生費、労働費、農林水産業費、商工費、土木費、消防費、警察費、教育費、公債費等に大別することができる。

性質別歳出

経費の経済的性質に着目した歳出の分類であり、義務的経費、投資的経費及びその他の経費に大別することができる。

義務的経費

地方公共団体の歳出のうち、任意に削減できない極めて硬直性が強い経費。職員の給与等の人件費、生活保護費等の扶助費及び地方債の元利償還金等の公債費からなっている。

投資的経費

道路、橋りょう、公園、学校、公営住宅の建設等社会資本の整備等に要する経費であり、普通建設事業費、災害復旧事業費及び失業対策事業費からなっている。

国直轄事業

国が、道路、河川、砂防、港湾等の建設事業及びこれらの施設の災害復旧事業を自ら行う事業。事業の範囲は、それぞれの法律で規定されている。国直轄事業負担金は、法令の規定により、地方公共団体が国直轄事業の経費の一部を負担するもの。

物件費

性質別歳出の一分類で、人件費、維持補修費、扶助費、補助費等以外の地方公共団体が支出する消費的性質の経費の総称。具体的には、職員旅費や備品購入費、委託料等が含まれる。

扶助費

性質別歳出の一分類で、社会保障制度の一環として地方公共団体が各種法令に基づいて実施する給付や、地方公共団体が単独で行っている各種扶助に係る経費。

なお、扶助費には、現金のみならず、物品の提供に要する経費も含まれる。

補助費等

性質別歳出の一分類で、他の地方公共団体や国、法人等に対する支出のほか、地方公営企業法（昭和27年法律第292号）第17条の2の規定に基づく繰出金も含まれる。

繰出金

性質別歳出の一分類で、普通会計と公営事業会計との間又は特別会計相互間において支出される経費。また、基金に対する支出のうち、定額の資金を運用するためのものも繰出金に含まれる。

なお、法非適用の公営企業に対する繰出も含まれる。

公債費

地方公共団体が発行した地方債の元利償還等に要する経費。

なお、性質別歳出における公債費が地方債の元利償還金及び一時借入金利子に限定されるのに対し、目的別歳出における公債費については、元利償還等に要する経費のほか、地方債の発行手数料や割引料等の事務経費も含まれる。

補助事業

地方公共団体が国から負担金又は補助金を受けて実施する事業。

単独事業

地方公共団体が国からの補助等を受けずに、独自の経費で任意に実施する事業。

財政分析指標関係

経常収支比率

地方公共団体の財政構造の弾力性を判断するための指標で、人件費、扶助費、公債費等のように毎年度経常的に支出される経費（経常的経費）に充当された一般財源の額が、地方税、普通交付税を中心とする毎年度経常的に収入される一般財源（経常一般財源）、減収補填債特例分、猶予特例債及び臨時財政対策債の合計額に占める割合。

この指標は経常的経費に経常一般財源収入がどの程度充当されているかを見るものであり、比率が高いほど財政構造の硬直化が進んでいることを表す。

形式収支

歳入決算総額から歳出決算総額を差し引いた歳入歳出差引額。

実質収支

当該年度に属すべき収入と支出との実質的な差額をみるもので、形式収支から、翌年度に繰り越すべき継続費逓次繰越（継続費の毎年度の執行残額を継続最終年度まで逓次繰り越すこと）、繰越明許費繰越（歳出予算の経費のうち、その性質上又は予算成立後の事由等により年度内に支出を終わらない見込みのものを、予算の定めるところにより翌年度に繰り越すこと）等の財源を控除した額。

通常、「黒字団体」、「赤字団体」という場合は、実質収支の黒字、赤字により判断する。

単年度収支

実質収支は前年度以前からの収支の累積であるので、その影響を控除した単年度の収支のこと。具体的には、当該年度における実質収支から前年度の実質収支を差し引いた額。

実質単年度収支

単年度収支から、実質的な黒字要素（財政調整基金への積立額及び地方債の繰上償還額）を加え、赤字要素（財政調整基金の取崩し額）を差し引いた額。

標準財政規模

地方公共団体の標準的な状態で通常収入されるであろう経常的一般財源の規模を示すもので、標準税収入額等に普通交付税を加算した額。

なお、地方財政法施行令（昭和23年政令第267号）附則の規定により、臨時財政対策債の発行可能額についても含まれる。

実質赤字比率

当該地方公共団体の一般会計等を対象とした実質赤字額の標準財政規模に対する比率。福祉、教育、まちづくり等を行う地方公共団体の一般会計等の赤字の程度を指標化し、財政運営の悪化の度合いを示す指標ともいえる。

連結実質赤字比率

公営企業会計を含む当該地方公共団体の全会計を対象とした実質赤字額及び資金の不足額の標準財政規模に対する比率。

全ての会計の赤字と黒字を合算して、地方公共団体全体としての赤字の程度を指標化し、地方公共団体全体としての財政運営の悪化の度合いを示す指標ともいえる。

実質公債費比率

当該地方公共団体の一般会計等が負担する元利償還金及び準元利償還金の標準財政規模を基本とした額※に対する比率。

借入金（地方債）の返済額及びこれに準じる額の大きさを指標化し、資金繰りの程度を示す指標ともいえる。

地方公共団体財政健全化法の実質公債費比率は、起債に協議を要する団体と許可を要する団体の判定に用いられる地方財政法（昭和23年法律第109号）の実質公債費比率と同じ。

※標準財政規模から元利償還金等に係る基準財政需要額算入額を控除した額。

将来負担比率

地方公社や損失補償を行っている出資法人等に係るものも含め、当該地方公共団体の一般会計等が将来負担すべき実質的な負債の標準財政規模を基本とした額※に対する比率。

地方公共団体の一般会計等の借入金（地方債）や将来支払っていく可能性のある負担等の現時点での残高を指標化し、将来財政を圧迫する可能性の度合いを示す指標ともいえる。

※標準財政規模から元利償還金等に係る基準財政需要額算入額を控除した額。

健全化判断比率

実質赤字比率、連結実質赤字比率、実質公債費比率及び将来負担比率の４つの財政指標の総称。地方公共団体は、この健全化判断比率のいずれかが早期健全化基準又は財政再生基準以上となった場合には、財政健全化計画又は財政再生計画を策定し、財政健全化団体又は財政再生団体として、財政の健全化を図らなければならない。

健全化判断比率は、財政の早期健全化等の必要性を判断するものであるとともに、他団体と比較することなどにより、当該団体の財政状況を客観的に表す意義を持つ。

地方財政計画等

地方財政計画

内閣が作成する、翌年度の地方公共団体の歳入歳出総額の見込額に関する書類のこと。

地方財政計画には、（1）地方交付税制度とのかかわりにおいての地方財源の保障を行う、（2）地方財政と国家財政・国民経済等との調整を行う、（3）個々の地方公共団体の行財政運営の指針となる、という役割がある。

地方債計画

地方財政法第5条の3第11項に規定する同意等を行う地方債の予定額の総額等を示した年度計画。

減収補塡債（特例分）

地方税の収入額が標準税収入額を下回る場合、その減収を補うために発行される地方債。地方財政法第５条に規定する建設地方債として発行されるものと、建設地方債を発行してもなお適正な財政運営を行うにつき必要とされる財源に不足を生ずると認められる場合に、同条の特例として発行される特例分がある。

臨時財政対策債

地方一般財源の不足に対処するため、投資的経費以外の経費にも充てられる地方財政法第５条の特例として発行される地方債。

平成１３年度～令和４年度の間において、通常収支の財源不足額のうち、財源対策債等を除いた額を国と地方で折半し、国負担分は一般会計から交付税特別会計への繰入による加算（臨時財政対策加算）、地方負担分は臨時財政対策債により補塡することとされている。

一般行政経費

地方財政計画上の経費の一区分。教育文化施策、社会福祉施策、国土及び環境保全施策等の諸施策の推進に要する経費をはじめ、地方公共団体の設置する各種公用・公共用施設の管理運営に要する経費等、地方公共団体が地域社会の振興を図るとともに、その秩序を維持し、住民の安全・健康、福祉の維持向上を図るために行う一切の行政事務に要する経費から、給与関係経費、公債費、維持補修費、投資的経費及び公営企業繰出金として別途計上している経費を除いたものであり、広範な内容にわたっている。

地方一般歳出

地方財政計画において、歳出のうち公債費（公営企業繰出金中の企業債償還費普通会計負担分を含む。）及び不交付団体水準超経費を除いたもの。

債務負担行為

数年度にわたる建設工事、土地の購入等翌年度以降の経費支出や、債務保証又は損失補償のように債務不履行等の一定の事実が発生したときの支出を予定するなどの、将来の財政支出を約束する行為。

地方自治法第２１４条及び第２１５条で予算の一部を構成することと規定されている。

財政調整基金

地方公共団体における年度間の財源の不均衡を調整するための基金。

減債基金

地方債の償還を計画的に行うための資金を積み立てる目的で設けられる基金。

その他特定目的基金

財政調整基金、減債基金の目的以外の特定の目的のために財産を維持し、資金を積み立てるために設置される基金。具体的には、庁舎等の建設のための基金、社会福祉の充実のための基金、災害対策基金等がある。

公営企業

公営企業（法適用企業・法非適用企業）

公営企業とは地方公共団体が経営する企業であり、地方公営企業法の全部又は一部を適用している事業を法適用企業、公営企業であって法適用企業以外のものを法非適用企業としている。

地方公営企業法において、上水道、工業用水道、軌道、鉄道、自動車運送、電気（水力発電等）、ガスの７事業については全部の規定、病院事業については、財務規定等の適用が義務付けられている。その他の事業については、条例で地方公営企業法の全部又は財務規定等を適用することが可能となっている。

公営企業の経理は特別会計を設けて行うこととされており、法適用企業は、地方公営企業法に基づき発生主義・複式簿記による企業会計方式により経理が行われ、法非適用企業は、一般会計と同様、地方自治法に基づき現金主義・単式簿記による財務処理が行われる。

公営企業決算状況調査においては、法適用企業は地方公営企業法の全部又は財務規定等を適用している事業とし、法非適用企業は地方財政法第６条に基づきその経理を特別会計を設けて行っている同法施行令第46条に掲げる事業並びに有料道路事業、駐車場整備事業及び介護サービス事業で、法適用企業以外のものとしている。

損益収支

公営企業の経営活動に伴い、当該年度内に発生した収益とそれに対応する費用の状況。

資本収支

公営企業の設置目的である住民へのサービス等の提供を維持するため及び将来の利用増等に対処して経営規模の拡大を図るために要する諸施設の整備、拡充等の建設改良費、これら建設改良に要する資金としての企業債収入、企業債の元金償還等に関する収入及び支出の状況。

収益的収入

公営企業の経営活動に伴い発生する料金を主体とした収益。

資本的収入

建設投資などの財源となる企業債、他会計繰入金、国庫（県）補助金などの収入。

資金不足比率

地方公共団体の公営企業会計ごとの資金の不足額※の事業の規模に対する比率。

公営企業の資金不足を、公営企業の事業規模である料金収入の規模と比較して指標化し、経営状態の悪化の度合いを示す指標ともいえる。

資金不足比率が、経営健全化基準以上である地方公共団体は、経営健全化計画を策定する。経営健全化計画を定めている地方公共団体を経営健全化団体という。

※公営企業ごとに資金収支の累積不足額を表すもので、法適用企業については流動負債の額から流動資産の額を控除した額を基本として、法非適用企業については一般会計等の実質赤字額と同様に算定した額を基本としている。

地方財政白書　（令和5年版）

令和5年4月14日　発行　　定価は表紙に表示してあります。

編集　総務省
〒100-8926
東京都千代田区霞が関2-1-2

発行　日経印刷株式会社
〒102-0072
東京都千代田区飯田橋2-15-5
TEL 03（6758）1011

発売　全国官報販売協同組合
〒105-0001
東京都千代田区霞が関1-4-1
日土地ビル1F
TEL 03（5512）7400

落丁・乱丁本はお取り替えします。

ISBN978-4-86579-357-4